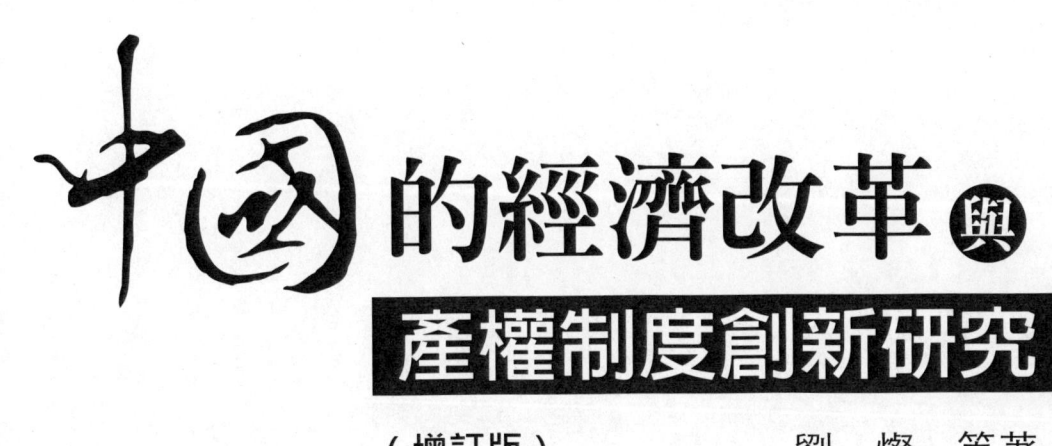

中國的經濟改革與產權制度創新研究

（增訂版）

劉燦 等著

推薦序

　　本書以大量文獻考據為經絡，以馬克斯思想為主軸，剖析中國至今之經濟改革沿革與成效；本書作者並以銳利的眼光與角度，給予中國產權制度創新課題，細膩且精準的剖析與說明，為讀者對此議題，建立一個完善藍圖後再加以論述之。

　　國營企業的改革一直是許多國家進行經濟改革的核心要務之一，可採行的方案頗多，但是多數國家所奉行的卻是迎合西方經濟主流思維的國營企業私有化，不過這種趨勢已經出現日益式微的徵兆。我們並不否認私人企業的經營效率普遍較國營企業為高的事實，可是導致上述情況的原因是因為國營企業的員工素質較差嗎？其實不然。若我們再進一步探究背後主因的話，可以發現是由於經濟機制或是制度安排的不同，導致了在不同工作環境下之人們的行為差異。

本書首先介紹何謂產權制度與產權的起源背景，因為產權制度為影響經濟效率的關鍵因子之一。作者透過馬克斯與西方產權學者的理論說明，並加以比較，提供讀者有關產權結構的分析架構，進而將焦點移至制度對經濟改革與創新的影響。

　　在了解產權制度對社會經濟發展的重要性之後，作者接著對所有制結構與改革績效，進行詳細的介紹，並採用宏觀、中觀與微觀的視角分析此議題。作者緊接著說明市場化改革中的產權轉移，以及社會主義市場經濟與產權制度該如何選擇，清晰的脈絡提供了關心中國經濟發展前景的讀者，能夠有一窺中國推動經濟改革全貌的機會。

　　介紹中國產權制度興革與經濟改革過程的中文著作頗多，但是本書應該是最富啟發性的少數著作之一，本人非常樂於推薦本書給對新制度經濟學、公共經濟學或是馬克斯經濟學有研究興趣的讀者。

政治大學財政系
林其昂

推薦序

　　本人很榮幸為【中國經濟改革與產權制度】乙書寫序。本書是劉燦教授與多位學者集體合作的成果。中國近三十年的經濟快速成長，並且成功地由計畫經濟轉變為社會主義市場經濟的經驗，2009年已成為全球第二大經濟國。它的成功與堅持走市場開放的路線，已經成為俄羅斯，東歐等社會主義國家學習的標竿。

　　此書探討由計畫經濟改革轉為市場經濟的核心問題，也就是資源的決策權與財產權轉移的問題。其實這個問題從古典經濟學家到馬克思理論，以及奧地利的諾貝爾經濟獎得主海耶克等學者都有鉅作論證，來辯證財產權對經濟體系行為與發展的影響。全書共有九大章，從基本理論之財產權、制度等分析方法的比較，到資本、勞動產權的論證，作了詳細的討論。而書中更涉及有關所有權制度、市場、產業績效的理論架構，包含宏觀、中觀、微觀三個層級的意義。最後更分析自然資源產權、國有化、到民營化（私有化）的問題。最後對於社會主義市場經濟的財產權制度，重新審視公平與效率的議題。 這本書很值得關心大陸經濟改革的學者專家研讀，因此本人很高興地介紹此書給台灣的讀者認識。

東海大學 經濟系

蕭志同

目　錄

第一章　導論：所有制、產權與改革績效的一個分析框架............1
　一、產權改革的理論邏輯和路徑選擇..........................2
　二、產權結構與企業績效....................................3
　三、所有制、產權與改革績效研究要關注的問題...............10
　四、所有制、產權與績效：多層面的綜合研究.................11
　五、本書的內容安排.......................................14

第二章　關於產權的基本理論問題.............................17
　一、財產、財產權與財產權制度：法和經濟學的雙重視角.......18
　二、現代產權概念與產權理論...............................20
　三、馬克思的所有制理論、財產權理論.......................30

四、產權模式：兩種制度分析的方法及其比較............38

第三章　馬克思產權經濟學思想研究：國內外研究現狀綜述......43
　　一、關於馬克思產權理論的存在性問題............45
　　二、關於馬克思產權經濟學中的兩個核心概念：生產和交易......70
　　三、關於機會主義傾向：馬克思的人類行為理論
　　　　（個體與整體、偶然與必然、人的品性與制度決定）......80
　　四、關於資本和勞動產權問題............82
　　五、需要進一步研究的其他問題............87

第四章　產權改革的宏觀分析：所有制結構的優化與調整......89
　　一、改革以來所有制結構的調整............90
　　二、國有資產管理體制改革的理論探討與實踐............94
　　三、為什麼不能推行快速、大規模的私有化............100

第五章　產權改革的中觀分析：所有制、市場與產業績效......111
　　一、把制度因素納入"市場結構－行為－績效"分析框架......112
　　二、所有制改革與引入競爭：一個產業內的分析............120
　　三、結構性改革：產權改革與制度環境的互補關係............128
　　四、自然壟斷行業國有企業改革............129

第六章　產權改革的微觀分析：所有權、控制與企業績效......135
　　一、現代股份公司產權關係及其治理結構：理論探索............136
　　二、中國國有企業的改革歷程............148
　　三、國有企業的股權結構和控制權配置............154
　　四、國有企業治理問題及治理機制的完善............180
　　附錄：現代公司所有權與控制權配置研究的現狀............187

第七章　自然資源產權制度改革：制度選擇與績效......217
一、資源稀缺性與產權問題......218
二、外部性問題及其治理......223
三、改革的必要：市場經濟與中國自然資源產權制度的
　　不適應性......225
四、制度路徑：構建一個多層次、多元化的自然資源產
　　權制度結構......231

第八章　公有產權的民間轉移......245
一、產權轉移的理論解釋......246
二、市場化改革中的產權轉移路徑及效率評價......278
三、政府產權為什麼要退出：理論解釋......289

第九章　構建社會主義市場經濟的財產權制度......295
一、產權制度：對公平與效率問題的重新審視......296
二、公有制的內在矛盾......309
三、尋找社會主義市場經濟中公有制的多種實現形式......322
四、社會主義市場經濟的產權基礎：再論"主體產權"思想....336

參考文獻......351

後　記......355

第一章

導論：所有制、產權與改革績效的一個分析框架

一、產權改革的理論邏輯和路徑選擇

發端於 20 世紀 70 年代末的中國經濟改革，一開始就遇到了所有制和產權這一難題。按照西方的產權理論，產權明晰是解決經濟效率的一個先決條件。因此，迅速的私有化被許多實行經濟改革的社會主義國家（或前社會主義國家）所接受。但是，中國的經濟改革卻並不是沿著這一思路展開的。從 20 世紀 70 年代末 80 年代初開始，對於涉及所有制和產權的問題，國有企業改革經歷了政府讓利放權、利潤留成、承包租賃和股份制改革等若干階段，基本上都是在國家所有制內部進行調整和重塑產權主體的改革，並沒有推行大規模的私有化。針對中國經濟改革的經驗，市場化改革過程中如何處理好所有制和產權問題，一度成為各國學者關注的理論焦點。

斯蒂格利茨在他的《社會主義向何處去》一書中提出："最近的理論分析認為，所有權／產權的重要性與科斯的觀點是有差異的。所有權（明晰的產權）在大型組織中並不是十分重要，因為在這樣的大型組織中，幾乎所有的成員都不是所有者。因此，激勵機制就必須面對這一情況。"[1]他說，中國的經驗為人們提供了一個非常明顯的例證，即在缺乏明晰產權的情況下，經濟騰飛也可以實現。

關於中國市場化改革中的所有制、產權問題，國內的理論研究基本上沿著兩個路徑進行：一是一部分學者，包括長期研究馬克思主義經濟學的專家，用馬克思關於社會主義所有制的基本思想和理論觀點，來解釋當代中國所有制改革中出現的新問題、新現象，如公有制是否與市場經濟相兼容的問題、國有企業所有制改革的基本方向問題，力圖做出馬克思主義經濟學的解釋。二是另一部分學者，其中主

---

[1] 斯蒂格利茨著，周立群譯：《社會主義向何處去》，201 頁，長春，吉林人民出版社，1998。

要是接受了西方現代經濟學教育的中青年學者，用現代經濟學的模式和分析工具，來研究當前中國改革的所有制、產權問題，特別是新制度經濟學、產權理論引起了許多學者的極大關注，並被用來解釋中國市場化改革和經濟轉型過程中的制度問題。這些研究，對傳統的社會主義所有制理論提出了挑戰，也推進了社會主義市場經濟的所有制及產權理論的創新。

二、產權結構與企業績效

1. 產權與績效：研究現狀

關於產權與績效，目前對這一問題的解釋大多是基於標準的產權理論，即科斯定理，即假如產權界定明晰和交易費用為零，產權的分配與效率沒有關係。[1]斯蒂格利茨近年來認為科斯這一定理對一些經濟現象具有不可解釋性："中國的經驗為我們提供了一個非常明顯的例證，即在缺乏明晰產權的情況下，經濟騰飛也可以實現。"[2]美國經濟學家瑪格麗特·布萊爾在 1997 年對英國的國有企業私有化後的經營成效進行實證研究後發現：在競爭比較充分的市場上，企業私有化後的平均效益顯著提高；但在壟斷市場上，企業私有化後的效益改善並不明顯。[3]這一研究使得我們認識產權改革與效率的眼界擴大到了與之相關的市場結構上來。

關於產權結構與企業績效之間的關聯分析，是中國市場化改革中必須關注的一個重要問題。近年來國內的研究形成了兩種不同的結

---

[1] 科斯著：《論社會成本問題》，見科斯著，盛洪、陳郁等譯：《企業、市場與法律》，上海，上海三聯書店，1990。
[2] 斯蒂格利茨著，周立群譯：《社會主義向何處去》，202 頁，長春，吉林人民出版社，1998。
[3] 瑪格麗特·布萊爾著，趙辰寧譯，劉衛、楊雪多校：《共同的所有權》，載《經濟社會體制比較》，1996(3)。

论：一種結論認爲，產權界定、產權結構以及由此而決定的利益激勵機制是探討企業績效的決定因素，產權改革是提高國有企業績效的關鍵（張維迎，2000；張曙光，1999；劉小玄，1998）。另一種結論認爲，企業績效與產權歸屬沒有必然聯繫，它主要取決於市場競爭程度，利益激勵只有在市場競爭的前提下才能發揮作用；變動產權並不必然帶來企業內部治理結構的優化和企業績效的提高（林毅夫，1995；劉芍佳、李驥，1998）。值得注意的是，這兩種結論運用的是同一種研究範式，即企業合約和激勵理論。

關於產權與績效，其理論的運用最近已經推進到市場結構與產業組織經濟學的領域。劉小玄根據實證研究的結果提出，對績效的考察，必須把它放到產權結構和市場結構這樣的二維空間內，即在市場、產權和兩者互動的空間結構中來研究。他證實了一個十分重要的事實：產權是決定績效的不可忽視的因素，但是這種影響與市場結構有關。[1]

產權與績效問題研究的另一個進展，是經濟轉型與產權制度的選擇問題。田國強發展了一個"內生所有權安排理論"，他的論文關注了不完善制度環境下私人所有權、集體所有權以及國家所有權的相對效率比較問題，並對最優所有權安排的選擇提供了一個理論化的解釋。他的研究提出了轉型經濟中只有當制度環境得到適當改變時才能有效地變換產權這一重要問題。[2]

我們認爲，產權與改革績效的問題研究，應針對中國的現實問題，要解決的是中國的事情，在理論運用和研究方法上，我們要的是西方的產權理論還是應堅持馬克思的所有制理論，這是一個基本的出

---

[1] 劉小玄：《中國轉軌經濟中的產權結構和市場結構——產業績效水平的決定因素》，載《經濟研究》，2003(1)。

[2] 田國強：《轉軌經濟中最優所有權安排的理論》，載《經濟學季刊》，2001(1)。

發點。因此，我們應該注意到近年來關於產權範式或新制度經濟學範式的研究的討論，即現代經濟學的理論分析和框架是否適用於中國的經濟改革。應當承認，20世紀經濟學的發展特別是在主流經濟學理論體系之外發展起來的交易費用理論、產權理論、企業理論、博弈論、資訊經濟學等，為我們提供了認識中國轉型經濟問題的新視角。但許多學者認為，馬克思的所有制理論和西方經濟學的產權理論，是建立在完全不同的世界觀和價值觀基礎之上的，具有完全不同的方法、概念和理論邏輯，是兩種對立的理論體系。[1]新制度經濟學、產權理論對於經濟發展層面上的產權規則、制度安排等現象有其解釋力，但是，中國的經濟改革畢竟是一場整體性的制度變遷，是涉及社會制度結構的改革，其重要原因要由"生產關係一定要適應生產力發展"這一規律來說明。因此，只有堅持馬克思的歷史唯物主義的所有制分析範式，才能使國有企業產權制度的改革沿著正確的方向發展。

2.企業績效：產權決定論

企業的本質是各種生產要素所有者透過一系列契約關係連接而成的特殊組織，藉由這種結合能夠形成某種集體生產力，創造出一個大於單個成員生產經營活動淨收益的剩餘，這個剩餘稱為組織租金。因此，企業與其他組織如市場、政府、社會團體等的根本區別，在於企業首先是一個創造價值的單位，生產功能（創造價值）是企業的首要功能，企業創造組織租金的能力及其結果是衡量企業績效的基本原則。在此我們稱之為企業績效（例如，政府與企業就是不同類型的組織，不能以企業的績效標準來衡量政府）。

企業是各種生產要素的集合。企業組織租金的概念非常抽象，現有的會計方法無法計量，因此往往用一些反映企業技術效率、經濟效益或競爭能力的指標進行測量。

---

[1] 林崗、張宇：《產權分析的兩種範式》，載《中國社會科學》，2000(1)。

關於企業績效的產權決定論，主要是從產權結構與產權歸屬兩個方面來解釋產權與企業績效的正相關關係。

產權結構論以契約關係為基本分析工具，以"企業是一系列契約關係的連接"為分析的邏輯起點，著力分析企業產權結構、激勵機制與企業績效之間的關係，側重從行為權力角度定義產權，認為產權是剩餘控制權形式的資產使用權力，企業所有權主要表現為剩餘控制權，企業績效的關鍵在於產權結構的優化配置。

產權結構決定論主要有三種理論表現：

(1)代理經濟學中的企業所有權理論。這種理論從代理成本的產生引出企業的產權結構理論，主要分析了股權及債權的代理成本以及如何在內、外股權和債權之間進行選擇，所有權與控制權相分離所產生的委託－代理問題，公司所有權結構的優化和對高層管理者的績效報酬激勵機制的設計等。企業所有權理論的中心論點是：企業效率問題的根源，在於所有權與控制權分離下所有者與經營者目標函數的背離，在於經營者努力程度的不可觀察性與不可證實性所引發的代理成本。因此，要提高企業效率，必須優化企業產權結構，對經營者設計周詳的激勵報酬合約，把由所有權與控制權分離所帶來的代理成本降到最低水平。

(2)交易成本經濟學中的契約治理理論。在契約理論的基礎上，它認為任何交易都是透過契約關係進行和完成的，而不同性質的交易需要搭配不同類型的契約關係，形成不同的治理結構，並認為要節省交易成本，實現最大的效率收益，必須用差別的方式將不同的契約類型、治理結構或產權結構和不同的交易特徵進行有效率的匹配。

(3)不完全合約理論中的產權配置或搭配理論。這種理論認為，由於世界和未來事件的複雜性和不確定性，以及交易人行為的有限理性和機會主義，致使在實際交易過程中所制定和執行的合約總是不完全的，即總是存在一定的遺漏和缺口；在合約不完全的情況下，由對資產有控制權的一方行使權力,由此而引出權力和控制權的配置問題,並且這一配置問題將影響企業績效;提高企業績效的產權配置一般應"把剩餘控制權和剩餘索取權放到同一方手中或稱為對稱性配置",因為把剩餘控制權和剩餘索取權結合在一起,就可以讓決策者承擔決策的全部財務後果,這樣,他的自利動機將驅使他盡可能地做出使企業績效最大化的決策。

產權歸屬決定論主要探討產權歸屬、激勵機制與企業績效之間的關係。產權歸屬論認為,產權是排他地使用資產並獲取收益的權利,產權就是剩餘索取權,誰獲取剩餘,誰就擁有資產。因此,所謂企業產權明晰就是要明確界定企業資產與剩餘索取權的歸屬。他們強調產權私有和剩餘索取權對於企業績效是至關重要的,認為產權歸屬是企業績效的決定因素。其主要論點是:①資產擁有論。即認為企業資產只有為私人所擁有,才能實現產權的排他性,構建企業擁有者對資產關切的有效激勵機制。②剩餘利潤佔有論。即認為企業擁有者追求企業績效的基本激勵動機來自於對剩餘利潤的佔有,企業擁有者追求企業績效動機的程度與剩餘利潤佔有率的大小是成正比的。③私有化論。即認為國有企業相對於私有企業來說,存在企業目的多元化、對經理激勵不足、財產軟約束等弊端,為此,國有企業產權私有化是決定企業績效的內部條件,是國企改革的方向。這是產權歸屬論的結論與政策建議。[1]

實際上,在產權與企業績效的問題上,科斯開創的理論也朝著兩個方向發展:一是代理理論,二是交易成本理論。關於代理理論,相關的文獻主要有德姆塞茨的《所有權、控制權與企業》,科斯、哈特、斯蒂格利茨的《契約經濟學》與《所有權、控制權與激勵——代理經濟學文選》,都側重分析企業內部組織結構及企業成員之間的代

---

[1] 周小亮:《產權、競爭、協調配置與企業績效》,載《經濟評論》,2000(3)。

理關係。關於交易成本理論，主要的文獻都在《企業制度與市場組織——交易費用經濟學文選》一書中，側重分析企業與市場的關係。20世紀 80 年代初期，交易成本理論的一個重要突破是哈特的"不完全合約理論"。這一理論認爲，產權安排的重要性來自於合約的不完全性。當合約不完全時，就出現了剩餘控制權或所有權問題。由於控制權只能透過對物質資本的控制來實現，因此哈特又將企業所有權定義爲物質資本的控制權。所有權之所以重要，是因爲存在事前的專用性投資可能被"套牢"的問題，它將影響當事人事後討價還價的能力，從而影響事前的投資決策和激勵。控制權的配置與激勵和企業效率有著密不可分的關係。

3.超產權論對企業績效的解釋

越來越多的事實證明，出資者單方面享有所有權的觀點，並不符合企業所有權結構發展變化的現實。非人力資本所有者與人力資本所有者及其他利益相關者共同分享企業所有權，即共同治理的制度安排，對企業效率有著密不可分的關係。近年來，所謂超產權論的觀點受到人們的關注。

美國布魯金斯研究所經濟學家瑪格麗特·布萊爾博士認爲，企業或公司不是一組實物資產的集合，而是一組規則，是控制權、收益和風險在公司的各種參與者之間分配的規則。這一組規則的重要性在於，它們決定著每一個參與者所享有的控制權、收益索取權，和所承擔的風險是否匹配，而經濟效率正是產生於這種匹配，即我們通常所說的權、責、利的對稱。

企業是一組合約關係的連接點，合約的前提是合約各方的產權有著明確的界定。透過合約，向公司提供要素的參與者放棄了他們對各自要素的產權，公司作爲法人則獲得了對這些要素的產權。在交換之下，各要素所有者獲得了對公司的一組控制權和索取權，並承擔相應的風險。

　　企業或公司之所以有必要存在，是由於合約的不完全性，即合約各方不可能事先預想到所有可能發生的情況，並在合約中規定清楚誰在什麼情況下應當如何行動。這一解釋對改革現實的企業的重要性是：既然企業是一組分配權、責、利的規則，那麼企業改革的中心任務就應當是在企業中建立起這樣一組有效率的規則，而不是投入大量資源，在已被實踐證明無效的現有規則之下尋求出路。[1]

　　從理論上講，產權的重要性在於產權的變化（所有權主體的轉移）能否改變企業的行為目標以及對企業經營者的激勵。按照可競爭市場理論（鮑莫爾，1982），不管是怎樣的市場結構、規模分佈和集中度狀態，只要潛在的競爭者是可以進入的，市場競爭就能解決所有低效率問題。但是，如果將產權理論運用於企業行為目標及激勵機制的解釋，可以說明國有企業和私有企業在行為績效上是不同的。在國有企業方面，由於存在著過多的政治干預、企業的多重目標及相互衝突、管理者不會受到收購和破產的威脅等等，使企業管理者不會選擇利潤最大化或成本最小化行為。[2]因此，產權的改革是重要的。同時，產權改革的績效取決於是否有一個能夠促進有效競爭的市場結構。

　　許多學者根據對20世紀70年代以來成熟市場經濟國家私有化改革的經驗研究說明，所有制的變革（私有化）可能會促進生產效率，但沒有理由認為它也會自動促進分配效率，因為分配效率是一個市場結構的函數，不是所有制的函數，私有化要促進分配效率，就必須同時運用競爭政策以消除市場障礙。他們認為，理論與實踐都說明了經濟效率最重要的影響力是競爭，而不是企業的所有制形式。由於缺乏競爭，導致國有企業低效率，但並不能由此而推斷私有化是提高效率

---

[1]　瑪格麗特・布萊爾著，趙辰寧譯，劉衛、楊雪冬校：《共同的所有權》，載《經濟社會體制比較》，1996(3)。

[2]　劉小玄：《中國轉軌過程中的產權和市場》，上海，上海三聯書店，2003。

的惟一的靈丹妙藥。私有化的經濟合理性，主要是以它能促使市場更具有競爭性或可競爭性這一假定為基礎的，但事實上，沒有證據能說明私有化本身就一定能刺激競爭。伴隨私有化產生的競爭程度，主要取決於私有化的形式和有關的市場結構的重組程度。把壟斷企業簡單地從公共部門轉入私人部門絲毫不會刺激競爭，因為這並沒有影響到市場結構。[1]

三、所有制、產權與改革績效研究要關注的問題

近年來，新制度經濟學的產權研究受到了中國許多經濟學者的關注，其中一個重要原因就是中國歷時多年的市場化改革所積累的一些經驗和矛盾需要得到經濟學的解釋。西方新制度經濟學和現代產權理論對中國的改革產生了重要的影響，同時也對馬克思經濟學的所有制理論提出了嚴峻的挑戰。我們的研究目的，是想要透過研究中國市場化改革和轉型過程中所有制、產權改革的理論與實踐問題，力圖提供一個關於社會主義市場經濟的產權制度均衡的理論分析框架，從而把產權與改革績效這一問題放入這一框架中來解釋。所有制、產權與改革績效的研究目的，是想要在經濟學的分析框架內，選擇一個與中國經濟轉型的所有制、產權改革有關的既有理論意義又有實踐價值的問題；同時，作為理論經濟學的基礎研究，對所有制、產權理論思想史的發展和演進過程進行分析、梳理、比較，對構建新的社會主義產權經濟學也有著重要的文獻價值和學術價值。

目前，學術界在這一領域的研究集中在下面一些問題上：新制度經濟學、產權理論前沿問題的梳理及評析；馬克思所有制理論和新制度經濟學兩種產權分析範式的比較；產權改革與經濟績效的理論邏輯

---

[1] 王俊豪：《英國自然壟斷產業企業所有制的變革及其啟示》，載《財經論叢》，2002(1)。

分析及實證研究；社會主義市場經濟與產權制度均衡研究；等等。我們的研究試圖回答以下幾個人們比較關注的問題：西方經濟學的產權理論能否解釋和指導中國的市場化改革？新制度經濟學的產權範式是否會改變中國的理論經濟學？如何認識馬克思所有制理論的本質和精髓，以及能不能尋找出馬克思所有制理論的現代形式，並使之能夠解釋中國經濟轉型中的所有制、產權問題？

　　作爲一個新的視角和分析框架，我們的研究有這樣一些基本內容：①新制度經濟學、產權理論的發展。②現代產權理論的形成與發展，包括產權概念和產權制度的起源、西方私人財產權制度與市場經濟和資本主義、現代產權理論的形成與理論的拓展。③馬克思的所有制理論及其比較，包括所有制與馬克思的政治經濟學體系、馬克思的所有制理論和財產權思想、馬克思的所有制理論與西方產權理論的比較、兩種產權範式與理解制度分析的方法。④所有制結構與改革績效，包括宏觀分析即所有制結構的優化與調整，中觀分析即一個行業的所有制與規模經濟、市場結構，微觀分析即企業產權結構與績效，即轉型背景下的企業所有權安排與治理模式選擇。⑤市場化改革中的產權轉移，包括國有企業公有產權的轉移——非私有化，鄉鎮、集體企業的產權改革，市場化改革中的私有化問題，中國農村土地制度的變遷。⑥社會主義市場經濟與產權制度選擇，包括產權制度即對效率與公平問題的重新審視、公有制的內在矛盾即"所有權殘缺"與激勵問題、尋找公有制的多種實現形式、再論社會主義市場經濟的產權基礎——"主體產權"思想。

四、所有制、產權與績效：多層面的綜合研究

　　本書立足於中國經濟改革的實踐，對所有制、產權與改革績效問題進行了多層面的綜合研究，包括以下主要內容：

(1)馬克思所有制與西方產權理論的比較研究。在這一層面上，學術界已有許多成果。在我們的分析框架中，研究將沿著兩條線索展開：一是關於所有制、所有權和產權的定義；二是關於制度和制度變遷。首先，西方產權理論對"產權"有不同的定義，包括從所有權出發的定義、從法律層面出發的定義、從社會關係出發的定義和從功能出發的定義——所有這些定義都可以歸結為：產權是一種特殊的契約，這種契約規定了不同權利在不同主體之間的界定和分配。在馬克思的經濟學中，所有制是一個核心範疇。馬克思認為財產所有權在本質上是一種法權關係，是生產關係的法律表現；現實的所有制關係是先於所有權而存在的本源和經濟基礎。其次，馬克思經濟學與新制度經濟學是在不同的層次上使用"制度"和"制度變遷"這兩個概念的。馬克思經濟學中的制度往往是社會制度結構中的基本制度安排（基本財產制度），他所論述的制度變遷是整個制度結構的變革；而新制度經濟學分析的制度是在社會基本財產制度給定的條件下，經濟當事人充分運用自己的相對實力或談判力量，改變已有的契約安排或行為規範的過程。這兩個方面的重要區分，將界定研究中不同概念運用的邊界。

(2)所有權、控制與企業治理研究。新古典微觀經濟學的企業績效問題面對的是市場約束和技術約束，而制度是理論模型之外的。產權理論在新古典經濟學的框架內加入了交易費用分析，並把企業看成是一組不完全的契約，這樣就使所有權的分配成為了企業績效分析的重要因素，從而使制度結構成為理解經濟績效的關鍵。沿著這一思路，研究國有企業改革和建立有效的治理結構中的產權問題，主要是要回答"改革為什麼重要"而不是"如何改革"的問題。

(3)產權結構、市場結構與產業治理研究。在轉型經濟中，應該把產權與改革績效放到一個特殊產業的環境中來研究。當我們在討論自然壟斷行業的改革時，一般都會注意該行業的技術特徵和市場規模，而往往會忽視這一行業內基本上都是國有公共企業以及它原有的行政化的企業體制。把所有權結構、產權和企業制度創新與自然壟斷產業的治理結合起來，把可能發生的政府失靈與管制成本聯繫起來，可以解釋產權改革對於中國壟斷產業組織及市場結構變化的特殊作用。中國電信業等自然壟斷行業的政府管制改革和企業制度變化，為我們提供了許多案例。

(4)經濟轉型與產權制度均衡研究。中國的市場化改革中，所有制結構的變化趨勢是所有權的分散化，即原來的國有和集體產權向民間轉移，而推動這一改革的基本動因是追求經濟效率。在產權制度改革的研究中，我們應充分注意產權轉移過程中規則及效率的改變。從宏觀來看，產權轉移改變的是中國的所有制結構，即形成一種新的制度安排，因此我們應關注這種變化所涉及的財產權配置和收入分配結構的公平與效率問題；從微觀來看，產權轉移改變的是企業的所有權結構即治理結構，它會透過改變激勵結構而影響企業的效率。

在所有制和產權改革的問題研究上，最重要的是運用什麼樣的研究方法。我們要研究的對象是中國構建社會主義市場經濟中的所有制與產權變革，所以，首先，我們應該堅持馬克思主義的制度分析方法。中國的市場化改革和所有制結構的重塑，要尋找其長期規律和客觀性，其哲學觀應該是馬克思主義的歷史唯物主義和辯證唯物主義，即從生產力與生產關係的矛盾運動中得到解釋。其次，從當代世界範圍內經濟體制向市場化轉型、經濟全球化和政府職能變革的新情況出發，對現代經濟學的理論特別是 20 世紀 70 年代以後發展起來的新制度經濟學、公共選擇理論、演化自由主義等所提供的相關理論與分析工具，以及各經濟轉型國家的改革實踐也應該給予充分的關注。再次，應該把所有制、產權與改革績效放到一個作為整體的社會生產制度結構之中來研究，以尋求一個社會在特定階段的市場環境條件下實現制度均衡的路徑；並把制度均衡作為個人、企業、政府在各自的約束條件下進行理性選擇（即交易）的結果，從而在研究方法上把整體主義分析與個體主義分析、制度的宏觀結構分析與微觀結構分析結合起來。最後，所有制、產權與績效的制度均衡分析的理論架構應該由所有制、產權改革與績效關係的實證研究與經驗分析來驗證。因此，支持研究的不僅是理論架構中的內在邏輯，還應該是近年來國有企業產權改革、鄉鎮集體企業產權改革，以及不同產業治理改革的一般經驗和資料。

五、本書的內容安排

全書分為九章，在第一章導論之後，第二章分析了關於產權的基本理論問題，主要從法和經濟學的雙重視角分析了財產、財產權與財產權制度，研究了現代產權概念與產權理論的形成，比較分析了馬克思的所有制理論、財產權理論的核心思想和研究方法。

第三章是國內外對馬克思產權理論研究現狀的一個綜述，立足於世界範圍內現代經濟學最新發展對馬克思經濟學的挑戰和衝擊，對國內外學者對馬克思經濟學中的產權理論，以及對現實經濟社會問題的研究進行了系統的梳理和評價。

第四章是產權改革的宏觀分析，從理論與實踐的結合點上研究了中國經濟改革過程中所有制結構的優化與調整，對經濟轉型國家所有制改革的路徑選擇及績效進行了評價。

第五章是產權改革的中觀分析，從所有制、市場與產業績效的相互關係上研究了中國自然壟斷行業的改革經驗，分析了所有制改革與引入競爭的關係。

第六章是產權改革的微觀分析，研究了所有權、控制與企業績效，結合現代公司制的實踐和中國國有企業改革現實，分析了控制權配置與企業治理的問題。本章的一個附錄，介紹了現代公司所有權與控制權配置的研究現狀。

　　第七章研究了中國自然資源產權制度改革問題，分析了中國自然資源產權制度變遷和改革績效，提出了構建一個多層次、多元化的自然資源產權制度結構的改革路徑。

　　第八章研究了公有產權的民間轉移理論與實踐，對中國改革中產權轉移的特徵和主要形式、產權改革的效率與公平、政府為什麼放棄公有產權進行了理論分析。

　　第九章作為本書的結束，研究了建立社會主義市場經濟的財產權制度問題，從主體產權論角度提出了社會主義市場經濟的財產權基礎，研究了社會主義公有制的多種實現形式。

第二章

關於產權的基本理論問題

現代產權理論主要研究產權制度的作用、功能，產權有效發揮作用的前提，研究如何透過界定、變更和安排新的產權結構來降低交易費用、提高經濟效率。財產權是馬克思政治經濟學的基本範疇，因此，研究作為社會主義市場經濟的基本制度結構的產權問題，首先就要有馬克思歷史唯物主義的視角。本章主要從法和經濟學的雙重視角分析了財產、財產權與財產權制度；研究了現代產權概念與產權理論的形成；作為一個比較分析，研究了馬克思的所有制、財產權理論的核心思想和研究方法。

一、財產、財產權與財產權制度：法和經濟學的雙重視角

1.物與財產

財產是經濟學的一個重要範疇。什麼是財產？最直接的定義就是：它是一種使用價值，即它的客體是物。

"財產"一詞在不同的歷史階段具有不同的法律內涵和形式：在古羅馬社會，財產主要表現為物質實體形態的有形物，物依自然屬性的不同而分為動產和不動產。[1]其中奴隸作為客體被納入動產的範疇。與此同時，《羅馬法》也提出了"有體物"和"無體物"的劃分，有體物是以實體形式存在並且可以憑人們感官感知的物，如動產和不動產；無體物則僅指沒有實體存在而為人們所擬制的物，如債權、用益權、地役權等權利。

在當時的社會條件下，財產絕大多數都以有體物來表示，無體物

---

[1] 《羅馬法》中，對"物"的理解是廣義的。"物"是指除去自由人以外存在於自然界的一切東西。《羅馬法》有時也稱"物"為"Bona"，意指那些對人們有用而能滿足人們需要的東西，包括能用金錢來衡量價值的東西。而在《德國民法典》中，對"物"的理解是狹義的，它規定"法律上所稱物，僅指有體物而言"。

只是財產的特殊形式，因此《羅馬法》在定義"所有權"概念時，所使用"物"的概念就是指"有體物"。到了西歐封建社會，對物和財產的概念仍然沿襲《羅馬法》，財產主要表示為不動產以及基於土地上設立的各種權利，財產範圍並未擴大。

隨著資本主義商品經濟的發展，人們的生產交易活動不斷增加，形式不斷多樣化，西方各國社會經濟生活中財產的範圍迅速擴大，股票、債券等有價證券大量出現，成為新的財產形式，知識產權也成為民事權利的保護對象。這時，財產客體的無體物受到大陸法系各國有關財產立法的保護。由於法律傳統的差異，英美法系普遍採用"財產"的概念，而較少使用"物"的概念。在英美法系的財產法中，也有具體物和抽象物的劃分，如地產權、債權、股份、信託基金以及權利證書均被視為抽象物。[1]

2.財產與佔有

就財產物而言，它首先是使用價值。馬克思說："不論財富的社會形式如何，使用價值總是構成財富的物質內容。"[2]物要成為財產，關鍵在於被佔有，在於人和物之間客觀存在的一種佔有關係或佔有權利。嚴格地講，一個人佔有某物，在法律上的完整表述應該是：一個人對某物享有佔有的權利即擁有所有權，如果沒有在該物上設定所有權或者說法律沒有確認這種佔有權利，就談不上物成為財產的問題。因此從這個意義上說，使用價值本身或物本身並不是財產，自然狀態下的財產是不存在的，財產自產生時便成為法律所保護的各項權利利益。

關於財產與財產權的定義，也是有區別的。財產屬於權利客體範疇，財產權屬於權利本體範疇。因此可以說，財產是內容，而財產權

---

[1] 馬俊駒、梅夏英：《財產權制度的歷史評析和現實思考》，載《中國社會科學》，1999(1)。
[2] 馬克思：《資本論》，第1卷，48頁，北京，人民出版社，1975。

是法律形式。

二、現代產權概念與產權理論

1.現代產權理論的形成

經濟活動總是在一定的經濟制度架構中進行的，經濟制度是影響經濟活動及其結果的一個重要因素，而產權就是一種最基本的經濟制度。實際上，在古典經濟學中就包含著豐富的財產權思想。雖然學界對於古典經濟學有沒有產權理論的問題，至今還有不同認識，但是，古典經濟學特別是亞當·斯密分析的自由競爭的市場經濟，就是以私人財產權制度爲基礎的。對市場經濟發展的分析必然涉及到財產權的問題，私有產權是形成自由競爭市場經濟社會秩序的根本動力。人們在追求自身利益最大化的同時，客觀上形成了整個社會經濟的協調。這些思想反映在斯密關於"經濟人"和"看不見的手"的分析之中。斯密特別從法律意義上定義了市場經濟中的私人產權，並認爲是法權式的私有權，而不是特權式的私有權應成爲資本主義社會的制度基礎。

現代產權理論主要研究產權制度的作用、功能及產權有效發揮作用的前提，研究如何透過界定、變更和安排新的產權結構來降低交易費用、提高經濟效率、改善資源配置、增加經濟福利。在新古典經濟學理論中，關於產權的問題並未佔重要的地位。新古典經濟學是在一種給定的資源稀缺的條件下研究各經濟主體如何在一種完全競爭的環境中以及價格和技術約束下的理性選擇，從而實現資源配置的效率。財產權作爲制度前提被排除在正統的微觀經濟學和標準的福利經濟學分析之外。新古典經濟學承認私有產權的重要但並不認爲經濟學應當分析它。

產權理論始於 1937 年科斯發表的經典之作《企業的性質》，但實際上，直到 1960 年科斯發表《社會成本問題》之後，人們才把產權納入經濟學的體系。

在新制度經濟學的分析框架內，對產權的分析是與對交易成本的分析緊密聯繫在一起的。產權理論的基本理論可以概括為五個方面：①對財產權、交易和競爭等基本概念給予新的解釋；②用交易費用理論闡釋企業的產生、企業規模、企業的組織結構和組織效率；③強調法律制度和產權明確界定對經濟效率的決定作用；④用產權制度的變遷解釋西方國家的經濟發展歷史，認為西方的興盛是有效產權結構演變的結果；⑤強調產權制度、激勵機制和經濟發展的內在聯繫。

2.產權概念

產權是一種透過社會強制而實現對某種經濟物品的多種用途進行選擇的權利。屬於個人的產權即為私有產權，它可以轉讓以換取對其他財產的同樣的權利。私有產權的有效性取決於對其強制實現的可能性及為之付出的代價，這種強制有賴於政府的力量、日常社會行動及其通行的倫理道德規範。[1]

產權經濟學文獻中所定義的產權及產權制度，是從人與人之間的行為關係出發的。"產權是一種透過社會強制而實現的對某種經濟物品的多種用途進行選擇的權利。"[2]配傑威齊說，"產權是因為存在著稀缺物品和其他特定用途而引起的人們之間的關係"；"產權詳細地表明了在人與人之間的相互關係中，所有的人都必須遵守的與物相對應的行為準則，或承擔不遵守這種準則的處罰成本"。[3]產權設定的意

---

[1] 阿爾欽著，見伊特韋爾等編，陳岱孫主編譯：《新帕爾格雷夫經濟學大詞典》，北京，經濟科學出版社，1992。

[2] 阿爾欽著，見伊特韋爾等編，陳岱孫主編譯：《新帕爾格雷夫經濟學大詞典》，北京，經濟科學出版社，1992。

[3] 配傑威齊著：《產權與經濟理論：近期文獻的一個綜述》，見科斯等著，劉守英等譯：《財產權利與制度變遷》，204 頁，上海，上海三聯書店、上海人民出版社，1994。

義在於，為人們利用財產的行為設定了一定的界限，它允許權利人在法律準許的範圍內支配財產，並承擔相應支配結果的權利。

科斯並沒有為"什麼是產權"下過定義，但科斯對"財產"卻有獨到見解。科斯認為，交易雙方透過博弈達成的合作會給雙方均帶來收益，建立強有力的財產法律制度可將造成交易無效的損害降低到最小，財產法的主要任務即是清除交易的障礙。"交易雙方的權利越明確，合作的可能性則越大，監督和控制所需交易成本越低，因此，財產法之熱衷於簡單而又明確的所有權準則便可得到合理解釋了。"

科斯理論對法學上的財產、財產權理論的啟示是：財產權在以財產權界定物質利益的同時，產生了法律定義上的財產。財產在本質上是法律概念，是以財產權形式表現出來的，因而財產與財產權相伴而生，並且是同質同義的，屬於同一範疇。

科斯認為，當人們在面對 A 損害 B 這類問題時，往往是考慮應該如何阻止 A，其阻止的辦法不外乎是 A 向 B 要求賠償損失，或者向他徵稅，或者乾脆要他停止工作。這些辦法都不盡如人意，因為其結果儘管有可能使 B 免遭損害，但卻也有可能使 A 遭受損失。正確的思考邏輯應該是：我們應准許 A 損害 B，還是准許 B 損害 A。換言之，就是 A 是否有權損害 B，或 B 是否有權要求 A 提供賠償。

為了闡述他的命題，科斯舉了在兩塊相鄰的地上，因養牛人的牛跑到農場主的地上去吃農作物而引起糾紛的例子……他得出的結論是：這兩種情形的結果相同，即都能使生產總價值最大。因為在有了對權利的最初明確界定後，參與談判的雙方就會利用市場機制，透過訂立合約而找到使各自利益損失最小化的合約安排。也就是說，即便存在完全競爭的市場，它也只有在對產權有了明確的界定後，才能發揮作用。更進一步地講，如果市場交易是有費用的，在產權已有明確界定的情況下，相互作用的各方也會透過訂立合約而找尋到費用較低的制度安排，制度安排的選擇以它所能帶來生產價值的增加大於它的運作所帶來的費用而定。

從最基本的意義上來說，產權就是對物品或勞務根據一定的目的加以利用或處置，以從中獲得一定收益的權利。產權一般包括以下的規定性：第一，產權是依法佔有財產的權利，它與資源的稀缺性相聯繫，這種人與物的關係體現了人與人之間的關係。第二，產權的排他性意味著兩個人不能同時擁有控制同一事物的權利，這種排他性是透過社會強制來實現的。第三，產權不是一種而是一組權利，一般可以分解為所有權、使用權、收益權和讓渡權。第四，產權的行使並非是無限制的，一是產權分解後，每一種權利只能在法律或契約規定的範圍內行使；二是社會對產權的行使可能會設置某種約束規則。第五，產權的一個主要功能是引導人們實現將外部性內在化的激勵。

理解產權概念，要釐清兩個問題：一是產權與所有權，二是產權與物權。

產權是一組權利，當它們完整地集中於一個主體時，就相當於所有權，即這時產權與所有權在概念上是重合的。產權是可以分解的，完整的產權一經分解，就不再與所有權有對等關係。如果一個人擁有的只是對某物的使用權（經市場契約得到或規定），並不能說他對該物享有所有權。

產權與物權是有差異的。產權是一個人或其他人受益或受損的權利，它只有在不同的所有者之間發生利益關係時才有存在意義。而物權只不過是法律賦予某人擁有某物的排他性權利，它可以在純粹意義上存在。物權側重於對所有者擁有物的狀態描述，而產權關注經濟活動中人的行為。[1]正如科斯所指出的，"人們通常認為，商人得到和使用的是實物（1畝地或10噸肥料），而不是行使一定（實在）行為和權力。我們會說某人擁有土地，並把它當成生產要素，但土地所有者

---

[1] 楊瑞龍：《一個關於企業所有權安排的規範性分析框架及其理論含義》，載《經濟研究》，1997(1)。

實際上擁有的是實施一定行為的權利。"[1]

3.產權的類型與效率

在現代產權理論中,產權一般被劃分為私有產權、共有產權(社團產權、俱樂部產權)、公共產權、國有產權(政府產權)這樣幾種類型,而一個社會採取何種產權形式,主要受制於每一產權形式在特定的政治、經濟、文化等條件下,配置稀缺資源的交易費用的大小。

(1)關於私有產權。私有產權是給予人們對物品那些必然發生矛盾的各種用途進行選擇的權利。這種權利並不是對物品可能的用途施以人為的或強加的限制,而是對這些用途進行選擇的排他性權利。如果限制我在自己的土地上種植玉米,那將是一種強加的或人為的限制,它否定了一些並沒有轉讓給其他人的權利。人為的或不必要的限制不是私有產權賴以存在的基礎。之所以如此,係由於這些限制一般只是針對某些人而實行的。在對其他人沒有必要加以限制的活動中,如果不對這些人加以限制,他們就會取得一種"合法的壟斷"。[2]

私有產權的基本含義是財產的歸屬主體是私人,其使用權按照資源本身固有的特性劃分給個人專有,並且對所有權利和行使的決策完全是由私人做出的,根據私有權的性質,只要私有產權所有人願意,就可以任意處置自己的財產(當然這裡包含著"經濟人"理性的假定)。在完全的所有產權條件下,行為人利用他的資源而採取的任何行動,都不可能影響任何其他人私有財產的實際歸屬;同時,沒有經過他的許可或沒有給予應有的補償,任何人都不能合法地使用那些產權歸他所有的物品或影響這些物品的價值特性。

私人產權是一種排他權,但它並不是一種不受限制的權利。在產

---

[1] 科斯等著,劉守英等譯:《財產權利與制度變遷》,上海,上海三聯書店、上海人民出版社,1994。

[2] 阿爾欽著,見伊特韋爾等編,陳岱孫主編譯:《新帕爾格雷夫經濟學大詞典》,北京,經濟科學出版社,1992。

權經濟學文獻中,價格管制、徵稅和對產權轉讓的限制,都被看成是對私人產權的侵犯。但是在現實生活中會出現這樣的情況:某人被認定的私有產權並沒有或不能完全排除另外一個人(侵入者)去使用它。例如:當我在湖中划船時,遇到一場突如其來的暴風雨,為了保住船隻和性命,未經允許使用了你的碼頭。在這種場合,是我對你的產權有所侵犯呢,還是你的產權中並不包括這種當別人身處危境時也不得使用的權利?如果在這種緊急情況下的行為是適當的,那麼,你擁有碼頭的私有權就並不是完全歸你使用的。因而,在產權意義上,真正的"任所欲為"和"神聖不可侵犯"是有條件的,產權的行使是受到社會限制的。[1]

(2)關於共有產權。共有私有財產是人們很少分析過的一種產權形式,它與別的私有產權不同,它不具備產權利益的匿名可轉讓性。一個共有組織的成員,只有取得其他各成員或他們的代理人同意,才能將共有組織的權益轉讓給他人。兄弟會及各種社會俱樂部或鄉村俱樂部,都是共有組織的實例。

共有(社團)產權的含義是:當某個人對一種資源行使某權利時,並不排斥同一團體內其他成員對該資源行使同樣的權利。社團或俱樂部是一種組織,它僅對自己的成員提供和分享俱樂部產品,並按照某種平等或有時以歧視性納稅規則向俱樂部成員收取費用(收取會員費或用戶費),以支付俱樂部產品的成本費用,每個成員可按一定規則消費社團或俱樂部產品。

共有產權的排他性表現在,共有(社團)的規模被約束在一個適當的界線內,透過收費或領取執照,克服共有資源利用的外部性,非共有(社團)人員不能享有共有產權的權益。共有產權不同於私有產權的重要特點是:共有產權在共有成員之間是完全不可分的,每個成

---

[1] 阿爾欽著,見伊特韋爾等編,陳岱孫主編譯:《新帕爾格雷夫經濟學大詞典》,北京,經濟科學出版社,1992。

員都可以用共有財產來為自己服務，但每個成員都無權聲明這份財產是屬於他個人的。也就是說，每個成員都對社團擁有全部的產權，但這個資源或財產實際上又並不屬於每個成員。

共有產權在消費上存在著非對抗性，即每一個成員對社團提供產品的消費，不會影響或減少其他成員對同一物品的消費。但是，對於共有產權來說，個人從其消費中獲得的效用依賴於和他分享利益的其他人的數目，如果一個俱樂部無限制地湧進新成員，產權的排他性就會大打折扣。因此，在社團的資源或提供的產品規模已定的情況下，社團（俱樂部）總是存在著一個最優的成員數量，它是俱樂部產品的效用函數。

(3)關於公共產權。公共產權與社團產權具有相似之處，如公共產權具有不可容性，即財產在法律上是公共所有的，但構成公眾的每一成員都不能對財產聲明所有權；公共財產沒有排他性使用權，即對任何私人當事人來說，使用公共財產的權利是沒有界線和制約的；任何人都無權排斥他人使用它，大家都可為使用公共財產而自由地進行競爭；公共產權具有不可轉讓性，即任何一個公眾成員都無權轉讓公共產權。

公共產權與社團（共有）產權又有不同之處：公共產品在消費規模上並沒有限制，每個社會成員都能享受公共財產的權益；存在著收費困難，每個社會成員自然就享有公共財產的權益，不需像在社團產權情況下採用交費申請加入的方式；每一成員在對公共財產行使權利時，會影響和損害其他成員的利益，即存在外部性。由於公共財產向每個社會成員開放，允許他們自由進入、平等分享，並獲取平均收益，因此，"搭便車"行為和產權擁擠現象就難以避免。

在產權經濟學文獻中，認為公共產權的低效率主要來自於它的外部性，即對資源的使用達到了這種水準：平均收益降至邊際成本，隨之是邊際收益低於邊際成本。經常用來說明這種情況的"公地悲劇"

（Tragedy of the Common，哈丁，1968），是對公共產權使用低效率及私有產權制度起源的一個形象說明。在公共產權制度中，對所有人開放（Open to All）的稀缺資源，每個人都可以從對公共資源的利用中受益，但僅僅分攤一部分資源成本，"搭便車"行為和產權擁擠是普遍現象。"每一個人都被鎖在一個迫使他在有限的範圍內無節制地增加牲畜的制度中。毀滅是所有人都奔向的目的地，在信奉公用地自由化的社會中，每個人都追求各自的最大利益。"值得注意的是，密西根大學一位叫黑勒（Michael Heller）的年輕教授於 1998 年在《哈佛法學評論》上發表文章，提出了"反公地悲劇"（The Tragedy of the Anti-commons）的概念。黑勒的"反公地"正好有相反的產權特性。"反公地"作為一項資源或財產，也有許多擁有者，但他們之中的每一個都有權阻止其他人使用資源，而沒有人擁有有效的使用權。"反公地"的產權特性是對資源的使用設置障礙，導致資源的閒置和使用不足，造成浪費。

(4)關於國有產權。國有產權是指國家依法對財產擁有的排他性權利，它具有與公共產權不完全相似的屬性。產權歸屬（包括收益權）的惟一性、產權行使的代理性、權利配置遵循縱向隸屬的等級規則、使用權的排他性，是國有產權的重要特點。

在國有產權下，權利是由國家所選擇的代理人來行使的，而作為權利的使用者，由於他對資源的使用與轉讓，以及最後成果的分配都不具有充分的權能，使他對經濟績效和其他成員的監督的激勵減低，而國家要對這些代理者進行充分監察的費用又極其高昂，再加上行使國家權力的實體往往為了追求其政治利益而偏離利潤最大化動機，因而在選擇其代理人時也具有從政治利益而非經濟利益來考察的傾向，所以這樣產權下的外部性也是極大的。主要是代理成本包括代理機構的層次設置和對代理人的監督，以及國有產權制度的非經濟利益追求。

在產權經濟學文獻中，普遍認為私有產權總是等於高效率，相應地，公共產權（包括國有產權）一定是低效率。私有產權高效率的邏輯在於：在私有產權的條件下，由個人做出經濟活動的決策並承擔風險；在私有產權條件下，每個人都會關心愛護自己的財產，追求自己的財產利益，從而激勵出有效率的勞動（包括管理勞動），這樣一來，就可以實現財產價值的最大增值。這個邏輯的關鍵問題是需要一種制度安排或機制以激勵出有效率的勞動，而私有產權並不是必要條件。因為在市場經濟中，財產運用的普遍形式是委託—代理，有財產的人並不須親自經營管理自己的財產；而管理或經營財產的職業經理也不是在為自己的財產價值增值而努力工作。因此，私有制一定等於高效率的邏輯並不能得到驗證。同樣地，在公共產權的情況下，如果我們能夠在實踐中找到可以有效激勵使財產價值最大增值的勞動和制度安排，則在公有制條件下也可以實現高效率。

4.產權制度及其功能

從一般意義上講，產權與財產權在使用上具有相同的含義。《中國大百科全書》1988 年版法學卷中對"財產權"的釋義是："人身權的對稱，即民事權利主體所享有的具有經濟利益的權利。它具有物質財富的內容，一般可以貨幣進行計算。財產權包括以所有權為主的物權、準物權、債權、繼承權以及知識產權等。"財產權概念的核心內涵是所有權，即主體對於客體的最高支配權。在中國的《民法通則》中，對"所有權"概念的表述是："財產所有權是指所有人依法對自己的財產享有佔有、使用、收益和處分的權利。"不論從歷史的角度還是從現實的角度來考察，財產權制度構建的核心問題就是財產所有權的確立和保護，即明晰所有權主體，實行終極的、排他的、最高的或不可再追溯的主體定位，使特定的主體擁有對客體加以支配、使用和處置的權能，由此而在社會經濟生活中建立起一種財產秩序。

財產權制度是財產權關係的制度化，是規範和協調主體在財產佔有行為方面的規則和準則。財產權制度協調的對象是財產利益關係，它通常用於法律制度，是法律對產權的確認和保障。財產權制度具有多層次性，這是由社會經濟關係或生產關係的多層次性決定的。這種多層次性的財產權制度，可以歸結為法律對財產的基本制度的規定，和對經濟組織及運行過程中財產權行使的法律規定這兩個層次。就人類社會某一特定發展階段來說，客觀上存在著某種佔主導地位的財產所有權形式，它決定與制約著其他非主導的財產權形式和派生的財產權形式，是社會一定發展階段的經濟、政治和意識形態、上層建築的基礎。這種佔主導地位的財產所有權形式，就是財產權的基本制度，馬克思把它稱為是一種"普照之光"。從一個社會的生產關係體系來看，它就是被稱為生產關係的基礎或基礎性生產關係的所有制。

　　在一個社會確立的基本財產制度框架內，財產權制度作為規範和協調主體在財產佔有行為及利益關係方面的規則和準則，是形成人們經濟行為合理性和經濟生活有序化的重要法權基礎。可以說，這一層次的財產權制度是市場經濟得以順利運行的"潤滑劑"。具體而言，它有以下幾個功能：

　　一是經濟激勵功能。激勵功能是以"經濟人"追求自身利益最大化的行為假設為前提的。產權制度的激勵功能就是指透過法律確認和保護的財產佔有主體，可以使用產權來謀求自身的利益，並且使這種利益不斷地內在化。

　　二是資源配置功能。當資源不存在稀缺性以致人們在佔有使用資源上並不存在利益矛盾時，財產權的界定並不重要。而當稀缺性出現時，爭奪資源的衝突迫使各主體之間都要尋求一種社會穩定秩序以確認資源的歸屬，以保護人們對資源的穩定利用。因此，透過法律而確認保護的財產權制度，一開始就是為了資源配置的需要。

　　三是行為約束功能。產權的約束功能有兩層意思：其一，由產權的排他性而產生對非產權主體的約束,即排除他人的侵佔、盜竊等行為,保障排他性產權關係的建立。其二,對產權主體行為的約束,即透過主體權利和責任的界定,使外在的責任內在化。

四是經濟預期功能。一個社會所建立的對財產所有權進行充分保護的法律制度,會有力地鼓勵人們增加財富,有效地利用資源,從而促進社會經濟的發展。在存在外部環境的不確定性和風險的情況下,只有當社會持續而穩定地保護產權時,人們才會普遍地從事財富的積累,謀劃長期的經濟活動。

三、馬克思的所有制理論、財產權理論

1.馬克思的所有制理論及其形成過程

所有制是馬克思政治經濟學中一個極為重要的範疇,這一範疇反映出社會生產中人們在佔有物質生產資料方面的相互關係,即社會生產關係。在馬克思的經濟學中,物質生產過程中所發生的財產佔有關係,歷來是其研究的核心,而馬克思在研究這種財產關係時所經常使用的範疇正是所有制。

馬克思並沒有撰寫過關於專門論述所有制的著作,但從馬克思的全部著作來看,所有制問題始終是馬克思重視的焦點。馬克思的所有制思想和科學的所有制範疇的產生,有一個與他從唯心主義向唯物主義、由革命民主主義者向共產主義者轉變相一致的發展過程。馬克思從 1848 年開始探討資本主義經濟制度和研究經濟學問題,在此之前,馬克思對所有制關係的認識受黑格爾法哲學影響很大。在發表於 1842 年的《關於林木盜竊法的辯論》一文中,馬克思為德國農民的物質利益辯護,並對地主和普魯士國家的法律進行了抨擊。當時構成馬克思辯論依據的主要是傳統的財產權,即認為佔有是人作用於自然對象的行為,而財產的本質就是透過佔有行為來建立人與物之間的人為

聯繫。馬克思認為，所有權就是排斥其他任何人來佔有自己的私有財產，所有權由法律規定，而法律應該符合自然法。在這裡，馬克思主要是在自然法的視野裡來分析所有制關係，是在法權形式上討論財產的歸屬。古代自然法私有財產理論以《羅馬法》的形成為標誌。《羅馬法》明確規定：所有權是在法律許可的範圍內，對於物的佔有、使用、收益和處分的權利。所有權有三個特徵，即絕對性、排他性和永久性。

1843年夏天至1844年，馬克思開始與黑格爾唯心主義法哲學決裂，並開始進行政治經濟學研究。在這一段時間裡，他寫下了《克羅茨納赫筆記》和《黑格爾法哲學批判》。黑格爾從抽象的所有者和抽象的所有權出發，認為一切社會成員都具有佔有財產的自然權利，從而把私有制的不合理性和現實性歸結為抽象的法的觀念。馬克思認為，所有制的不合理性和現實性應該由建立在一定社會之上的物質生活關係的總和即經濟基礎來說明。他指出："法的關係正像國家的形式一樣，既不能從它們本身來理解，也不能從所謂人類精神的一般發展來理解，相反地，它們根源於物質的生活關係，這種物質的生活關係的總和，黑格爾按照18世紀的英國人和法國人的先例，稱之為市民社會，而對市民社會的解剖應該到政治經濟學中去尋找。"[1]在《黑格爾法哲學批判》中，馬克思對所有制關係的新的認識是：①私有財產是一個普遍範疇，是一個普遍的國家聯繫；②市民社會是國家的基礎，私有財產是市民社會的基礎，因而私有財產是國家和法的基礎；③佔有是私有財產的真正基礎，並且是一個不可解釋的事實，而不是權利。在這裡，馬克思把私有財產看成是在社會生活中產生決定作用的經濟關係。

《1844年經濟學哲學手稿》是馬克思研究政治經濟學的最初成

---

[1] 《馬克思恩格斯全集》，第13卷，8頁，北京，人民出版社，1972。

果。在《1844年經濟學哲學手稿》中,馬克思力圖從勞動的異化來闡明私有制的產生,把私有財產歸結爲資本和勞動的關係。1846年,馬克思和恩格斯合寫了《德意志意識形態》。在這部著作中,馬克思第一次用歷史唯物主義的觀點說明了經濟範疇的客觀性和歷史性。馬克思研究了生產力在社會分工的歷史發展以及各種不同形式的所有制與此相聯繫的發展。在馬克思看來,社會分工一方面是生產力發展的表現和結果,受生產力發展的制約;另一方面,它又是形成和制約所有制關係和各種社會關係的現實基礎。馬克思認爲私有制是社會分工的結果,因爲社會分工才產生了不平等的分配,並出現了對他人勞動力的支配。正是在這個意義上,馬克思指出:"分工和私有制是兩個同義語,講的是同一件事情,一個是就活動而言,另一個是就活動的產品而言。"[1]馬克思第一次從經濟關係上把私有制的起源與人類歷史上社會分工的發生和發展聯繫起來考察,這證明馬克思的歷史唯物主義所有制思想已經確立。

馬克思的《政治經濟學批判(1857～1858)手稿》,即後來的《資本論》的最初手稿,在馬克思主義的發展史上佔有特殊的地位。在這部手稿中,馬克思第一次比較系統地論述了他關於所有制的一般概念。馬克思說:"財產最初無非意味著這樣一種關係:人把他的生產的自然條件看成是屬於他的,看成是自己的,看成是與他自身的存在一起產生的前提。"[2] "……我們把這種財產歸結爲對生產條件的關係"。[3]馬克思認爲,所有制(即財產)最初無非就是指人們在社會生產關係中對自然的一定關係,也就是勞動者作爲生產的主體又作爲佔有的主體,與作爲生產的客體又作爲佔有的客體的自然－生產條件的

---

[1] 《馬克思恩格斯全集》,第13卷,37頁,北京,人民出版社,1972。
[2] 《馬克思恩格斯全集》,第46卷(上),491～492頁,北京,人民出版社,1972。
[3] 《馬克思恩格斯全集》,第46卷(上),491～492頁,北京,人民出版社,1972。

一定關係。但是，現實的生產總是在一定的社會形式中發生，佔有總是憑藉一定的社會形式進行的，政治經濟學所要研究的所有制正是這種佔有的一定形式。

在《資本論》中，馬克思以資本主義所有制關係（就是資本關係）的研究爲核心，建立了他的經濟學的理論體系。在《資本論》中雖然沒有專門的章節論述所有制，但馬克思的所有制思想卻是十分豐富的，貫穿於其 1～3 卷的各章之中，包含的內容可以概括爲：①所有制反映的是經濟生活中現實的佔有關係。②作爲經濟關係的所有制，其法律形式就是所有權，即對某物的最高的、排他的任意支配權；同時，只有具有了法律上的所有權，事實上的佔有才具有合法佔有的性質。③現實的經濟佔有關係和法律上的所有權是有區別的。現實的經濟佔有關係是一種物質利益關係，它體現於所有者所享有的經濟利益上；而作爲法律上的財產所有者，他對某物擁有所有權，但也有可能並未享有現實的經濟利益，即所有權不能在經濟上實現。[1]就人類社會某一特定發展階段來說，客觀上存在著某種佔主導地位的財產所有權形式，它決定與制約著其他非主導的財產權形式，是社會一定發展階段中經濟、政治和意識形態與上層建築的基礎。這種佔主導形式的財產形式就是社會的基本財產制度即所有制。④所有製作爲一種基本的生產關係，它決定於生產力的性質與狀況。馬克思基於生產力與生產關係的相互作用，揭示了人類社會中各種所有制歷史演變的規律。

---

[1] 馬克思在《資本論》第 3 卷的地租篇中講到："地租的佔有是土地所有權藉以實現的經濟形式"，"土地所有權的前提是，一些人壟斷一定量的土地，把它作爲排斥其他一切人的、只服從自己個人意志的領域。在這個前提下，問題就在於說明這種壟斷在資本主義生產基礎之上的經濟價值，即這種壟斷在資本主義生產基礎之上的實現。用這些人利用或濫用一定量土地的法律權力來說明，是什麼問題也解決不了的。"見 1975。

2.馬克思進行所有制研究的科學方法

馬克思的所有制思想在他的全部經濟理論中佔有極其重要的地位，其內容是十分豐富的。就馬克思的經濟學文獻來看，涉及所有制的相關概念，如財產權（Property）、佔有權（Poessession 或 Possess，德文為 Eigenshaft）、所有權（Ownership）。在許多場合，馬克思對上述概念的使用，與現代西方產權理論文獻中所使用的這些詞，其含義是基本相同的。但是，馬克思的所有制概念及其研究方法，與西方產權理論卻不是等同的。

首先，馬克思運用抽象分析法，對財產關係的基本制度進行了分析。馬克思揭示出，儘管財產所有權的具體形式具有多樣性，但就人類社會某一特定發展階段來說，客觀上仍存在著某種通行的、佔據主導地位的財產所有權形式，它決定與制約著其他非主導的財產形式和派生的財產形式，是社會一定發展階段的經濟、政治和意識形態與上層建築的基礎。這種佔主導地位的財產所有權形式，就是社會的基本財產制度。確立財產所有權的基本制度的概念，在馬克思的所有制理論中具有重大意義，因為馬克思正是基於這一理論分析方法，從人類社會某一時期現實中十分豐富多樣的財產關係和所有權形式出發，找出了這一社會形態中佔主導作用的基本財產權形式即主導的所有制，並以此作為區分社會的標誌，闡述了人類社會發展所必經的五種社會形態，即原始共同體所有制、奴隸制、封建制、資本主義佔有制、社會主義、共產主義公有制。馬克思不僅分析闡述了上述五種所有制的基本特徵，還基於生產關係與生產力相互作用的規律，闡明了人類社會形態由低級形態向高級形態演進的客觀規律。馬克思創造了一種財產關係的制度分析理論，這是馬克思政治經濟學的重大貢獻與主要特點。

其次，馬克思的所有權分析並不是僅僅停留在基本制度層次上。財產所有權的基本制度是抽象層次的範疇，它還揭示了財產關係在社會某一發展階段上佔主導地位的基本性質和本質特徵。為了認識某一社會現實經濟運行中豐富多樣且具體的財產關係，馬克思甚至運用從抽象上升到具體的方法，結合人類社會發展中不同階段的條件和狀況，分析了財產所有權的具體形式。財產所有權的具體形式包含三個要素：一是財產主體的性質，二是財產客體的性質，三是這一財產的排他佔有關係的性質。按照這三個要素的結合方式，馬克思揭示了在某一社會形態佔主導地位的基本財產制度下面，都有著可以加以區分的、具體多樣的財產所有權形式。例如：在原始公有制解體時期，農村公社的土地公有制關係下，就有著公社財產、村社財產、個人財產等不同的形式，而就農村公社所有制來看，還可以分為亞細亞所有制、古代共同體所有制和日爾曼所有制三種不同類型。馬克思揭示了亞細亞的所有制形式：在公社內，公社是所有者，個人只是佔有者。"財產只是作為公共的土地財產而存在。"這是一種情況。另一種情況是：大共同體是所有者，而大共同體所屬的小共同體則是佔有者。"在大多數亞細亞的基本形式中，凌駕於所有這一切小的共同體之上的總和，統一表現為更高的所有者或惟一的所有者，實際的公社卻只不過表現為世襲的佔有者。"[1]又如：奴隸制財產可區分為以佔有國有奴隸為特徵的東方奴隸制財產，和以大規模佔有生產性奴隸為特徵的西歐發達的奴隸制財產；封建的財產可區分為領主制財產和地主制財產，等等。

最後，馬克思不僅從靜態的、財產歸屬的意義上分析了具有最高的、排他性支配的財產所有權，他還從動態的、所有權在經濟上的利用和實現意義上，論述了所有權與佔有權、使用權、支配權的統一和分離。馬克思認為，所有權是全部財產關係的核心和基礎，主要決定其他派生財產權利的性質和狀況。但是，馬克思並沒有把所有權等同

---

[1] 《馬克思恩格斯全集》，第 46 卷（上），481 頁，北京，人民出版社，1972。

於全部財產權利，除了所有權，馬克思還研究了佔有權、使用權、支配權等一系列權利，從而構成了他對所有制結構的動態分析。馬克思注意到，財產的各種權利在某些情況下是統一的，小生產者就提供了所有權和佔有權、使用權相統一的典型例證：獨立的農民和小手工業者，既擁有自己生產資料，又直接用自己的生產資料進行勞動、生產產品。馬克思說："在我們所考察的場合，生產者——勞動者一直是自己的生產資料的佔有者、所有者。"[1]馬克思還考察了所有者和佔有者不是同一主體，所有權與佔有權、使用權（經營權）相分離的幾種情況。例如：在亞細亞的所有制形式中，所有者和佔有者不是同一主體，在公社內，公社是惟一的所有者，個人只是佔有者；在資本主義農業生產方式中，土地所有權與經營權相分離；在存在借貸資本的場合，資本的所有權與資本使用權相分離。資本所有權和使用權的分離形成了不同的產權主體：一是借貸資本家，二是職能資本家。"同一資本在這裡有雙重規定：在貸出者手中，它是作為借貸資本；在執行職能的資本家手中，它是作為產業或商業資本。"[2]前者作為單純所有權的資本，後者是執行職能的資本。資本所有權和使用權的分離，導致企業利潤的分離，一部分是利息，另一部分是企業主收入。資本所有權和使用權的分離在股份公司中得到了更進一步的發展。所有權與佔有權、使用權、支配權的統一或分離，並不改變所有權的基本性質，但它要影響所有權的實現方式和所得利益的分配。可見，馬克思早在現代產權理論出現之前，就已建立了一種對財產權具體結構進行分析的方法。

3.馬克思之前存在的所有制思潮

馬克思的所有制、財產權思想建立在唯物主義歷史觀的基礎之

---

[1] 《馬克思恩格斯全集》，第 26 卷(I)，440 頁，北京，人民出版社，1972。
[2] 馬克思：《資本論》，第 3 卷，408 頁，北京，人民出版社，1975。

上，對人類社會生產發展過程，特別是資本主義生產的歷史發展過程中，財產與財產權的本質關係及其複雜的結構給予了科學的說明，在經濟學說史上有著重大的貢獻。由此而知，馬克思的思想並不是憑空而來的，在馬克思的所有制、財產權理論中，也有對人類歷史上的財產權理論的科學繼承和批判發展。自然法私有財產理論、烏托邦公有制理論（包括古代公有制思想和近代空想社會主義公有制理論的兩個發展階段）和勞動財產權理論，都對馬克思的所有制、財產權理論有著重要影響。自然法私有財產理論闡釋的自然法和自然是指宇宙中存在著的一種理性、正義和秩序，並從這種理性、正義和秩序中引申出自然法觀念，主張人類行為和社會規範都要以自然法為準繩。私有財產養成人們利己和貪欲之心，引起社會的分歧和矛盾，國家的一切災難的主要禍根就是私有制和私有觀念。近代空想社會主義公有制理論如莫爾、摩萊裡、歐文等，他們的公有制思想對馬克思的所有制思想有較大影響。而勞動財產權理論則反映了近代商品經濟社會以小生產者個人勞動為基礎對財產權利的訴求，其核心觀點是：人們對財產的所有權是透過勞動取得的，並且認為勞動是勞動者無可爭議的所有物，因此財產的私有權是合理的，是人們天賦的權利。勞動財產權有兩個自然界線，一個是個人勞動的界線，另一個是以滿足自己的消費需要為界線。只有在這兩個界線內，對財產的佔有才是合理的。[1]

---

[1] 勞動財產權理論形成於 17 世紀，其理論淵源最早可以追溯到《羅馬法》。在《羅馬法》中，關於所有權和佔有權的取得，就包含了勞動財產權思想的萌芽。洛克是勞動財產權理論的創始人。他在繼承前人思想的基礎上，創立了一個較完整的勞動財產權理論體系。後來，盧梭、狄德羅、魁奈、斯密和黑格爾等人，又在洛克理論的基礎上發展了勞動財產權理論。參見黃少安：《產權經濟學導論》，北京，經濟科學出版社，2004。

四、產權模式：兩種制度分析的方法及其比較

1.馬克思主義經濟學中的制度

在馬克思的理論體系中，制度最初來自於物質生產條件，過了很久以後才演繹為法律。在馬克思看來，制度不能僅僅歸結於表現為社會普遍意志的法律和倫理範疇，完整的社會制度是由經濟基礎和上層建築這兩個相互聯繫的層次組成的。經濟基礎和上層建築既具有原生和派生的關係，又具有互動的關係，即經濟基礎決定上層建築，上層建築反作用於經濟基礎。

馬克思豐富的制度經濟學思想對新制度經濟學理論和產權理論的形成及發展產生了重大的影響，這表現在：①馬克思注重制度分析並把制度作為社會經濟發展的一種內生變數，對新制度經濟學產生了深刻影響。②馬克思的歷史唯物主義框架對新制度經濟學體系的形成產生了重要的影響。諾斯說：「在詳細描述長期變遷的各種現成理論中，馬克思的分析框架是最有說服力的，這恰恰是因為它包括了新古典分析框架所遺漏的所有因素：制度、產權、國家和意識形態。這是一個根本性的貢獻。」[1]

2.馬克思主義對財產權和私有制起源的歷史分析

馬克思以唯物史觀的哲學作為基礎，透過對基督教的宗教世界觀進行批判，提出了人類和人類社會的起源問題，同時也提出了所有制起源和原始所有制形式等一系列問題。馬克思認為所有制即人類社會中的生產關係。只有正確地說明人類和人類社會的起源，才有可能正確地說明所有制的起源。從整個人類來看，私有制是異化勞動的產物和必然後果，也就是說，人類是帶著自己在生產勞動中製造的私有制

---

[1] 諾斯著，陳郁等譯：《經濟史中的結構與變遷》，上海，上海人民出版社、上海三聯書店，1994。

關係跨入文明社會的。馬克思批判地繼承了盧梭等人的觀點，揭示出所有制的形成經歷了自然狀態、家庭和氏族、市民社會三個階段，勞動技能和謀生方式的發展，有定居生活、家庭的建立，冶金和農業技術等因素促進人們大量分佔土地，土地的私人佔有，就是私有制的產生，概括出土地佔有與私有制的相互關係："私有財產的統治一般是從土地佔有開始的，土地佔有是私有財產的基礎"，"地產是私有財產的第一個形式"。

馬克思以生產力的發展和婚姻家庭形式的變化為線索，揭示了原始公有制的本質及其發展過程。馬克思認為，人類社會最古老的所有制是單一性群體形式的公有制，氏族成員共同勞動，生產出人們賴以生存的物質資料，土地和勞動產品歸公社所有。隨著生產力的發展，所有制變成產權制，引起所有制關係上的變化，以血緣結合的公有制氏族公社被以地緣結合的公私混合的農村公社所取代。在農村公社中，房屋及其附屬的土地已經是農民的私有財產，耕地雖為公社所有，但定期在公社各個社員之間進行重新分配，因此每個農民單獨耕種田地並把勞動產品留歸己有。

馬克思嚴格地區別了個人財產與私有財產，強調公有制向私有制轉變過程中曾經歷了一個過渡階段，個人財產就是這種過渡形式。因為私有財產的權利就是任意使用和支配的權利，而個人財產給個人，可以終生佔有、使用和死後殉葬，其餘留在氏族內，並受氏族支配。對個人財產沒有任意支配的權利，它的產生時代早於私有財產。

從動產看，變成私有財產的順序是：公社財產→個人財產→家庭財產；從不動產即土地看，住宅地、耕地和割草地依次變成私有財產；從總體看，先是動產私有化，然後是不動產私有化。

在關於產權制度的起源上，馬克思與西方產權理論有著重大的區別。馬克思經濟學認為原始公共產權是人類社會產權的最初形式；馬克思經濟學把"稀缺"視為資源常態，作為分析產權起源的前提；馬克思經濟學分析產權起源時,並沒有把早期的產權主體視為"經濟人",原始公有產權是自然形成的;馬克思經濟學認為產權的起源是自然演化過程,私有產權的產生也是生產力與生產關係矛盾運動的結果,歸根究柢是生產力發展導致的。[1]產權理論在論述產權起源時,總是只論述私有產權是如何產生的;他們把"稀缺"本身作為分析對象,產權是因為稀缺才產生的;在他們的產權起源理論中,早期產權主體是典型的"經濟人",精於計算,具有強烈的成本—收益意識,因而強調私有產權制度的出現是"經濟人"的理性選擇。[2]

3.關於財產權的本質

在馬克思看來,財產權本質上是一種法權關係,是生產關係的法律表現;財產權關係是生產關係或所有制關係的意志或法律規定形式;現實的所有制關係是先於所有權而存在的本源和經濟基礎,所有權是所有制的法律形態和法律範疇。馬克思主要研究的是作為經濟關係的所有制,目的是為了揭示財產關係的本質。

馬克思指出,私有財產的真正基礎即佔有是一個事實,是不可解釋的事實,而不是權利。只是由於社會賦予實際佔有以法律的規定,實際才具有了合法佔有的性質,才具有了私有財產的性質。"私有制

---

[1] 黃少安:《產權經濟學導論》,北京,經濟科學出版社,2004。

[2] 在產權經濟學文獻中,關於產權的起源一般都強調以下因素:技術、人口壓力、資源的稀缺程度、要素和產品相對價格的長期變動。如德姆塞茨強調在可能導致產權出現的諸多因素中,由於資源稀缺而發生的相對價格變動以及人口增長的作用,如加拿大的印第安人,面臨日趨增多的需求,要求進行保護資源的投資,因而要建立排他性的產權,使產權得到最優化使用。所謂的諾斯 — 托馬斯模型,強調導致產權出現的主要壓力是人口的增長。由於人口的增長,資源變得相對稀缺,人們為佔有公有資源而展開競爭,狩獵活動的收益減少;在某個邊際上,固定農業有更大收益,因而需要建立排他性產權。參見科斯等著,劉守英等譯:《財產權利與制度變遷》,上海,上海三聯書店、上海人民出版社,1994;思拉恩、埃格特森著,吳經邦譯:《新制度經濟學》,北京,商務印書館,1996。

不是一種簡單的關係,也絕不是什麼抽象概念或原論,而是資產階級生產關係的總和。"

馬克思在談到商品交換中的財產權關係時說,這種具有契約形式的(不管這種契約是不是用法律固定下來的)法權關係,是一種反映著經濟關係的意志關係,這種法權關係或意志關係的內容是由這種經濟關係本身決定的。

西方產權理論和產權經濟學所研究的,主要是法權形式的產權(財產權)所產生的規定或強調和保護既有產權關係的作用,側重於對客觀性財產權利關係的認可、保護和調節,它直接為處理財產權利關係服務。而馬克思的所有制分析(財產關係分析)並沒有這種直接作用,只是把客觀存在的也許不為人們所認識或深刻認識的經濟權利關係揭示出來,使人們能夠認識經濟現實,為制定政策和法律提供依據。

4.關於產權制度演進(變遷)的理論

經濟制度有不同層次的規定,制度變遷的內容也有不同層次:①行為規範層面的變革;②經濟體制層面的制度創新;③基本經濟制度層面的變革。首先是行為規範層面的變革,這是指經濟當事人充分運用自己的相對實力或談判力量,改變已有的契約安排或行為規範的過程。其次是經濟體制層面的制度創新,可以由兩方面的原因來論:一是為了解放和發展生產力,二是基於基本經濟制度實現的必要。最後是基本經濟制度層面的變革,意味著社會經濟制度性質的根本改變,已帶有社會革命的意義。

馬克思經濟學與新制度經濟學是在不同層次上使用這個"制度變遷"概念的:馬克思論述的制度變遷是整個制度結構層面的變革;而新制度經濟學分析的制度變遷僅限於特定制度層面(較淺層次上)的變革,他們假定制度結構中的基本制度安排(基本財產制度)是給定的。

5.關於制度起源及變遷的歷史分析方法

注重歷史和歷史分析，是新制度經濟學和產權理論的一個重要特點。但是，注重歷史和歷史分析並不等於歷史唯物主義，許多學者在評價現代產權理論的方法論時都指出了這一點。堅持馬克思主義歷史唯物主義方法，必須堅持兩個基本命題：一是生產力決定生產關係；二是生產關係適應生產力的變化而變化。因此，產權制度作為基礎性的生產關係，其起源和變遷的原因，只能從生產力的發展、從生產關係適應生產力的規律中去尋找，而不是"經濟人"精於成本—收益計算的理性選擇。正如馬克思所指出的："人們不能自由地選擇自己的生產力——這是他們全部歷史的基礎，因為任何生產力都是一種既得的力量，是以往活動的產物。"

新制度經濟學、產權理論以歷史的事實來驗證其命題，只是一種歷史歸納法，他們所用的許多歷史事實都是以其既有理論框架來過濾了的，或者是按照他們的理論和意識形態去解釋歷史。正因為如此，西方產權理論對制度起源和變遷的歷史考察得出的結論，並不與馬克思、恩格斯歷史唯物主義的結論相一致。

第三章

馬克思產權經濟學思想研究：
　　國內外研究現狀綜述

馬克思的經濟學中包含著豐富的所有制、財產權理論。所有制和財產權是政治經濟學的核心範疇，而馬克思主要是從生產力與生產關係的相互關係來解釋財產權制度的形成、發展和演變的。馬克思分析了產權的內在結構，區分了產權的經濟權利和法律權利，等等。本章是對國內外研究馬克思產權經濟學思想現狀的一個綜述，立足於世界範圍內現代經濟學最新發展對馬克思經濟學的挑戰和衝擊，對國內外學者對馬克思經濟學中的產權理論，以及對現實經濟社會問題的研究進行了系統的梳理和評價。

馬克思產權經濟學思想研究，與傳統的馬克思主義政治經濟學研究相比，它們的語言體系、研究對象、研究方法、研究風格和關注點，都有了很大的不同。一般來說，它們除了研究並不再侷限於或者可以說已大大突破了過去傳統政治經濟學對馬克思主義政治經濟學的研究對象、勞動價值論、剩餘價值論、分配理論等論題的研究，它們更關注世界範圍內現代經濟學對馬克思經濟學最新發展的挑戰和衝擊，此外，更關注馬克思經濟學對現實經濟及社會問題的解釋力，以及在現代經濟學研究方法新的視角下對馬克思經濟學現實意義的探索和開發等，這使一些"善於在馬克思體系內說話"的權威的、著名的馬克思主義經濟學家在對"馬克思產權經濟學"的討論中失去了話語權。在新的馬克思經濟學研究群體中，大多數熟悉現代西方經濟學，掌握了現代研究方法，能夠嫻熟地運用數學分析工具，可以與英語世界直接對話，又精通馬克思經濟學，具有新的知識結構。他們或者比較年輕，或者是西方經濟學專業"出身"的老學者。馬克思產權理論研究本身就需要有馬克思經濟學的基礎和西方經濟學的眼光，因而使這批人初步具備了得天獨厚的研究條件，產生了不懂西方理論的馬克思經濟學家和疏於馬克思經濟學理論的西方經濟學研究者都不能與之相提並論的比較優勢，從而得以在經濟學界脫穎而出。

一、關於馬克思產權理論的存在性問題

1.馬克思產權理論研究的主要論題：研究客體

現代產權經濟學的學科範圍對研究馬克思產權理論領域的確定提供了一個大致的參考依據——或者是馬克思經濟學研究範圍與西方產權理論範圍重合，或者是不一致但對應，或者與之相反、對立，但必定都屬於相關內容，這些相關的具體形式可以多種多樣。

關於產權經濟學的科學劃界問題，可以從這一學科所研究的主要論題上推知一二。"產權學派的研究，正如配傑威齊和菲呂博騰所概括的，主要著力於產權、激勵與經濟行為關係的研究，尤其探討了不同的產權結構對收益－報酬制度及資源配置的影響，對權利在經濟交易中的作用也給予了突出的關注。"[1]

自 20 世紀 60 年代科斯的《社會成本問題》問世至今，西方產權經濟學已經發展成為一個比較完整的體系，雖各書具體內容的結構安排不同，但它們大體包括以下幾方面內容：

第一層次內容是一般理論，包括：

(1)產權理論的基本方法論是個體主義；

(2)產權理論的基礎理論工具是交易費用理論；

(3)產權理論的核心內容是科斯定理；

(4)產權理論的研究目的是在既定的資本主義私有制條件下透過產權安排來最佳化資源配置。

第二層次內容是具體應用，包括：

(1)產權起源和界定理論：交易費用最小化原則；

(2)企業產權理論：企業內部不同主體之間的最優產權安排；

---

[1] R. 科斯、A. 阿爾欽、D. 諾斯等著，劉守英等譯：《財產權利與制度變遷》，上海，上海三聯書店、上海人民出版社，1994。

(3)農地制度研究：對土地租賃合同的研究；
(4)人力產權理論：人力產權功能及其與企業產權安排的關係；
(5)產權演化史：產權的產生、變遷及其對發展的作用。

與之相關，產權理論的關鍵字主要有：外部性、排他性、交易費用、產權、公權和私權、產權效率、產權界定和保護、產權起源和變遷、契約、組織、代理、偷懶和激勵等。這些關鍵字的具體含義在西方產權理論和馬克思產權理論中的具體表述可能有所不同，但討論中應主要是看其思想內容而不能囿於名詞或名稱。

綜觀國內馬克思產權理論研究，主要集中在三個層次的問題上，這三個層次的問題在不同時期成了當時的研究重點，但總而言之，是由易到難、由淺入深的。

第一層次是"印象研究"，即馬克思產權理論的存在性問題，主要是討論馬克思究竟有沒有自己的產權理論，進一步地，到底馬克思有沒有一個完整而系統的產權理論。存在性問題是馬克思產權理論研究中必然會首先遇到的問題，因為只有解決了"有沒有"的問題，才談得上"有什麼"等其他問題。關於馬克思產權理論的存在性問題，很少見到單獨或專門的論著，國內外學者的大量論述都是滲透在其他相關研究論著中的——相關論文或者著作的一些章節中。[1]

第二層次是"專題研究"，指的是分別從產權研究的不同領域對馬克思經濟思想進行開發、拓展而形成的細化研究。例如：馬克思和西方產權理論比較研究、馬克思產權理論的方法論研究、所有制理論與產權理論關係研究、馬克思企業理論研究、馬克思契約理論研究、馬克思勞動力產權理論研究、馬克思土地產權研究、產權制度變遷動力研究等一系列問題。一方面，研究初期，這類問題大多是比照現代

---

[1] 詳見後面進一步引證中馬克思、配傑威齊、諾斯、拉坦、吳易風、林崗和張宇、程恩富等的文獻。

西方產權理論的範圍和說法，結合馬克思經濟學的具體內容而提出的，具有較明顯的對比性質；另一方面，在專題化分門別類的探討中，也針對馬克思產權理論研究提出了一定意義上具有指導作用的重大理論觀點，爲進一步深化討論提供了一個基礎。[1]正是在這個基礎上，才引申出了後來更爲具體、更爲專業的深度研究。

第三層次是"深化研究"，主要是在專題研究基礎之上進行更爲專業的深度探討問題，研究其中的深刻含義。如果說在"專題研究"中把馬克思經濟學與現代產權經濟學直接對照，用西方產權理論的任何一個命題來套用馬克思的理論都能受到啓發，也能找到一個研究視角，而且相對容易的話，那麼，"深化研究"則需要二次開發，"用知識研究知識"，"以專業探討專業"，是對產權理論的更高層次地運用，涉及到一些更深層次的問題。例如：馬克思產權思想與西方產權理論屬於不同流派，其對象、目的、假定前提和理論結論都不一樣，那麼，不同流派理論體系之間的相關概念和原理具有可通約性嗎？理論上能進行這種比較嗎？關於不同學派經濟理論之間的可通約性，是對不同學派相關或相近範疇及理論進行比較研究的前提，沒有這一點，則對馬克思產權思想與現代西方產權理論的所謂比較研究就都成爲多餘。還有，對產權界定中"科斯定理"和"馬克思定理"[2]問題、對"生產費用"和"交易費用"能否納入同一個分析框架[3]、馬克思產權思想的侷限性等問題的研究，都是對研究初期專題討論的深化。這些研究有的已經展開，有的還只是已經提出但尙未充分展開，成爲以後需要繼續完成的任務。

---

1 如林崗、張宇等對馬克思經濟學基本命題和產權研究不同模式的研究等。
2 程恩富、胡樂明：《經濟學方法論——馬克思、西方主流與多學科視角》，93～97頁，上海，上海財經大學出版社，2002。
3 劉凡、劉允斌：《產權經濟學》，81頁，武漢，湖北人民出版社，2002。

2.馬克思有產權理論嗎:沒有"產權"和"交易費用"概念的產權思想

一般都把科斯看成是產權經濟學、交易費用經濟學和法經濟學的共同鼻祖,認為標準的產權理論產生於 20 世紀 60 年代科斯的開山之作《社會成本問題》一文發表之後。

100 多年以前的馬克思有產權理論嗎?

"馬克思主義政治經濟學中有沒有產權理論,在我國理論界對其的認識是不一致的。有人認為馬克思主義政治經濟學中沒有產權理論,其根據就是在馬克思主義的著作中從沒有使用過'產權'的概念。"[1]

從思考問題的方法的角度看,回答這個問題的關鍵在於:一是對產權理論的科學劃界,明確什麼是產權經濟學;二是西方的產權理論是否為產權經濟學的標準體系,能否把它作為衡量馬克思有無產權理論的依據。

如果把產權經濟學理解為所有制經濟學,那它就是關於人與人之間生產關係的經濟學理論;如果把產權經濟學理解為法權經濟學,那它就是研究人與人之間法律關係或交易關係的經濟學;如果把產權經濟學理解為包括所有制經濟學和法權經濟學在內的整體,則它就成了涵蓋更為寬泛的一種經濟學說。

如果把科斯及其追隨者的西方產權經濟學理論體系與其範疇術語作為是不是產權經濟學的標準來套用馬克思主義,當然會得出馬克思主義經濟學沒有產權理論的結論。的確,馬克思從未使用過諸如"產權"、"交易費用"、"外部性"、"路徑依賴"等西方現代產權經濟學的術語,但其所有制及其演變理論的博大精深卻是人們所共知的,關於所有制理論與產權理論的關係,也就成了人們討論的焦點之

---

[1] 王連平:《馬克思主義政治經濟學與現代西方產權理論》,載《中南財經大學學報》,1997(6)。

一。

　　鑒於西方產權理論的有些具體思想並不同於馬克思經濟學理論中的具體表述方式和所使用的概念，研究時有必要看其思想內容，而不能囿於名詞或術語。因此在對馬克思是否有產權思想的科學判斷上，以及在對馬克思產權思想的科學劃界上，不能不考慮這些因素：一是馬克思經濟學中直接使用的與西方產權理論相同或相近的關鍵字的相關思想；二是雖然沒有西方產權理論範疇的詞語，但思想內容卻屬於西方產權理論所要考察的對象範圍的理論；三是既無與西方產權理論相關的範疇，更超出西方產權經濟學研究範圍，但具有馬克思經濟思想特色因而更有意義的相關思想，如作為階級的經濟利益矛盾分析等；四是要對馬克思提出問題的角度與西方之不同予以特別關注，既不能用西方的來套用馬克思主義，也不能用馬克思主義來適用西方學說。研究原則是既看名詞概念，更看思想內容，同時特別注意馬克思主義的分析背景、分析視角、出發點和理論任務等方面與西方的差別。

　　基於這一認識，我們來考察國內外學術界如何看待馬克思產權理論的存在性問題。

　　對馬克思有沒有產權經濟思想問題的回答，大致有幾種意見：

　　第一種觀點認為馬克思有科學而系統的產權經濟理論。如有學者提出："近 20 多年來，在西方經濟學論著中，一講到產權理論，幾乎都言必稱科斯定理、產權學派或新制度學派的產權理論，這原不足為怪。奇怪的是，中國的某些學者在講到產權理論時，竟然也是如此。豈不知早在科斯以前 100 多年，馬克思就創立了科學的、系統的產權理論。"[1]有學者也明確認為："在社會科學的歷史中，真正建立科學的產權理論的應該首推卡爾・馬克思。馬克思有關產權的理論可

---

[1] 吳易風：《馬克思的產權理論與國有企業產權改革》，載《中國社會科學》，1995(1)。

謂博大精深、超越時代、自成體系,其遠見卓識的思想對現代產權理論的形成和發展具有深刻影響。"[1]"博大精深、超越時代、自成體系"的評價,顯示了其對這一問題看法的基本觀點。

這些學者都對自己的觀點進行了詳盡的論證,在後面關於產權問題的討論中將會進一步論及。

第二種觀點認為馬克思並沒有自己系統的產權理論,所研究的主要是所有制理論。有的學者從所有制屬於經濟關係而產權屬於法權關係的角度提出:"從這個意義上講,馬克思並沒有系統的產權理論,即關於產權的法律形式的理論,而只有系統的所有制理論,即關於產權的經濟內容的理論。"[2]他們認為,完整的產權包括其實質內容方面即經濟關係和其外在表現方面即法律關係,馬克思只有系統的所有制即經濟關係理論,至於法律關係,只在必要的時候涉及一下而已,所以,馬克思的所有制理論只是系統的產權理論的一部分,或者一個方面。正是"從這個意義上講,馬克思並沒有系統的產權理論"。

問題在於,當我們用同一標準來衡量現代西方產權經濟學的完整性時,也會產生相同的問題。現代西方產權經濟學只研究了產權的法律關係,而沒有研究其本質內容即經濟關係,或者說主要是研究了產權的法律關係方面,只是在必要時才涉及經濟關係,或者說,只有為數不多的西方產權經濟學家才會注意過經濟關係的產權問題。[3]按照上述學者的判斷標準,是不是意味著現代西方產權經濟學與馬克思產權經濟學一樣,都不能稱為"完整的"產權經濟學呢?是不是應該把西方產權理論與馬克思所有制理論的對象範圍合起來才算"完整的"產權經濟學呢?若真如此,我們只能說當今世界上尚沒有出現完整且系

---

[1] 劉桂芝:《馬克思的產權理論與國有企業產權改革》,載《當代經濟研究》,2004(11)。
[2] 林崗、張宇:《產權分析的兩種模式》,載《中國社會科學》,2000(1)。
[3] Y. 巴澤爾著,費方域、段毅才譯:《產權的經濟分析》,上海,上海三聯書店、上海人民出版社,1997。

統的產權經濟學。

與此不同的是，有學者指出："在一定意義上講，馬克思並沒有專門的產權理論，甚至並未使用過'產權'和'產權制度'這樣的名詞。但他的產權理論是蘊涵在其所有制理論之中的，因此有人認為把馬克思的所有制理論視為一種產權經濟學亦未嘗不可"（張克難，1996）。"所有權與產權的含義是相近的，馬克思的所有權理論就是其產權理論。" "可以說，馬克思關於產權的思想，就是他的與所有制分析相聯繫的所有權思想，馬克思是以其所有制、所有權理論來解釋資本主義財產權利關係及其運動的。"[1]

有些學者將科斯之前出現的產權理論追溯到了古希臘。裴小革[2]認為，關於保護私人產權必要性的最早比較系統的論述，可見於古代的亞里斯多德的《政治學》，以後我國漢代歷史學家司馬遷、法國學者盧梭、英國古典經濟學家斯密和李嘉圖等，都對私人產權的保護有過論述。而馬克思對產權問題的論述，是貫穿於馬克思政治經濟學始終的一條主線，也是他最有自己特色的理論之一。

第三種觀點認為馬克思的產權思想雖不系統，但很豐富，涵蓋了產權理論的大部分領域。有學者認為："馬克思的制度經濟學思想十分豐富，它幾乎涉及新制度經濟學所討論的每一個制度領域，如產權問題、企業的性質和產權結構問題、人力資本產權問題、土地產權問題、制度變遷問題、技術創新與制度創新的關係問題等等。"[3]他雖然說的是新制度經濟學的領域，但所列產權問題理論也足以覆蓋產權經濟學的大部分領域了。

還有學者寫道："筆者認為，儘管馬克思主義經典作家沒有明確

---

[1] 馬廣奇：《馬克思產權理論與西方現代產權理論的比較分析》，見 www.jjxj.com.cn（經濟學家網），2004.2.24。

[2] 裴小革：《新自由主義產權理論與馬克思主義產權理論比較》，載《政治經濟學評論》，2004(2)。

[3] 袁慶明：《新制度經濟學》，14頁，北京，中國發展出版社，2005。

地使用過產權概念，但是與產權內容相近的一些概念範疇和現代西方產權理論所涉及的一些基本內容在馬克思的著作中已多有論述，並且有些論述和分析比現代西方產權理論還要深刻。因此，馬克思主義政治經濟學是包含產權理論的。"[1]

實際上，在與西方產權理論對應的內容範圍之外，馬克思還有很多自己獨特的產權理論觀點，因為馬克思的研究視野要比西方產權理論的視野寬得多。

第四種觀點認為馬克思產權思想遠比西方產權理論要深刻，而且對西方產權理論產生了重大影響。有學者用"抽象而深邃"來概括馬克思的產權思想。馬廣奇說："馬克思從整體上對資本主義產權關係做了深層的剖析，揭示出了產權現象背後的本質，因而其產權理論難免具有高度的抽象性，給人的感覺是較難理解和把握。其實這正是馬克思產權理論的深邃性和科學性之所在，至今沒有人能夠超越。即使是西方產權理論的代表人物諾斯，也對馬克思的理論表示了敬意。"[2]

總之，從接觸到研究馬克思經濟學的有關文獻來看，大多數學者對馬克思產權經濟思想的存在性問題持肯定態度，同時，也指出了馬克思沒有"單獨的"產權經濟學論著，其思想還缺乏一個嚴格的體系。但在國內對馬克思產權理論的討論中，關於馬克思產權思想比之西方產權理論的深刻性方面，是大家所一致公認的。

3.外國學者的看法：現代產權理論應當從馬克思那裡吸取營養

馬克思主義理論產生 100 多年來，世界資本主義社會制度與社會主義社會制度的形勢，以及經濟與政治格局都發生了重大變化，這一理論的命運也充滿曲折和坎坷，但由於其科學的研究方法、巨大的邏

---

[1] 王連平：《馬克思主義政治經濟學與現代西方產權理論》，載《中南財經大學學報》，1997(6)。

[2] 馬廣奇：《馬克思產權理論與西方現代產權理論的比較分析》，見www.jjxj.com.cn（經濟學家網），2004.2.24。

輯力量和深刻的洞察能力，使這一理論對整個世界的影響經久不衰，即使在西方國家，"馬克思"仍然是個熱門話語，其思想已經滲透到經濟學、政治學、社會學，以及科學方法論等多個不同學科，而且隨著新學科雨後春筍般地出現，人們仍能不斷從馬克思學說中發掘出過去不曾認識到，但對新學科具有價值的新思想和新方法，比如對新制度經濟學中的產權理論，西方很多學術大家都主張應該從馬克思的有關理論中吸取菁華，因此，對馬克思的產權思想給予很高評價，這絕不是偶然的。

第一，從總體角度看。鑒於馬克思在產權理論方面的地位，很多西方產權理論家都注意吸納馬克思的理論菁華來豐富自己的理論，或者把自己的學說與馬克思相連結，作為其理論權威性的一個佐證。這足以說明馬克思產權思想在西方產權理論家中的影響。

諾斯可能是西方產權經濟學家中對馬克思的理論評價最多也是最高的學者之一。他是新經濟學史學派的創始人，在新制度經濟學界享有極高聲譽，但是，在談到馬克思和斯密時，他卻自謙地說："我的結論並沒有什麼新意可言。卡爾·馬克思和亞當·斯密都同意這一點……但他們的追隨者顯然忘記了這一點。"[1]

哈特也坦率地指出，他的權力觀是與馬克思的權力觀一致的。[2]

另外一個有趣的例子是：西方產權學者在說明其毋庸置疑性的觀點時，往往會把馬克思擡出來；更為引人注意的是，菲呂博騰和配傑威齊竟能把馬克思和恩格斯二人的名字與"《羅馬法》"、"普通法"和"現行的法律"並列放在一起：菲呂博騰和配傑威齊在《產權和經濟理論：近期文獻的一個綜述》一文中的注③裡，特別強調了在

---

[1] 見諾斯的《西方世界的興起》後記，轉引自劉元春：《交易費用分析框架的政治經濟學批判》，193～194頁，北京，經濟科學出版社，2001。

[2] 劉元春：《交易費用分析框架的政治經濟學批判》，189頁，北京，經濟科學出版社，2001。

他們關於"產權"意義的理解上，"《羅馬法》、普通法、馬克思和恩格斯，以及現行的法律和經濟研究基本上同意這一產權定義"。[1]對這一做法在科學上的意義姑且不加評論，但它蘊涵了一個不可否認的重要事實是，馬克思在西方產權經濟學家心目中的地位的確是相當高的。

另外，法國《重讀〈資本論〉》一書的作者，對馬克思的有關思想也有很高的評價。[2]

第二，從產權角度看。產權經濟學引入中國比較晚，發展也不成熟，對馬克思產權經濟思想的研究更是近年的事情，比之國外學者在這方面的研究落後了許多。國外學者敢於以十分肯定的口吻斷言，是馬克思"第一個"提出了產權思想、"第一個"把產權作為一個內生變數引入經濟分析的。後來，中國的學者在評述馬克思的產權思想在學術史上的地位時，常常都要引用國外學者的最早發現。難怪前述產權經濟學大師諾斯頗為意味深長地說，"他們（馬克思和斯密）的追隨者顯然忘記了這一點"。這一現象值得以馬克思主義為指導思想的國家去作學術界的深思。

從產權角度高度評價馬克思經濟思想的國外學者中，最為著稱的恐怕要數平喬維奇（配傑威齊）了：在其產權經濟學名著《產權經濟學——一種關於比較體制的理論》中，他特別論述了馬克思是最早提出產權理論的人，指出馬克思開創性地把產權作為內生變數引入了經濟學分析，並給予了高度評價。[3]但是，平喬維奇（配傑威齊）並不同

---

[1] 科斯、阿爾欽、諾斯等著，劉守英等譯：《財產權利與制度變遷——產權學派與新制度學派譯文集》，233頁，上海，上海三聯書店、上海人民出版社，1994。

[2] 本·法因等：《重讀〈資本論〉》，濟南，山東人民出版社，1993。

[3] 斯維托扎爾·平喬維奇著，蔣琳琦譯：《產權經濟學——一種關於比較體制的理論》，22～23頁，北京，經濟科學出版社，1999。這裡需要說明的是，同一個作者的不同論著，或者同一本書的不同譯者，甚至在同一本書裡的同

意馬克思透過產權制度分析所得出的結論，認為馬克思的結論是錯誤的。學術觀點的不同是很正常的，這並不影響馬克思作為產權經濟學家在理論史上的地位。

另外，他還說："的的確確，許多社會科學家包括亞當·斯密都重視產權，馬克思卻第一個斷言，對於產權的規範是因為人們要解決他們所面臨的資源稀缺問題，而且產權結構會以其特定而可預見的方式來影響經濟行為。"[1]

著名的新經濟學史學家諾斯也讚揚"馬克思強調在有效率的經濟組織中產權的重要作用，以及在現有的產權制度與新技術的生產潛力之間產生的不適應性。這是一個根本性的貢獻。"[2]

第三，從制度框架看。馬克思經濟學分析資本主義制度的理論框架，是宏觀的、動態的，建立在科學的唯物史觀的堅實理論基礎之上，對洞悉資本主義社會制度的發生、發展具有極強的說服力，這使得即使西方制度經濟學家也"不得不承認，馬克思制度理論體系是眾多可替代的分析框架中對新制度經濟學威脅最大的理論分析框架，未來制度分析的發展必須充分地吸收馬克思制度分析框架的營養成分"。[3]

一作者，其所使用的譯名都會不同，這種情況在經濟學翻譯中也比比皆是。

S. Pejovich 在不同的書上至少有三種譯名，如平喬維奇（《產權經濟學》）、配傑威齊（《財產權利與制度變遷》）、佩奇維奇（《交易費用分析框架的政治經濟學批判》）等，造成讀者極大的不便。同一作者因不同譯者而使用了不同名字，後面可能交替使用，類似情況還有：科斯和科思、諾思和諾斯、阿爾欽和阿爾奇安、德姆塞茨和登姆塞茨、張五常和斯蒂夫·陳等。

[1] 埃格特森等著，吳經邦譯：《新制度經濟學》，55 頁，北京，商務印書館，1996。
[2] 諾斯著，陳郁等譯：《經濟史中的結構與變遷》，68 頁，上海，上海人民出版社、上海三聯書店，1994。
[3] 劉元春：《交易費用分析框架的政治經濟學批判》，188 頁，北京，經濟科學出版社，2001。

"勒帕日認為，馬克思制度分析理論是新制度經濟學之前惟一具有統一理論體系和歷史辯證基礎的流派。""霍奇遜談到，制度主義在新發展中，應當有效地把馬克思在經濟制度的性質和生產理論方面的思想吸納進來。""佩奇維奇（配傑威齊）指出，新制度經濟學應當從馬克思的社會發展理論中廣泛地吸取營養。"[1]

　　畢竟，馬克思經濟學與西方產權經濟學是有著根本性區別的不同理論體系，其基礎方法論、階級立場和歷史使命的分野，決定了兩者不可能有共同的，甚至基本相同的理論體系框架。西方學者無論怎樣稱讚馬克思經濟學制度分析框架的優點，無論如何借鑒其方法，從根本上而言，都是不可能真正掌握、更不可能在經濟研究中貫徹馬克思經濟學的精髓的。但這並不排除他們在個別方面、個別具體環節上，對馬克思科學方法的一定借鑒。

　　第四，從制度變遷看。制度變遷理論是馬克思經濟學理論中最有特色、最具魅力的領域之一。馬克思的經濟理論強調生產力與生產關係的矛盾運動。在馬克思理論體系中，生產力屬於技術範疇，生產關係屬於制度範疇，生產力與生產關係即技術與制度二者的矛盾結合。推動起社會的發展運動。技術和制度對社會發展都有作用，但馬克思認為生產力發展（技術變革）是引致生產關係變化（制度變遷）的根本原因，而生產關係（制度）對生產力發展有著反作用，最為典型的極端形式，是當舊的生產關係（制度）成了阻礙生產力（技術）發展的巨大障礙時，就必須改變生產關係（制度），才能為生產力（技術）的進一步發展提供空間，這時候，社會革命就發生了，透過暴力強制地改變生產關係進而上層建築（制度），才能推動生產力的發展。他總是把上層建築歸結於經濟基礎（生產關係的總和）的水平，把生產關係歸結於生產力（技術）的範圍。這是一種對制度變遷的動

---

[1] 劉元春：《交易費用分析框架的政治經濟學批判》，189頁，北京，經濟科學出版社，2001。

因與動力極富歷史感的動態解釋。這一新的解釋，的確也使新制度經濟學中的新經濟史研究受到了啓發。

對此，諾斯曾稱讚馬克思的研究是"先驅性"的。他說："這裡的一個例外是卡爾·馬克思的著作，他企圖將技術變遷與制度變遷結合起來。馬克思最早闡述的生產力（它常常被馬克思用來指技術狀態）與生產關係（意指人類組織和具體的產權方面）的相互關係，是將技術限制與制約以及人類組織的侷限性結合起來所做的先驅性努力。"[1]

在其著名的《經濟史中的結構與變遷》一書中，諾斯還非常客觀地稱頌馬克思主義的分析框架是目前所有對社會經濟制度的長期變革所進行研究中最好的理論框架。他說："在馬克思主義模型中，技術變革是現存經濟組織內在潛力得以實現的生產技術的先導。結果促使新階級推翻現存制度，並發展出使該階級得以實現新技術潛力的一組所有權。馬克思主義的框架之所以是目前對長期變革最有力的論述，恰好是因為它將新古典框架捨棄的全部要素都包括在內：制度、所有權、國家和意識形態。馬克思所強調的所有權在有效率的經濟組織中的重要作用，以及現存所有權體系與新技術的生產潛力之間緊張關係在發展的觀點，堪稱是一項重大的貢獻。在馬克思主義體系中，正是技術變革造成緊張狀態，而變革又是透過階級鬥爭實現的。"[2]

拉坦也持有與諾斯相近的看法："馬克思比他同時代的學者更深刻地洞見了技術與制度變遷之間的歷史關係。他將發明看成是一個社會進程，而不是先驗的洞見或偶然性天賦靈感的結果。在馬克思的體系中，階級鬥爭反映了經濟制度的演進與生產技術進步之間的不斷

---

[1] 諾斯著，劉守英等譯：《制度、制度變遷與績效》，177 頁，上海，上海人民出版社、上海三聯書店，1994。

[2] 諾斯著，陳郁等譯：《經濟史中的結構與變遷》，61～62 頁，上海，上海人民出版社、上海三聯書店，1994。

'衝突'。儘管馬克思強調了生產方式的變化（技術變遷）與生產關係的變化（制度變遷）之間的辯證關係，但他相信前者提供了社會組織變遷中更為動態的力量。"[1]在這篇名為《誘致性制度變遷理論》的經典論文中，拉坦多次、多處提到馬克思（也提到恩格斯）的名字。

　　西方產權理論如此高度評價馬克思的學說是有其原因的。新制度經濟學和馬克思經濟學在西方都是非主流經濟學，而新古典經濟學是西方的主流經濟學，但新古典理論體系一直被批評為是"沒有歷史的世界"。在反對西方主流經濟學體系缺乏歷史感這一點上，西方新制度經濟學（產權理論）和馬克思經濟學是有較大共同性的。所以，諾斯認為馬克思的框架好，"恰好是因為它將新古典框架捨棄的全部要素都包括在內：制度、所有權、國家和意識形態"。因此，馬克思的這一動態的歷史研究方法得到了西方產權學派的大加讚賞。

　　但是，無論二者之間有多大的共同性，馬克思經濟學與產權經濟學的區別卻是主要的、本質性的。諾斯欣賞馬克思的框架，但絕不同意在這一框架下推出馬克思的階級鬥爭和國家學說。諾斯和配傑威齊都毫不客氣地批評馬克思的結論"是錯誤的"，同時又批評了馬克思關於生產力與生產關係辯證運動中技術與制度關係上的"技術決定論"。[2]

　　此外，馬克思的國家理論、意識形態理論等這些被"新古典分析框架所遺漏的所有因素"，對新制度經濟學的產權理論都產生了重要影響。

　　總之，國內外對馬克思產權理論存在性的基本一致的看法是，馬

---

[1]　拉坦：《誘致性制度變遷理論》，見科斯、阿爾欽、諾斯等著，劉守英等譯：《財產權利與制度變遷——產權學派與新制度學派譯文集》，329～330頁，上海，上海三聯書店、上海人民出版社，1994。
[2]　轉引自徐桂華、楊燕青：《新制度經濟學與馬克思主義經濟學》，載《經濟學家》，1998(1)。另見劉詩白主編：《構建面向 21 世紀的中國經濟學》，181頁，成都，西南財經大學出版社，2001。

克思有自己獨特而深刻的產權思想,但其理論的體系框架尚待探索。

關於所有權,馬克思本人的表述是:所有權就是把一定生產下的全部社會關係描述一番。袁慶明在其《新制度經濟學》中說,"從經濟學角度研究產權的經濟學家應首推馬克思",而真正"將產權作為經濟學一個基本範疇納入到經濟分析之中的,則源於科斯對交易費用的研究。"[1]

馬克思的產權思想並沒有具體直接地體現在"產權"的概念上,而是蘊涵在他對所有制、所有權、資本、剩餘價值、工資等的具體分析中。他不僅有產權交換思想,而且有契約觀念,使用過"交易"、"交際費用"、"純粹流通費用"、"契約"、"權利"等概念。比如馬克思曾經指出:交換是權利的交換,商品交換之前,商品所有者"必須彼此承認對方是私有者。這種具有契約形式的(不管這種契約是不是用法律固定下來的)法權關係,是一種反映著經濟關係的意志關係"。[2]這種關係其實就是交易過程中的產權關係。

另外,馬克思在給資產階級所有權下定義時說:"在每個歷史時代中,所有權以各種不同的方式、在完全不同的社會關係下面發展著。因此,給資產階級的所有權下定義,不外是把資產階級生產的全部社會關係描述一番。"[3]

中國社會科學院經濟所裴小革認為,馬克思對這些關係的研究,用現在經濟學界通用的術語來表達,實際上就是對產權關係的研究。[4]

4.產權問題的提出:馬克思獨特的視角和使命

關於產權問題的提出,我們認為有兩點需要指出:一是產權問題

---

[1] 袁慶明:《新制度經濟學》,99頁,北京,中國發展出版社,2005。
[2] 馬克思:《資本論》,第1卷,102~103頁,北京,人民出版社,1975。
[3] 《馬克思恩格斯選集》,第1卷,177頁,北京,人民出版社,1995。
[4] 裴小革:《論建立在勞動價值論基礎上的產權理論》,載人大複印資料:《理論經濟學》,2004(10)。

的提出方式,在西方產權理論與馬克思經濟學中完全不同,兩種體系是基於不同的考慮來研究或涉及產權問題的。西方產權理論源自於對外部性的關注,而馬克思的產權理論則是起源於對所有制的研究。二是產權理論的理論基礎不同,西方產權理論是以交易費用概念作為其基礎理論和分析工具的,而馬克思的產權思想則是以一定所有制基礎上的效率——對生產力的推動或阻礙作用作為其理論基礎的。

西方產權經濟學中的產權問題起自於對外部性的關注。關於外部性問題,最早是由新古典經濟學鼻祖馬歇爾在其《經濟學原理》中分析產業生產成本作為產量的函數時提出來的。他的繼承者、福利經濟學家庇古在其《福利經濟學》中進一步討論了外部性導致市場失靈的問題,並提出透過政府干預來平衡私人成本和社會成本,以消除外部性不利影響的思路。產權學派的創始人科斯則不同意庇古的觀點,認為外部性問題的根源在於產權不清,提出了透過界定產權可以徹底解決外部性、克服市場失靈的獨特觀點,導致了西方現代產權經濟學的產生。[1]

西方產權問題產生於外部性,而外部性本身,按照薩繆爾森的說法,就是"一個'經濟人'的行為對另一個人的福利所產生的效果,而這種效果並沒有從貨幣或市場交易中反映出來"。很顯然,西方理論中的外部性及由此而產生的產權,的確是人與人之間的權利關係,但只是在交易過程中的行為關係(所以,當這種利害關係不能"從貨幣或市場交易中反映出來"時,才成了引起注意的"問題",才算"外部")。西方產權學者中有人說它"很接近於"馬克思的"生產關係"(德姆塞茨說:產權"與生產關係十分相似"),但是,在我看來,產權概念所反映的實質性內容與馬克思的生產關係概念其實卻

---

[1] 袁慶明:《新制度經濟學》,67 頁、69 頁、73 頁,北京,中國發展出版社,2005;劉凡、劉允斌:《產權經濟學》,1~2 頁,武漢,湖北人民出版社,2002。

是很遠的。

外部性所涉及的人與人之間的權利關係，正像這個概念本身所描述的那樣，在本質上是一種"外在的關係"，一種特定生產關係之外的人與人之間，在交易中所發生的利益關係或權利關係，但不直接就是或涉及馬克思所關注的人與人之間在生產關係內部中更具決定性的生產關係，即所有制關係。

馬克思的產權理論是從所有制理論引申出來的，科學的所有制理論是科學產權理論的基礎。[1]所有制與所有權、財產權不完全是同一個概念，它所描述的不是那種外在於生產關係的交易中的法權關係，而是作為這種關係客觀基礎的人們對生產資料的經濟上的佔有關係，這是一種實質性的、內在化的人與人之間的核心關係。

關於產權理論的基礎理論和工具，在西方體系中是交易費用概念。從其以後的分析可以看出，西方產權理論中的產權起源、產權界定、產權變遷、產權功能、產權效率等理論，都是要借助於交易費用概念來加以論證的。交易費用概念是產權問題的靈魂，是整個產權經濟學的理論基礎，沒有交易費用概念就沒有產權經濟學。而馬克思產權理論不以交易費用為基礎，相反地，馬克思認為，交易費用是交易問題，不是生產問題，問題的實質在生產而不在交易，生產關係是說明交易問題的基礎，而不是相反。馬克思在沒有交易費用概念的架構中建立起了自己的產權經濟理論。

馬克思產權理論的內容十分豐富，其主要觀點，國內有學者概括為：①財產關係是生產關係的法律用語。②產權是生產關係的法律表現。③所有權是所有制的法律形態。④財產權所包含的各種權利可以統一，也可以分離。⑤索取權是分配關係的法律表現。[2]

---

[1] 李傑：《試論馬克思的產權理論與現代西方產權理論的主要分歧》，載《四川大學學報》（哲學社會科學版），2001(5)。

[2] 吳易風：《用馬克思的產權理論指導國有企業改革》，載《財經研究》，

所有制是馬克思產權理論的基本範疇、核心範疇（也有人認爲資本和剩餘價值是馬克思產權思想的核心範疇[1]）。馬克思的生產資料所有制範疇分爲三部分，一是對資源的佔有制度，二是生產者的地位和作用，即運用資源時的結合方式，三是兩者對資源收益所決定的分配，三者合一構成資本主義所有制的內核。概括爲一句話，叫做：要素佔有決定要素分配。馬克思恰恰是在其所有制理論中論述其產權思想的。[2]

有學者則從另一角度概括了馬克思的產權思想：一是從生產關係角度論述了產權的本質（法權是經濟產權的法律表現，隨著生產關係的變遷而變換存在形式，西方產權理論未發掘出其本質，且表現爲亙古不變），二是提出了產權的統一和分離學說（尤其是人力產權，其他有股份公司產權、勞動力產權等，其實，另外還有土地產權），三是剩餘索取權問題已提出〔企業合作剩餘是企業本質，但西方產權理論不能解釋爲何在"非對稱性剩餘權利結構"中，勞動者放棄剩餘索取權的問題。馬克思的剩餘價值分割理論是一種合作剩餘索取結構（但不限於企業內部）。企業內職能資本家的剩餘索取權是一種"狀態依存所有權"的問題〕。[3]

5.產權的本質：馬克思的所有制、所有權和產權（經濟權利和法律權利）

馬克思是從經濟學與法學兩個領域研究所有制、所有權與財產權的。馬克思大學時是攻讀法律的，有很深的法學造詣，能從法的角度

1997(4)。
[1] 黃少安：《馬克思經濟學與現代西方產權經濟學理論體系的比較》，載《經濟評論》，1999(4)。
[2] 楊成長：《馬克思制度經濟學與西方新制度經濟學》，載《經濟學家》，1998(1)。
[3] 劉桂芝：《馬克思的產權理論與國有企業產權改革》，載《當代經濟研究》，2004(11)。

深刻揭示產權的實質和內容;他轉而研究政治經濟學後,在經濟科學方面的偉大發現,使他更充分地認識到法學上的產權和經濟學上的生產關係之間的內在聯繫。正如有的學者所指出的,科學的經濟理論和豐富的法學知識的結合,使馬克思得以創立真正科學的產權理論。[1]

馬克思認為,"財產最初無非意味著這樣一種關係:人們把他從事生產的自然條件看成是屬於他的、看成是自己的、看成是與他自身的存在一起產生的前提。""財產僅僅是有意識地把生產條件看成是自己所有這樣一種關係。"[2]因此,產權關係最初是一種佔有關係,是人對物的某種排他性的佔有關係,這種佔有關係確定物的歸屬主體。馬克思在論述私有財產制度時進一步指出:"私有財產的真正基礎,即佔有,是一個事實,一個不可解釋的事實,而不是權利。只是由於社會賦予實際佔有以法律的規定,實際佔有才具有了合法的性質,才具有了私有財產的性質。"[3]這種合法性,在國家出現以前是以社會契約的形式存在的,並仰賴習慣和傳統的力量加以維護;在出現階級和國家以後,便用國家法律的形式加以確認和維護。因此,產權關係不僅僅是對物的歸屬和佔有關係,更主要的是它反映了人與人之間的一種關係,一種由對物的佔有關係而形成了人與人之間的物質利益關係或經濟關係。可見,在馬克思看來,產權本質上是一種法權關係,是生產關係的法律表現;產權關係是生產關係或所有制關係的意志或法律硬化形式;現實的所有制關係是先於所有權而存在的本源和經濟基礎,所有權是所有制的法律形態和法律範疇。[4]

---

[1] 吳易風:《用馬克思的產權理論指導國有企業改革》,載《財經研究》,1997(4)。

[2] 《馬克思恩格斯全集》,第 46 卷,491~493 頁,北京,人民出版社,1972。

[3] 《馬克思恩格斯全集》,第 1 卷,382 頁,北京,人民出版社,1972。

[4] 程恩富:《當代中國經濟理論探索》,41~42 頁,上海,上海財經大學出版社,2000。另見呂天奇:《馬克思與西方學者產權理論的觀點綜述與分

西方產權理論的看法恰恰相反，認為是法權先於並決定了經濟權利。現代西方產權經濟學把產權視為一種由法律規定和實施的，由使用權、收益權等權能組成的排他性的獨佔權，認為這些權利不是在由歷史地形成的生產方式和生產關係基礎之上所產生的，而是以反映人的超歷史的自然本性的法律為基礎的，是法律關係決定經濟關係。康芒斯從歷史學派和早期制度學派那裡尋求支援，強調法律對財產權利界定的作用，而不是從古典經濟學那裡尋找支援，從而提出了"法律制度先於經濟"的論斷。[1]

阿爾欽說，產權是一個社會在選擇一種經濟品時所強制實施的使用權利，是授予特別個人某種權威的辦法，利用這種權威，可以從不被禁止的使用方式中，選擇任意一種對特定物品的使用方式。諾斯也認為，產權是個人對他們所擁有的勞動、物品和服務的佔有權利，佔有是法律規則、組織方式、實施及行為規範的函數。平狄克和魯賓費爾德也明確指出：產權就是"描述人們或廠商可以對他們的財產做什麼的法律規則"。[2]

針對資產階級經濟學家顛倒經濟基礎與上層建築（法律）的關係的做法，馬克思明確指出："每種生產形式都產生出它所特有方法的關係、統治形式等等。"[3] "在每個歷史時代中，所有權是以各種不同的方式、在完全不同的社會關係下面發展起來的。因此，給資產階級的所有權下定義，不外是把資產階級生產的全部社會關係描述一番。"並說："要想把所有權作為一種獨立的關係、一種特殊的範疇、一種抽象的和永恒的觀念來下定義，這只能是形而上學或法學的

析》，載《西南民族大學學報·人文社科版》，第 25 卷，2004(3)。

[1] 康芒斯著，於樹生譯：《制度經濟學》（上），北京，商務印書館，1962。
[2] 李傑：《試論馬克思的產權理論與現代西方產權理論的主要分歧》，載《四川大學學報》（哲學社會科學版），2001(5)。
[3] 《馬克思恩格斯全集》，第 46 卷（上），5～6 頁，北京，人民出版社，1972。

幻想。"[1]

其實，在西方產權經濟學家中，也有一些重視經濟性產權的學者，注意到要把經濟產權與法律產權區分開來，如華盛頓大學巴澤爾教授就十分強調這一點，他有"經濟意義上的權利"、"經濟上的產權"、"法律上的產權"等提法。他說："一般來說，法律權利會增強經濟權利，但是，對於後者的存在來說，前者既非必要條件，也非充分條件。人們對資產的權利（包括他們自己的和他人的）不是永久不變的，它們是他們自己直接努力加以保護、他人企圖奪取和政府予以保護程度的函數。"[2]另外，他還在很多地方探討了在沒有法律介入時，經濟上的權利如何界定的問題，極富啟發意義。

但我們也注意到，西方產權經濟學家從經濟上對產權的這種探討，是從純粹個人意義的效率上進行的，不像馬克思是從社會意義上、從社會佔主導地位的生產資料所有制基本制度上講的"大效率"那樣，更宏觀、更具根本性。

6.產權的構成：馬克思的"三權"統一和分離（所有權、佔有權、使用權）

產權是一組權利而不是單一權利，因此關於產權的內部結構是產權理論的重要內容。

研究馬克思關於產權構成的理論，不能不談他的所有制和財產權理論。馬克思並沒有把財產權看成是單一的權利，而是看成是一組權利的結合體。即除了所有權，馬克思還研究了佔有權、使用權、支配權、經營權、索取權、繼承權和不可侵犯權等一系列權利。國內許多學者在研究馬克思的產權構成理論時都指出："馬克思關於財產的權利統一和權利分離的學說，無論對於研究資本主義經濟或是研究社會

---

[1] 《馬克思恩格斯選集》，第 1 卷，177〜178 頁，北京，人民出版社，1975。
[2] Y. 巴澤爾著，費方域、段毅才譯：《產權的經濟分析》，2 頁，上海，上海三聯書店、上海人民出版社，1997。

主義經濟，都具有重要的理論意義和現實意義。"例如：馬克思關於權利統一和權利分離的種種形式、關於所有權和佔有權的統一與分離、關於勞動力所有權和支配權的統一與分離、關於土地所有權和經營權的統一與分離、關於資本所有權和使用權的統一與分離，等等。[1]

有學者指出："關於所有制、所有權問題的論述，不僅是馬克思主義經濟學的出發點，而且是貫穿馬克思主義經濟學理論的主線之一。因此可以說，馬克思關於產權的思想，就是他的與所有制分析相聯繫的所有權思想，馬克思是以其所有制、所有權理論來解釋資本主義財產權利關係及其運動的。"[2]馬克思的廣義的所有權範疇，除包括靜態地刻劃財產隸屬關係的內容外，還包括其他內容。在這裡，所有權概念是一個融佔有權、支配權、使用權於一體，並隨著生產社會化和商品經濟的發展而不斷發生分解和分離的科學範疇。馬克思曾在多處考察過所有權的這種權能結構，如對資本主義土地所有制中三大階級的研究、對職能資本和借貸資本的研究、對股份公司的研究、對勞動和勞動力的研究等。

西方產權理論中也有關於產權分割和分享產權的研究，但與馬克思的不同。巴澤爾的產權分割理論是以效率為基礎的資產屬性在不同人之間的分配。阿爾欽所說的"產權分割"指的是"這種權利可以在一個臨時的或甚至是一個永久的基礎上進行分配、分割和重新分配，所以'所有權'就在兩個或更多的人中間分配。""這塊土地的各種被分割的私有產權被不同的人所擁有。"他的"分享產權"則指的是"私有、公有、委託、地役權、租賃、許可證、特許權、繼承，等等"。權利的內容則是在同一塊土地上耕種的權利、在它上面走路的

---

[1] 吳易風：《馬克思的產權理論與國有企業產權改革》，載《中國社會科學》，1995(1)。
[2] 馬廣奇：《馬克思產權理論與西方現代產權理論的比較分析》，見www.jjxj.com.cn（經濟學家網），2004.2.24。

權利、在它上面冒煙的權利，以及在它上空駕機飛行的權利等。[1]

7.產權的起源、界定和變遷：馬克思的"經濟力"界定產權說

巴澤爾在談到產權起源時，實際上認爲只有私有產權有起源問題，公有產權沒有起源。他幽默地說："對現有產權格局追根溯源，看一看它究竟是如何以及爲什麼產生，是一件頗爲誘人的工作。但是，這種努力將會是徒勞的……我們不能期望去發現產權形成前的狀態；實際上，不可能賦意義予產權形成前的狀態。爲了研究產權的演變，我們必須從某些權利已經到位的這樣一個世界入手。"[2]

實際上，西方產權經濟學關於產權起源的學說都是談私有產權的，好像公有產權沒有起源，無論是產權產生的"談判模型"，還是那個著名的"思想實驗"，無一例外。[3]

與西方產權經濟學的產權起源不同，馬克思產權起源理論是建立在科學的唯物史觀基礎之上的。他認爲，公有產權是人類最早的產權形態，私有制產權只有在公有制發展到一定階段時，即在生產力達到一定程度從而出現剩餘產品並爲私有提供了客觀的物質基礎時，才可能產生出來。私有產權是歷史地發生的，不是天然的、永恒的、惟一的。生產力發展對私有制產權的出現是決定性的。同樣，由於生產力的進一步發展，又導致了所有制形式的演進。對唯物史觀的經典概括見馬克思的《政治經濟學批判·序言》[4]。關於制度起源與變遷的理論

---

[1] Y. 巴澤爾著，費方域、段毅才譯：《產權的經濟分析》，第 4 章，上海，上海三聯書店、上海人民出版社，1997。阿爾欽：《產權經濟學》，見盛洪主編：《現代制度經濟學》（上卷），71～72 頁，北京，北京大學出版社，2003。

[2] Y. 巴澤爾著，費方域、段毅才譯：《產權的經濟分析》，85 頁，上海，上海三聯書店、上海人民出版社，1997。

[3] 張軍：《現代產權經濟學》，31～39 頁，上海，上海三聯書店、上海人民出版社，1994。羅伯特·考特和托馬斯·尤倫著，張軍等譯：《法和經濟學》，129～135頁，上海，上海三聯書店、上海人民出版社，1994。

[4] 馬克思：《政治經濟學批判》，4 頁，北京，人民出版社，1972。

是馬克思主義對新制度經濟學影響最大的方面之一。有學者說："馬克思重視制度分析並把制度作爲社會經濟發展的一種內生變數，對新制度經濟學產生了深刻影響。""馬克思揭示的生產關係一定要適合生產力規律能夠有效地解釋人類社會經濟發展的變遷過程。新制度經濟學從馬克思的歷史觀那裡得到了很多啓發。"[1]

關於產權的界定，菲呂博騰和配傑威齊認爲："新的產權的形成是相互影響的人們爲適應新的成本責任所做出的回應……這一觀點可以用略爲不同的方式來表述：當內部化的收益變得大於內部化的成本時，產權的發展是爲了使外部性內在化。內部化的增加主要是由於經濟價值的變化，而經濟價值的變化又是由於新技術的發展、新市場的開闢以及原有的界定不清的產權的變化。"[2]巴澤爾把這一方法進一步具體化爲一種"產權均衡"，即當界定成本＝界定收益時的產權格局。這裡的界定成本即交易費用，界定收益即產權的經濟價值，而對這個問題的更深入研究則需要結合產權經濟學中的產權價值理論。[3]

---

[1] 袁慶明：《新制度經濟學》，14頁，北京，中國發展出版社，2005。

[2] 菲呂博騰、配傑威齊：《產權與經濟理論：近期文獻的一個綜述》，注釋⑤，見科斯、阿爾欽、諾斯等著，劉守英等譯：《財產權利與制度變遷——產權學派與新制度學派譯文集》，233頁，上海，上海三聯書店、上海人民出版社，1994。

[3] 筆者目前尚未見到關於產權價值理論方面的專論。我個人認爲，這一理論至少應該包括以下幾點內容：一是交易是所有權的轉移，不僅僅是商品和服務物質實體的"移交"（康芒斯語）。因爲人們交換商品並不只是爲了商品物質本身，而是還要得到附加在商品上的權利。二是這種權利的獲得需要成本——生產成本和交易成本，其補償需要在價格中加以體現。三是認爲商品價值還是一種人的主觀評價，其大小決定於主觀上評價者的知識（關於技術的知識和關於制度的知識）狀況，以及客觀上附著於商品上權利束的大小和強度。四是像巴澤爾所說的，對產權施加限制可以加強產權，增加產權的價值。五是資源配置表現爲產權流動（筆者認爲只在"交易"意義上是，因爲它僅僅是人與人之間的產權關係問題；在"生產"意義上可能不是，因爲它涉及一些物質技術方面），根據效率原則，產權總是從對商品價值評價低的人手裡轉向對其價值評價高的人手裡，這個價值差就是產權流動帶來的好處。六是產權應該是自由的，使產權在流動中增值。如果不能自由流動，比

關於產權界定中暴力的作用問題，有個說法叫"強力界定產權說"。巴澤爾在研究產權界定時舉過阿姆拜克研究美國"淘金熱"過程中關於"強力界定產權"[1]的理論的例子。但巴澤爾的看法是：阿姆拜克的研究的成功部分是由於"淘金熱情形的獨特性"，"其結果卻不能容易地應用於更有秩序的情形"。[2]

諾斯持"政府暴力比較優勢說"。他認爲國家之所以在產權界定中產生作用，原因就在於在暴力方面國家有比較優勢，暴力也有規模經濟，國家暴力比之個人的分散暴力的效率更高、成本更低，所以由國家處於界定產權和行使產權的地位更爲有利。

國內有學者認爲馬克思也是"強力界定產權論"者："馬克思進一步認爲，以明確的勞動力產權與資本產權爲前提簽訂的契約，有些具體內容是不明確的。這主要是因爲簽約時勞動並不存在，'它的使用價值只是在以後的勞動力的表現中才實現'（《資本論》，第 1 卷，197 頁，北京，人民出版社，1975），因而無法對勞動的具體內容做出規定。""因此，當未經商定的情況出現時，就必須有人——工人或資本家去做決定。顯然，在企業內部，由於兩大產權主體的非對稱性，企業的權威或剩餘權利由競爭力強大的一方來行使。"[3]

馬克思果真是"強力界定產權論"者嗎？我們認爲這一問題還值得研究。根據馬克思對"政治暴力說"等的態度不難推論出，馬克思

如透過強制人爲配置產權，則難以保證資源被配置在最有價值的方向。
我覺得產權價值理論是可以繼續深入研究的一個重要課題。

[1] Umbeck，J.：The California Gold Rush: A Study of Emerging Prierty Rights, Explorations in Economic History 14 No.2, 1977, pp. 197～206. 轉引自何宇：《馬克思企業理論的產權視角：一個不完全合約框架》，載《經濟學家》，2004(4)；人大複印資料：《理論經濟學》，2004(12)轉載。
[2] Y. 巴澤爾著，費方域、段毅才譯：《產權的經濟分析》，87 頁，上海，上海三聯書店、上海人民出版社，1997。
[3] 何宇：《馬克思企業理論的產權視角：一個不完全合約框架》，載《經濟學家》，2004(4)；人大複印資料：《理論經濟學》，2004(12) 轉載。

應該是個"經濟力界定產權論"者。我們用"經濟力"把馬克思的"強制力"與那些純粹的政治暴力的"暴力論"分開,同時,也指出馬克思強調了暴力在歷史上的產權界定中所產生過的重要作用。

其實,完整地說,馬克思是用三種眼光來看待暴力在權利界定中的作用的:一方面,暴力在權利界定中的確曾產生了十分重要的作用,沒有暴力的作用,資本的原始積累就不能成功,資本主義經濟制度的確立就沒有那麼迅速,資本主義經濟規模的擴張速度也不會那麼驚人;另一方面,暴力在權利界定中的巨大作用僅限於"助產婆的作用",它只是加速了經濟所決定的客觀規律作用方向上經濟運動的趨勢和必然結果的更快到來,而沒有改變事物發展的方向;再一方面,暴力作用的背後是"經濟力"——"權利應該配置給那些擁有社會生產力主導因素的主體擁有"。[1]

因此,馬克思既不是"暴力界定產權派",也不是"反暴力界定派",而是"產權界定的經濟力派"。他承認暴力對產權界定的作用但又反對過分強調暴力的作用,而是客觀地分析暴力對產權界定的推動作用,把暴力建立在用於推動生產力的發展上。

二、關於馬克思產權經濟學中的兩個核心概念:生產和交易

1.從唯物史觀角度來看經濟活動的"兩方面":"社會三層結構"、廣義生產與廣義交易概念的交叉

"交易"這一概念最早出現在古希臘亞里斯多德的《政治學》中。他把交易與生產區分開來,與畜牧業和礦業及木材採伐並列起來,稱之為三種"致富技術",並把交易分為商業交易、信貸交易、

---

[1] 劉元春:《交易費用分析框架的政治經濟學批判》,220 頁,北京,經濟科學出版社,2001。

勞動力交易三種。[1]

　　到了康芒斯，對"交換"和"交易"做了區分，交易概念被一般化為所有權的轉移。"一次交易，有它的參加者，是制度經濟學的最小單位。"康芒斯說，商人在市場上從事了兩種不同的活動："實際交貨和實際收貨的勞動活動，以及讓與和取得所有權的法律活動。一種是實際移交對商品或者金屬錢幣的物質控制，另一種是依法轉移法律上的控制。一種是交換，一種是交易。"交易"不是實際'交貨'那種意義的'物品的交換'，它們是個人與個人之間對物質的東西的未來所有權的讓與和取得"。他把交易分成買賣交易、管理交易和限額交易三種。[2]

　　馬克思基本上用的是交換概念，沒有對"交換"和"交易"做康芒斯式的明確劃分，但這並不意味著馬克思沒有制度經濟學意義上的交易思想。他明確地把交易方式和生產方式區別開來，在較少的地方也使用過"交易"一詞，但卻是在批評資產階級經濟學看不到生產的本質，只在流通的表面上做文章時使用的。他說："在資本家和僱傭工人的關係上，貨幣關係即買者和賣者的關係，成了生產本身所固有的關係。但是，這種關係的基礎是生產的社會性質，而不是交易方式的社會性質；相反地，後者是由前者產生的。此外，不是把生產方式的性質看成和生產方式相適應的交易方式的基礎，而是反過來，這是和資產階級的眼界相符合的：在資產階級的眼界內，滿腦袋都是生意經。"[3]

　　如果說在新古典經濟學那裡的交換就是指與人對應的物之間的交換、流動、轉移，那麼，在新制度產權經濟學中的交易則指的是人與

---

[1] 袁慶明：《新制度經濟學》，35～36頁，北京，中國發展出版社，2005。
[2] 康芒斯著，于樹生譯：《制度經濟學》（上），73～76頁，北京，商務印書館，1983。
[3] 《馬克思恩格斯全集》，第24卷，133～134頁，北京，人民出版社，1972。

人之間的一種行為關係，或者是權利與權利之間的相互關係，說到底還是人的關係。就是說，對人的關係的表述，才是交易概念問題的實質，而字面上的差別在能正確地表達其本質含義時，又有什麼關係呢？

　　事實上正是如此。馬克思雖然用的是"交換"一詞，但在馬克思經濟學體系中，交換是作為廣義社會生產關係的一個環節存在的，它與生產、分配、消費相並列而存在，顯然是廣義社會生產關係的一部分。馬克思的代表作《資本論》的研究對象，就被馬克思概括為研究資本主義社會的生產方式以及與之相適應的生產關係和交換關係，[1]可見，馬克思的交換概念已經不僅僅是一般商品物質實體的流轉和運送了，而是一種適應生產過程而又存在於流通領域中廣義生產關係的一部分。

　　另外，馬克思已經深刻地認識到交換是權利的交換的問題。他深刻地指出："為了使這些物作為商品彼此發生關係，商品監護人必須作為有自己的意志體現在這些物中的人而彼此發生關係……他們必須彼此承認對方是私有者。這種具有契約形式的（不管這種契約是不是用法律固定下來的）法權關係，是一種反映著經濟關係的意志關係。這種法權關係或意志關係的內容是由這種經濟關係本身決定的。在這裡，人們彼此只是作為商品的代表即商品所有者而存在。"[2]在這裡，很顯然，馬克思的"交換"一詞，正是指發生在生產過程直接生產關係之外的一種廣義生產關係，這種社會關係在市場上以當事人之間契約的形式存在，其法律表現就是法權或產權關係，這與現代產權經濟學中的"交易"概念是不矛盾的。

　　樊綱根據歷史唯物主義原理提出了生產與交易分屬人類社會經濟

---

[1] 洪銀興等選編：《馬克思〈資本論〉選讀》，序言第 2 頁，南京，南京大學出版社，1999。

[2] 馬克思：《資本論》，第 1 卷，102～103 頁，北京，人民出版社，1975。

活動的兩個不同方面的觀點。他認為，社會經濟生活中最基本的兩個方面的關係，一是人與物之間的物質技術關係，這種關係是生產性的，在這種關係中，人與物質世界打交道從而生產出財富；一是人與人之間的社會關係，這種關係是非生產性（交易性）的，在這種關係中，人與人打交道即進行交易活動（交易生產的成果）。[1]

2.交易費用[2]：馬克思的"交際費用"和"純粹流通費用"已注意到流通需要成本

關於交易費用，科斯在 1937 年發表的《企業的性質》一文中指出："交易的關鍵在於明確企業家權利界區，在這一權利界區內，他可以直接支配生產要素"，"而在這一界區之外，企業與企業間的關係只能運用價格機制來維繫"。然而，運用價格機制，客觀上就存在一種損失，即運用價格機制的成本，這就是交易費用。[3]

交易成本理論，既是產權經濟學理論體系中一個相對獨立的部分，又是整個體系的一個基本範疇、基本假設和分析方法。新古典經濟學無視交易成本的存在，只有"生產成本"範疇，整個理論體系的基本假設前提之一就是"市場交易成本為零"。產權經濟學的"交易

---

[1] 樊綱：《有關交易成本的幾個理論問題》，見盛洪主編：《現代制度經濟學》（下卷），28 頁，北京，北京大學出版社，2003。

[2] 同是 Transaction cost，有的譯為交易費用，有的則叫交易成本。至於為何會有不同名稱，原因可能有二：一是把成本看成與費用同義，認為用"交易成本"和"交易費用"兩個不同的名稱都是一個客觀內容。二是有意識地把二者分開，巴澤爾《產權的經濟分析》一書的後記中，譯者就明確地說，譯文中不同地方交替使用了交易成本和交易費用概念；而汪丁丁為該書所做的序則說，交易費用與交易成本有廣義與狹義之別。謝德仁則說一律譯為"交易成本"，見謝德仁：《企業剩餘索取權：分享安排與剩餘計量》，36 頁，上海，上海三聯書店、上海人民出版社，2001。

[3] 科斯：《企業的性質》，見科斯著，盛洪、陳郁等譯校：《企業、市場與法律》，上海，上海三聯書店，1990。這裡，科斯的貢獻在於提出了交易費用的思想，但並沒有具體給出和使用這一詞語。

成本"範疇則概括了交易成本無處不在、無時不在的客觀現實。[1]交易費用確實是一個十分重要的新範疇,它成了產權經濟學的理論基礎和分析工具,沒有交易費用概念,就沒有產權經濟學,很多社會經濟現象也就無法得到有說服力的解釋。

但是,近年對交易費用概念也有過於推崇的現象。有學者說:"交易費用經濟學以一種新的面貌出現並成了一種從者甚眾的理論。這個理論尤其在年輕一代的經濟學家中很時髦。人們忽然發現,經濟中的許多現象都可以從交易費用理論的角度來重新解釋。雖然今天我們仍可以說交易費用理論還遠未完善,甚至理論上的偏頗和漏洞甚多,但經濟學界有些人對它的熱衷卻已到了濫用的地步。這引起了耶魯大學一位教授的一番揶揄:'猴子為什麼要上樹?當然是交易費用嘛!'"[2]這是對濫用交易費用概念的一個諷刺。

作為交易費用經濟學的開山鼻祖,科斯只提出了交易費用這一思想;阿羅(1969)則第一個使用了"交易費用"這一術語——他說:"市場失靈並不是絕對的。最好能考慮一個更廣泛的範疇——交易費用的範疇,交易費用通常妨礙了——在特殊情況下則阻止了——市場的形成。"這種成本就是"經濟制度的成本"。關於交易費用的定義,科斯認為是利用價格機制的成本;斯蒂格勒說是為完成市場交易而搜集資訊的費用;威廉姆森把它比成物理學中的摩擦力,以上都是從市場交易角度定義的;而阿羅則用這一概念描述整個人類社會制度範疇,定義成經濟體制的運行成本;[3]張五常則更廣義地把交易費用定

---

[1] 黃少安:《現代產權經濟學的基本方法論》,載《中國社會科學》,1996(2)。
[2] 單建偉:《交易費用經濟學的理論、應用及偏頗》,見湯敏、茅于軾主編:《現代經濟學前沿專題》,第1集,67頁,北京,商務印書館,1989。
[3] 劉凡、劉允斌:《產權經濟學》,54~68頁,武漢,湖北人民出版社,2002。

義為魯賓遜孤島上不存在的所有費用。[1]

馬克思不僅用過"交易"概念，而且，還使用過與"交易費用"相當接近的用語——"交際費用"，並且，有著非常深刻的有關交易費用的思想。如果在表示人的關係意義上，"交際"一詞可能比"交換"更為接近制度經濟學的含義，因為，"交際"就是直接說的人與人之間的交往關係。

馬克思在談到資本家的消費時提到，資本家的消費服從於積累的需要，因而由決定積累的一切因素所決定，消費"作為炫耀富有從而取得信貸的手段，甚至成了'不幸的'資本家營業上的一種必要。奢侈被列為資本的交際費用。"[2]在這裡，馬克思把資本家出於炫耀以有利於積累而不得不花費的交際費用稱為是"不幸的"，也就是在"交易成本"意義上看問題的：馬克思把這筆僅僅用於炫耀的費用看成是非生產性的純粹消耗，而不生產任何使用價值和價值，對於資本家來說也是一種對於財富的淨扣除，這筆消耗越大，對資本家剩餘價值的扣除越多，對其生產規模的擴大越不利。關於這一點，作為交易費用的交際費用與生產費用是很不一樣的。

另外，馬克思的成本理論也是很豐富的，關於生產成本、關於交易成本（馬克思用的是"純粹流通費用"概念），在《資本論》第2卷、第3卷中都有大量分析。

有的學者也認為，"馬克思關於流通費用的論述顯然是十分深刻的。儘管流通費用概念還不是現代意義上的交易費用概念，但它證明馬克思已初步認識到交易存在費用的問題。"他們把馬克思所說的"純粹流通費用"所包括的三部分看成"顯然就是交易費用"，它們

---

[1] 張五常：《經濟組織與交易成本》，見張五常著，易憲容、張衛東譯：《經濟解釋》，407頁，北京，商務印書館，2000。
[2] 馬克思：《資本論》，第1卷，651頁，北京，人民出版社，1975。

有：一是買賣所費時間，二是簿記費用，三是貨幣磨損費用。[1]

3.生產費用和交易費用："生產性"、"非生產性"勞動劃分及費用

生產費用是傳統經濟學的範疇，交易費用是產權經濟學的範疇，二者的提出曾有不同假定，二者能不能放在一個分析框架中？[2]劉凡等人所提出的這一問題，我認為對於不同經濟理論的比較研究來說，具有一般性指導意義。分屬不同體系中的概念範疇，有不同的理論背景，它們之間能直接比較嗎？能有通約性和可比較性嗎？

其實，不管概念範疇在所屬的理論體系上有多大的差別，只要其本身所表達的內容在客觀上是存在的，就有可比較性和比較的意義，因為，畢竟經濟學是關於節省的學問，節省就是節省各種費用。對此，威廉姆森（1985）有質疑也有肯定，但總是持肯定態度。威廉姆森說："從更一般的意義上來說，目標並不是節約交易費用，而是既要節約交易費用，又要節約新古典學派的生產成本。因此，需要評估交易費用的節約是否以犧牲規模經濟的節約為代價而實現的。"[3]

關於生產費用和交易費用這兩個概念，國內一些學者進行了多種視角的比較分析。樊綱結合產權經濟學和馬克思經濟學的理論，把交易費用和生產費用兩概念放在一起進行了比較分析，在他發表的《關於交易成本的幾個理論問題》一文中的一個小題目就叫"生產成本和交易成本"，並從人與物的關係上定義了生產成本，從人與人的關係上定義了交易成本。他說：成本"一種就是與物質打交道時為生產出一定量的產品在技術上的必要的人、財、物的耗費，即'生產成

---

[1] 袁慶明：《新制度經濟學》，37～38頁，北京，中國發展出版社，2005。
[2] 劉凡、劉允斌：《產權經濟學》，81頁，武漢，湖北人民出版社，2002。
[3] 轉引自劉凡、劉允斌：《產權經濟學》，81頁，武漢，湖北人民出版社，2002。

本'；另一種就是與人打交道時發生的'交易成本'"[1]從樊綱的思想中能看出唯物史觀關於生產力和生產關係的影子。

我們在《〈資本論〉有關生產、交易及其費用思想初探》一文中曾指出："社會經濟活動包括生產和交易兩個方面，相應地，勞動也被分成生產性勞動和交易性勞動，兩種勞動都要耗費資源，形成兩種性質不同的成本支出：生產費用和交易費用。"[2]在關於生產性勞動和非生產性勞動的另一篇論文中，我們探討了馬克思的"純粹流通費用"概念與現代"交易費用"概念之間的聯繫，提出了馬克思的"純粹流通費用"是產權經濟學中的"交易費用"概念的一部分看法；同時指出，從所發生的費用的性質和作用看，現代企業中的營銷、廣告費用也屬於"與人打交道"的交易活動，而不是"與物質打交道時"生產"技術上的必要的"物質性消耗，所以是交易費用而不是生產費用，與之相對應的勞動活動，也只能是一種"交易性勞動"而非"生產性勞動"。[3]

4.交易費用和經濟效率：馬克思的制度成本意識

交易費用的存在限制了經濟活動的效率：一是從產出方面看，分工協作效率是從物質變換角度分析的，本質是資源利用效率，是資源配置的客觀方面；二是從交易方面看，交易是有成本的：①交易本身的效率。它使資源從低效利用者手裡轉移到高效利用者手裡，也是交易者對資源的價值評價差異。②制度運行的效率。因為制定制度和利用制度都不是無償的，要找出資源配置中交易成本最低的制度安排。完成同樣的交易，交易成本低的，交易效率高；交易成本高的，則交

---

[1] 樊綱：《有關交易成本的幾個理論問題》，見盛洪主編：《現代制度經濟學》（下卷），28頁，北京，北京大學出版社，2003。

[2] 劉燦、武建奇：《〈資本論〉有關生產、交易及其費用思想初探》，載《當代經濟研究》，2005(1)。

[3] 武建奇、張潤鋒：《馬克思生產性勞動範疇的三次擴展及其啟示》，載《經濟學家》，2004(5)。人民大學報刊複印資料：《理論經濟學》，2005(1)轉載

易效率低。交易成本成了衡量經濟活動過程效率的一個指標。"這個標準就是，交易成本最小的制度安排。是最有效率的。"交易費用概念成了評價制度優劣的一種方法。[1]

馬克思的流通費用理論說明，他已注意到了交易有費用、有代價的問題，並在《資本論》第 2 卷有關章節中提出了流通費用理論，區分了"生產性流通費用"和"純粹流通費用"兩種具體形式，各種形式中又有更細的構成。實際上，按照馬克思的理解，"生產性流通費用"不過是生產費用在流通領域中的繼續，只有"純粹流通費用"才是"交易性的"，用現在產權經濟學通用的術語說，屬於"交易費用"。既然馬克思注意到了交易過程需花費成本，就必然注意到交易成本大小的問題，對交易活動有個效率評價問題，這涉及到交易費用的量的大小。

馬克思對流通費用有科學的計算方法，對它的內部構成、與平均利潤率的關係，以及與社會一般剩餘價值率的關係做了詳細說明。尤其在計算平均化後的社會平均利潤率時，馬克思把"純粹流通費用"當成並不創造財富、是"對社會財富的純消耗"而列入"扣除專案"來處理。流通費用越多，社會平均利潤率就越低；反之，越高。馬克思"純粹流通費用"的非生產性，使他把流通費用大小看成是對整個社會經濟活動的效率產生反向作用的因素，即純粹流通費用實際上是馬克思用以衡量一個社會效率的潛在指標。這一點與現代產權經濟學的觀點不謀而合。另外，從馬克思把"交際費用""看成了'不幸的'資本家營業上的一種必要。奢侈被列為資本的交際費用"的說法中，也能看出馬克思對交易費用之非生產性的認定。

樊綱注意到了馬克思的"交際費用"。其實，馬克思的"交際費用"只是他的"交易費用"中的一個方面、一個部分，這部分表現為

---

[1] 劉凡、劉允斌：《產權經濟學》，68 頁、91 頁，武漢，湖北人民出版社，2002。

在實際經營過程之外發生的交易費用，也反映了資本主義經濟制度的奢侈浪費即低效率的一面。[1]此外，在資本家的實際生產和銷售經營過程中，也發生了用於交易方面即人與人的關係方面的費用。

這裡需要進一步研究的問題是，似乎馬克思只研究了資本主義流通過程中的"流通費用"問題，而對生產過程中用於協調人與人之間關係的費用，馬克思並沒有明確為"交易費用"的性質，而是界定為"管理費用"，而"管理"在馬克思的體系中是被當成"生產性的勞動活動"的，從而這筆費用可能是被看成生產費用而不是交易費用的。這種認識，在沒有交易成本概念的情況下可以理解，但有了交易及其費用的概念之後，發生在生產過程中且用於協調人與人之間關係的勞動，就不能再簡單地稱之為"生產性勞動"了，其費用也就不能再簡單地稱之為"生產性費用"了。

因為，"管理費用"概念也是個多樣性的統一，是監督勞動和指揮勞動的結合，前者源於人的關係，其動機是減少"偷懶"；後者源於生產分工的物質關係，其動機是增強"協調"，減少"生產性摩擦"，因此，在這種認識下，兩種性質不同的費用就不能再籠統地"如大雜燴般"，統統歸入"管理費用"了。實際上，馬克思對管理費用中的"監督"和"指揮"兩部分在認識上是分開了的。他說："凡是直接生產過程具有社會結合過程的形態，而不是表現為獨立生產者孤立勞動的地方，都必然會產生監督勞動和指揮勞動。"[2]馬克思的這一說法很容易讓人聯想起張五常對交易成本所下的定義。

按現代產權經濟學的理解，張軍指出，"一般來講，交易費用的存在使購買變得昂貴而出售變得便宜，前者大於後者。對社會來講，

---

[1] 樊綱：《現代三大經濟理論體系的比較與綜合》，99 頁，上海，上海人民出版社、上海三聯書店，1990。
[2] 蔡永飛：《〈資本論〉中一段值得重視的論述》，見《北京日報》，2004.4.19。

這一差額即交易費用是市場價格機制運行對社會資源的浪費。""無論如何,交易費用是社會財富或資源的一種無謂浪費。"[1]

關於交易費用的量,諾斯指出:"交易費用可以通過市場被預測,在美國,1970年,交易部門構成美國國民生產總值的45%。由於合作協調和實施執行成本越來越高,目前美國的交易部門一直在生長和擴張。"[2]而根據張五常對中國香港社會經濟活動過程的測算,中國香港國民生產總值中的交易費用已經超過50%!

值得注意的是,如果交易費用是像諾斯所言的,隨著社會發展而越來越高,那麼不同國家之間的"制度效率"到底應如何比較呢?按照"交易成本最小的制度安排是最有效率的"標準又該怎樣衡量?

三、關於機會主義傾向:馬克思的人類行為理論(個體與整體、偶然與必然、人的品性與制度決定)

現代產權經濟學把個人的機會主義傾向看成是產生交易費用的重要因素之一,威廉姆森將其定義為"狡詐地追求利潤的利己主義"和"資訊不完整的或受到歪曲的透露"。"機會主義是指資訊的不完整或受到歪曲的透露,尤其是旨在造成資訊方面的誤導、歪曲、掩蓋、攪亂或混淆的蓄意行為。"[3]威廉姆森用市場不確定性、人的機會主義行為傾向和資產的專用性,解釋了企業之間交易費用的存在性,完善了科斯的交易費用理論。

西方現代產權經濟學只研究短期、微觀、個體經濟行為,把人的

---

[1] 張軍:《現代產權經濟學》,7~8頁,上海,上海三聯書店、上海人民出版社,1994。
[2] 諾斯著,張中凡、易綱棱譯:《制度變遷理論綱要》,載《改革》,1995(3)。
[3] 劉凡、劉允斌:《產權經濟學》,80頁,武漢,湖北人民出版社,2002。

行為只看成是個人行為，只做出個體主義解釋，因而，個人心理因素、偏好、偶然性產生了重要作用。馬克思的經濟研究側重於長期、整體、宏觀，把人的行為看成是社會生產關係所決定的經濟範疇的人格化，因而，個人心理、個人偏好和偶然性，是被馬克思撇開不談的——雖然他特別舉例提及過投機、狡猾的個別資本家的情況，但都不作為分析的對象，他分析的恰恰是"正常"資本家、"正常"工人的"正常"行為，是在符合價值規律的條件下工人和資本家之間關係的情況（這在《資本論》第 1 卷第 4 章中有詳細論述），這種行為只受客觀規律的制約而不受個人因素的影響——只要是資本主義制度下，剩餘價值規律就發揮作用，資本家的剝削行為和工人出賣勞動力行為就是一種必然，而不管資本家個人是"慈善的"，還是"壞的"。[1]

這裡有必要指出，馬克思經濟學與西方經濟學的不同歷史使命，決定了馬克思所研究的"撇開偶然因素"之後資本家行為規律的必然性，說明即使資本家不投機，照樣存在對工人剩餘勞動的榨取——馬克思的主要任務並不是要說明資本家個人品質與剩餘價值的關係，而是要說明資本主義經濟制度與剩餘價值的關係，是要揭示資本家的"階級行為規律"；而西方產權理論顯然沒有想要去宣揚這種由資本主義制度所決定的"階級行為規律"，相反地，它是要極力掩蓋這種規律。而且，要在這個規律已經存在的環境下，從為資本主義經濟運行服務角度研究問題，西方產權理論會把另一種必然性——個人行為的機會主義當成規律來研究，以解決如何預防機會主義行為的問題。

可見，馬克思和西方產權經濟學家都是研究規律的，馬克思研究的規律是社會整體上具有背景意義的規律，比較宏觀、長遠；西方產權學家研究的規律則是宏觀背景下的個人行為規律，比較微觀、短期。過去有一種說法，認為馬克思研究的是客觀規律，是本質性的，

---

[1] 馬克思：《資本論》，第 1 卷，第四章之"資本總公式"，北京，人民出版社，1975。

而西方經濟學研究的是現象、是形式,甚至是假像,不反映本質。現在看來,這種看法是欠科學的。應該說,馬克思經濟學與西方經濟學都在不同層次上研究了經濟規律和事物的本質。[1]

四、關於資本和勞動產權問題

一般認為,企業產權就是企業的剩餘控制權和剩餘索取權,它涉及企業內部多個主體。這裡撇開其他主體和其他關係不說,單看勞資關係中的剩餘控制和剩餘索取問題。

1.勞資之間的討價還價模型和"馬克思定理":工作日上的"二律背反"

資本主義僱傭勞動制度下勞動對資本的依附是個事實。資本對勞動擁有剩餘控制權和剩餘索取權:"工人在資本家的監督下勞動,他的勞動屬於資本家。""其次,產品是資本家的產物,而不是直接生產者工人的所有物。"[2]

馬克思的不完全合約思想:勞動與勞動力的區分,使工人出賣的只是勞動力,是"事先定價",而"事後表現"是無法事先預期和完全知道的。因此,資本家對勞動力所擁有的是一種"狀態所有"或"狀態產權",而工人勞動的努力程度,"是工人控制的一個變數"。這就產生了因契約不完全而產生的剩餘控制權和剩餘索取權問

---

[1] 樊綱認為,"在西方正統經濟學中的現象形態的背後,也有它們的本質關係,即社會物質生產條件與社會物質需要的關係。而根據馬克思主義歷史唯物主義原理,物質關係本身是比社會關係'更本質'的,生產力是比生產關係'更本質'的,因此,很難說正統經濟學就沒有研究現象形態背後的本質關係,儘管所謂本質關係在這裡與馬克思主義經濟學研究生產關係時所謂的本質關係不是同一個東西。"見樊綱:《現代三大經濟理論體系的比較與綜合》,105頁,上海,上海人民出版社、上海三聯書店,1990。

[2] 洪銀興等選編:《馬克思〈資本論〉選讀》,117頁,南京,南京大學出版社,1999。

題。

　　馬克思認為,在資本主義既定的僱傭勞動制度下,工人的勞動力產權的界線僅限於勞動力價值。勞動力產權界線是由資本主義生產制度決定的,資本家的生產目的就是獲得超過勞動力自身價值的剩餘價值,如果不以勞動力價值作為勞動者的產權界線,則資本主義剝削剩餘價值的生產從必然性上就不能進行。

　　這樣,馬克思就為討論工人與資本家之間的"討價還價"設定了一個不可改變的客觀基礎,即把勞動力價值當成勞資雙方進行談判的初始條件或基準。

　　於是,工人與資本家之間的討價還價的經濟界線即最低界線是工人要獲得勞動力價值,而最高界線是自然生理和社會道德界線,即工人要獲得最起碼的"能說得過去"的生活。在上限與下限之間有一個"討價還價區間",具體區間內的"點"的確定方法就是程恩富所提出的"馬克思定理"。

　　國內有學者在比較馬克思產權界定與西方產權理論的產權界定的不同時,提出了"科斯定理和馬克思定理"的命題。[1]前者指的是透過談判和自由契約來界定產權;後者指的是產權雙方在都符合價值規律要求的情況下,出現了產權界定上的"二律背反",這時候,最終形成對誰最為有利的產權界定格局,力量產生了決定作用。"馬克思定理"說的是在社會經濟基本制度界定前提下的"二律背反"。首先是基本制度決定權利,其次才是"二律背反":"權利同權利相對抗,而這兩種權利都同樣是商品交換規律所承認的。在平等的權利之間,力量就產生決定作用。"[2]該學者認為,在解釋工作日長短和薪資水準的勞資談判問題上,"馬克思定理"比科斯定理有著更強的解釋力──

---

[1]　程恩富、胡樂明:《經濟學方法論──馬克思、西方主流與多學科視角》,93~97頁,上海,上海財經大學出版社,2002。

[2]　馬克思:《資本論》,第1卷,262頁,北京,人民出版社,1975。

——這就是工人與資本家的"討價還價模型"。

2.勞動對資本的形式隸屬轉變為實際隸屬：技術和制度的作用

但是，我們知道，在工人與資本家的討價還價中，工人總是佔下風。其原因在於分工協作的生產力在資本主義制度下表現為資本的生產力。馬克思在"協作"和"分工"兩章中，特別大量論述了分工和協作的自然力成為了資本的生產力的道理，表現為資本的力量，這是資本主義制度使然。在這種條件下，勞動者只能在僱傭生產體系中成為資本的奴隸。[1]

勞動對資本的隸屬從形式上的隸屬一步步變為實際上的隸屬——手工作坊→工場手工業→現代工廠。在這個過程中，工人的手藝在商品生產中的地位日益低下，科學技術和科學的生產過程分工一步步取代了工人的手藝，工人脫離生產資料獨立謀生的獨立性越來越差，對生產資料的依賴性卻越來越強，工人依靠過去的手藝和技術和資本家抗衡的能力越來越弱，工人對資本家的談判力不斷被現代生產流程和大機器所抵銷，一直到了工廠時期，工人再也不能離開資本而獨立生存了——正所謂工人對資本的隸屬關係，從形式上的隸屬轉變成了實際上的隸屬。[2]

劉元春的"微觀權力議價模型"認為："'資本僱傭勞動'在本質上是一種社會生產方式。因此，不能將它視為個別的、偶然的契約關係。"對僱傭契約關係的性質也不能從個人之間關係的角度來判斷，它是社會的、歷史的生產力發展到一定階段的產物。因為資本主義生產方式是社會生產力發展的產物，物質資本在資本主義生產方式之前並沒有享有對人力資本的支配權。例如：在封建行會生產體系中

---

[1] 馬克思：《資本論》，第1卷，第十、十一、十二章，北京，人民出版社，1975。

[2] 劉元春：《交易費用分析框架的政治經濟學批判》，217頁，北京，經濟科學出版社，2001。

是擁有技術的作坊師傅享有支配權,在原始生產體系中是那些擁有經驗的老人享有對各種資源的支配權(對該問題的論述請參見馬克思《資本論》和恩格斯《家庭、私有制和國家的起源》中的有關論述)。[1]

他認爲馬克思的微觀權力分析框架以他的宏觀權力分析框架爲基礎,具體表現在,以生產力爲基礎的宏觀權力結構中的集團,在社會生產系統中的地位和作用決定了集團中個體在微觀生產系統中的大致地位和作用,這種地位和作用又進一步大致決定了個體選擇範圍和自由行動的程度。這些本質的因素再加上一些個體和微觀偶然的因素,就構成了"微觀權力議價模型",這是用以解決"爲什麼是資本僱傭勞動"而不是相反問題的基礎理論。馬克思在處理這個問題時,"首先闡述了僱傭關係產生的歷史條件,指出僱傭關係要成爲社會佔統治地位的社會生產關係的生產力基礎。其次分析了資本家在僱傭勞動後爲何是資本家擁有控制權並佔有生產剩餘。對這個問題的分析可以看出馬克思微觀權力分析框架的輪廓。"[2]

哈特(Hart)認爲,他的權力概念與馬克思的基本一致。但就不完全契約問題,劉元春批評哈特沒有說明爲什麼控制了物質資本就控制了人力資本,難道企業權力產生於不完全契約,完全契約中就沒有權力了嗎?企業的權力就等於剩餘索取權嗎?況且,不完全契約還有其諸多好處。[3]

新制度經濟學的其他解釋:哈特認爲物質資本從來就享有對人力資本的控制權;道(Dow)認爲是由於人力資本更具有流動性;詹森

---

[1] 劉元春:《交易費用分析框架的政治經濟學批判》,216~217 頁,北京,經濟科學出版社,2001。
[2] 劉元春:《交易費用分析框架的政治經濟學批判》,215 頁,北京,經濟科學出版社,2001。
[3] 劉元春:《交易費用分析框架的政治經濟學批判》,131~134 頁、230~231 頁,北京,經濟科學出版社,2001。

和麥克林（Jansen、Meckling）說是因為信用不發達和研究與開發不可租賃；阿爾欽、張維迎又有其他說法。[1]

3.工人對資本家的談判能力：為什麼不是"勞動僱傭資本"

為什麼資本主義制度下是資本僱傭勞動，而不是相反？有的學者把資本僱傭勞動制看成是勞資之間談判地位的不平等所致，認為馬克思也把工人與資本家在企業中的關係描述成一種契約關係，而且"資本主義企業契約關係的特點是形式上的平等性和自由性，即資本家與僱傭勞動者在市場上進行勞動力的買賣是完全'等價交換'的關係，這一關係在流通領域表現為完全平等的自由人之間的契約關係。但是，由於談判地位的不平等，決定了資本家在契約談判中處於主動地位。"因為在資本主義制度下，勞動者除了勞動力以外一無所有，既沒有生活資料，也沒有生產資料，只能靠出賣勞動力為生，如果不能及時達成勞動力出賣契約，就要危及生存，因此，他們達成契約的願望特別強烈；另外，資本家掌握著相對稀缺的資本，以"救世主"的身分出現。正是談判地位的不平等，決定了資本家與僱傭勞動者在企業內部的地位、權力的不平等。

不僅如此，該學者還批評馬克思雖然"分析資本主義企業是從契約開始的，但在分析過程中卻脫離了契約生效的基本因素"。按照馬克思說的"勞動的社會生產力好像是資本天然具有的生產力，是資本內在的生產力"的說法，說馬克思認為勞動者被剝削、資本家作為剝削者是"天然存在的"。並批評"馬克思忽視了勞動者和資本家在討價還價時因為必須擁有對自己要素的所有權，因此他們之間的談判應該是平等的"，認為"決定談判雙方不平等的決定因素並不是誰擁有資本而是雙方討價還價能力的不同"，隨著勞動者在生產中重要性的

---

[1] 對"資本僱傭勞動"這一問題，新制度經濟學的各種觀點可以參見張維迎的《企業的企業家——契約理論》中的理論綜述。轉引自劉元春：《交易費用分析框架的政治經濟學批判》，216頁，北京，經濟科學出版社，2001。

加強，勞動者的談判地位和能力會不斷加強，有可能出現"勞動僱傭資本"的情況。[1]

我們認為，該學者的批評未必中肯。馬克思是個歷史唯物論者，他對勞資關係的論述是有著很強的歷史眼光的，在資本主義經濟制度下，在那個社會發展階段上，資本的地位客觀上確實重於勞動，所以，個人之間的契約只能在宏觀經濟制度的大背景下來確定自己的角色：必然蒙上資本主導的影子，勞動不可能取得去僱傭資本的地位。至於未來社會是否會出現一個"勞動僱傭資本"的情況，則不再是馬克思所論證的資本主義社會的事情了。在可預見的範圍內，只要還是資本主義社會經濟制度，恐怕資本僱傭勞動的現象就不會改觀。[2]

五、需要進一步研究的其他問題

關於馬克思產權理論的方法論：首先是馬克思產權理論的基礎方法論。對此各說不一。國內不少學者等都有相關論述，但對於馬克思的產權理論的基礎方法到底應做何種概括，仍無定論。比如概括為整體主義、個體主義還是制度主義，抑或是唯物史觀？[3]其次是關於人的假定。馬克思的關於人的假定是什麼？是"自利人"、"他利人"、"社會人"、"道德人"、"歷史人"還是"階級人"？說法不一，有待進一步深入研究。最後是關於階級分析方法。這一方法對資本主義經濟研究的意義，在現實中並沒有過時，對此，中國社科院的裴小革有專門論述。

---

[1] 李自傑：《馬克思的企業理論探析》，載人大複印資料：《理論經濟學》，2004(10)。

[2] 武建奇：《非公經濟的發展》，見劉福壽、武建奇等著：《人民主人翁》，第11章，北京，紅旗出版社，2001。

[3] 林崗、張宇在產權研究的兩個範式上，黃少安、胡均、劉風義等在整體方法論上，都有相關研究。

關於產權理論的應用：對幾個具體產權，如企業產權、資本產權、人力產權、農地產權等的研究都有大量論述，對現實的產權研究也很有啓發。

關於馬克思產權思想與西方產權思想的整體比較：關於二者的共同性；關於二者的原則分歧；關於二者能否互補；關於兩種產權理論的評價（各自的長處和侷限，如有人評價馬克思的產權思想"抽象而深邃"，寓意深刻，但也有貶其不實用之意，恰與西方產權理論之"具體而實用"相對應）；關於西方產權理論對馬克思產權思想的借鑒等。關於其他問題：馬克思產權理論的體系問題——馬克思有沒有從"產權"角度考慮問題的思想？他的一些與西方產權概念相近的概念的出發點和目的一樣嗎？有無自己的產權分析體系？馬克思產權思想的核心範疇問題——西方產權理論的核心是科斯定理，馬克思有與其相對應的核心範疇嗎？作爲馬克思整個經濟學核心範疇的資本和剩餘價值範疇，能同時也算成馬克思產權思想的核心範疇嗎？馬克思產權思想的基礎理論是什麼？他有與西方產權理論的基礎理論即交易費用理論相對應的內容嗎？對這些問題的研究，將進一步推進馬克思產權思想研究的深化，取得更多的成果。

第四章

產權改革的宏觀分析：
所有制結構的優化與調整

在所有制和產權改革問題的研究上，我們要研究的對象是中國構建社會主義市場經濟中的所有制與產權變革，我們應該堅持馬克思主義的制度分析方法，把所有制、產權改革與改革績效放到一個作爲整體的社會生產制度結構之中來研究，以尋求一個社會在特定階段的市場環境條件下實現制度均衡的路徑。本章從理論與實踐的結合點上研究中國經濟改革過程中所有制結構的優化與調整，研究了國有資產產權制度改革的實踐經驗，並對轉型國家所有制改革的路徑選擇及績效進行了評價。

一、改革以來所有制結構的調整

所有制改革是中國經濟體制改革的重要內容，而所有制結構的調整是所有制改革的標誌性變化。伴隨以市場化爲取向的改革的不斷深化，中國所有制結構已由改革初期的以"一大二公"爲特徵的單一所有制，逐步轉變爲以公有制爲主體、多種經濟成分共同發展爲特徵的多元所有制格局。改革開放以來，中國民間投資年均增長比國有單位投資高出近十個百分點，民間投資呈現快速發展態勢，其規模不斷擴大，對國民經濟發展的貢獻不斷增強，潛能日顯突出。所有制結構的調整離不開民間資本的參與，引進與擴大民間投資有利於國有經濟的戰略調整與重組，並已成爲中國經濟持續、健康和快速發展的重要推動力。

中國改革開放 30 多年來，所有制結構格局發生了根本性變化。民間投資走過了艱難的初創階段，現在已進入了一個重要的發展階段。中國改革開放以前，在高度集中的計劃經濟體制下，國有投資幾乎是當時惟一的投資主體，民間投資很少，發展速度緩慢。改革開放以來，特別是 1992 年鄧小平同志發表"南巡講話"以來，順應改革開放的大潮，投資領域隨著經濟體制改革的不斷深入也隨之發生了深刻的變化，集體經濟和個體經濟迅速崛起，聯營、私營、股份制和外商及港、澳、台投資也獲得了長足發展，民間投資規模不斷擴大，投資主體多元化格局逐步形成。隨著改革不斷深化，國有經濟戰略性調整，"國退民進"已是大勢所趨。隨著民營經濟的發展，民間投資已經成為固定資產投資中重要的組成部分，並成為推動經濟繁榮的動力源泉之一。

1.民間投資規模不斷擴大，呈快速發展態勢

2001 年，全社會固定資產投資額為 37,213.5 億元，其中，國有經濟投資額 17,607.0 億元，佔全社會固定資產投資比重的 47.3%；非國有投資額 19,606.5 億元，非國有投資比重已佔 52.7%；民間投資佔全社會固定資產投資比重的 44.6%。

2.所有制多元化格局已經形成，股份制經濟、個體私營經濟成為民間投資的主要力量

從全社會固定資產投資構成來看，近十年來國有投資比重在下降，非國有投資比重在上升。目前在全社會投資中，民間投資比重與國有經濟投資比重已經十分接近。據統計，1991 年國有投資和國內民間投資的比重分別是 65.9%和 34.1%；1997 年，國有投資、國內民間投資、外商及港澳台投資三者比重分別是 52.0%、35.9%和 11.6%；2001 年，這一比重已變為 47.3%、44.4%和 8.1%。在此十年間，國內民間投資所佔比重上升了 10.5%。

3.民間投資對中國經濟發展的貢獻不斷加大

改革開放以來，中國民間投資年均增長比國有單位投資高出近十個百分點，成為支撐國民經濟增長的重要力量。由於近年來整個非國有經濟投資增長速度逐步加快，它們對全社會投資增長的貢獻率也逐步提高。據統計，國內民間投資對全社會投資增長的合計貢獻率，由 1998 年的 4.92 個百分點上升到 2001 年的 5.81 個百分點。

隨著投資環境的不斷改善和政府引導力度的加大，中國民間投資領域不斷拓展。近年來，越來越多的民間投資開始進入基礎設施建設和公益事業的投資領域。水利、舊城改造、橋樑、公路、碼頭、城市供水、汙水處理和垃圾處理、電信、通信、醫院、學校、文化、旅遊、體育設施等都吸引了大量的民間投資，對國有經濟做了重要的、有力的補充。[1]

中國國有資產的控制方式已經發生了重大變化。在全部企業法人單位中，國家絕對控股的企業已經不到 15%，公有制在企業數目的層面上已經不佔優勢。從調查情況看，在全國 302 萬個企業法人單位中，國家控股佔 50%以上的企業法人單位數只有 42.78 萬家，佔全部企業法人單位數的 15%左右。[2]目前，國有資本的控制方式仍是以絕對控股方式為主。從國家絕對控股的企業法人單位與國家相對控股的企業法人單位佔全部企業法人的比例來看，到 2001 年底，國家相對控股的企業法人單位共達 31,125 個，與國家絕對控股的單位數（42萬多個）相比，前者只及後者的 7.26%左右。

截至 2001 年底，按產業劃分，中國國家資本在企業法人實收資本中的比率差異是很大的。在壟斷性強的產業，國家資本仍佔有絕對的優勢。其中，在地質勘查與水利管理業，國家資本／實收資本的比率達 78%之上，其次為金融保險業，這一比率達 74.85%，以下依次為交通運輸、倉儲與電信業（達 70.9%），採掘業（70.58%），衛生、體育與社會福利業（達 64.45%），教育、文化及廣電業（59.93%），電力、煤氣及水業（達 57.08%）。顯而易見，在這些

---

[1] 以上資料均來自中國國務院體改辦經濟體制與管理研究所課題組：《所有制結構調整與引進民間投資的研究》，載《經濟研究參考》，2003(76)。

[2] 中國國家統計局在 2001 年進行了第二次全國基本單位普查。這次普查共包括了 510.7 萬個法人單位，其中有 302.26 萬個企業法人單位，囊括中國所有產業，普查時點為 2001 年 12 月 31 日，分析了國有經濟控制方式轉變的現狀，並試圖運用基本的生產函數測算國有經濟控制方式轉變所帶來的各種效應，以便比較國有資產不同控制方式的績效。

非競爭性的產業或自然壟斷產業裡，國家資本在全部資本中的比率仍在 60%～70% 左右。

然而，在非壟斷的競爭性產業，我們可以看到，國家資本／實收資本的比率已經在 1/3 左右了。其中，房地產業中國家資本的比率最低，爲 20.87%；其次是製造業，國家資本的比率在 28.28%；下面依次爲社會服務業（31.32%），批發與零售貿易、餐飲業（32.93%），建築業（36.74），農、林、牧、漁業（37.08%），科技服務業（40.85%）。這說明，國有資本已經顯著地進行了戰略調整與轉移，但國有控股企業的資本在大部分產業中仍保持著控制力。

表 4-1　各行業的國有控股概況

	國有絕對控股資本對實收資本比率（%）	國有相對控股資本對實收資本比率（%）	國有控股資本對實收資本比率（%）
農、林、牧、漁業	38.52	3.16	41.68
採掘業	78.63	2.34	80.97
製造業	36.35	4.52	40.87
電力、煤氣及水的生產和供應業	77.96	3.78	81.74
建築業	44.22	2.38	46.59
地質勘查業、水利管理業	91.50	0.25	91.75
交通運輸、倉儲及郵電通信業	81.60	2.06	83.60
批發和零售貿易、餐飲業	39.33	3.06	42.40
金融、保險業	82.71	3.18	85.89
房地產業	26.63	4.28	30.91
社會服務業	36.43	3.63	40.07
衛生、體育和社會福利業	68.21	1.84	70.06
教育、文化藝術及廣播電影電視業	67.84	2.77	70.61
科學研究和綜合技術服務業	49.06	4.12	53.18
平均數	52.81	3.46	56.27

〔資料來源〕平新喬：《中國國有資產控制方式與控制力的現狀》，載《經濟社會體制比較》，2003(3)。

二、國有資產管理體制改革的理論探討與實踐

國有經濟在國民經濟中佔主導地位,對其他經濟形式有明顯的帶動、牽引作用。國有資產在中國國民經濟中佔有很大比重,據財政部統計,截至 2002 年底,全國國有淨資產總量共計 118,299 億元,高於當年國內生產總值。但據估算,國有企業佔用了整個社會資源的 70%和其他資源的大部分,對經濟增長的貢獻卻只有 30%左右,2001 年國有資產投資回報率僅僅是 6.1%,遠低於三資企業、股份制企業和民營企業,並且還頻頻發生國有資產流失現象。國有企業長期的低效益與部分嚴重虧損的狀況,已成為影響經濟增長的重要因素。近年來,隨著經濟體制改革不斷深化和市場化進程不斷加快,國有資產管理體制中關於國有企業效益不佳、國有資產流失嚴重、政企不分等一些深層次問題逐漸顯露出來,迫切需要進行全方位深化國有資產管理體制的改革。

十五大以來,中國政府從宏觀上提出了從戰略上調整國有經濟佈局和改組國有企業的任務,確定了"有進有退、有所為有所不為"的"抓大放小"的方針。國有經濟應控制關係國民經濟命脈的重要行業和關鍵領域,即涉及國家安全的行業、自然壟斷行業、提供重要公共產品和服務的行業,以及支柱產業和高新技術產業中的重要企業,這些是國有經濟有所為和要進入的行業和領域。在其他行業和領域,國有經濟不具備優勢,要逐步地退出和收縮。國有資產管理體制改革必將在更深層次上觸動原有的行政格局和利益格局,因此這場改革從其深刻意義上說,始終是對產權制度的改革。

現代產權經濟學認為,產權制度是一個經濟運行體制的根本基礎。產權的界定、轉讓,以及不同產權結構的差異會對資源配置產生影響。因此,有什麼樣的產權制度,就會有什麼樣的與之相對應的組織、技術和效率。國企特別是大中型國企 20 多年改革的績效之所以

不顯著，主要是因為沒有觸動產權。在不改變國有企業所有權的前提下，僅僅將經營權下放給企業，首先面臨的難題是：由於"國家"作為一種抽象的概念，不可能具體行使所有者的權能，必須由國家的權力機構所選擇的代理人來行使，而現實中國家的代理人只能是各級政府或政府有關部門，這樣，政府就成為了事實上的國有資產委託人，與國有企業發生著必然的聯繫。政府的行為與企業的行為交織在一起，注定會形成政企不分的格局。由此而引發的第二個難題是：在終極所有者缺位元的情況下，誰來約束事實上的委託人（即各級政府）？假如委託人缺乏對代理人（企業經營者）的監督和激勵，對委託資產漫不經心，甚至憑藉委託人的權力"尋租"以作為實施監督成本的"補償"，就必定會成為一種較普遍的現象。進而，當委託人利益與代理人利益相悖時，前者往往出於對政績的追求，對代理人實行種種干預；後者則可能因權能行使不充分而降低對經營績效的追求。由此而導致的難題是：在委託人不在場的情況下，代理人可以憑藉資訊不對稱的條件，不斷地擴大自身利益，並與企業職工合謀損害所有者的權益。

　　國有資產產權制度改革，涉及一系列深層次的矛盾和問題，極具挑戰性和探索性。國有資產數量大、分佈廣、行業多，近幾年重組流動情況複雜多變。據統計，截至 2002 年底，全國 15.9 萬戶國有及國有控股非金融類企業擁有資產總額（權益加負債）為 17.84 萬億元（包括非國有資產），實現利潤 3,764 億元，上繳稅金 6,795 億元；目前由國資委監管的 196 戶企業擁有的資產總額（包括非國有資產）為 6.93 萬億元，其中所有者權益（含少數股東權益）為 2.54 萬億元，2002 年實現利潤 2,384 億元。國有資產如此龐大，如何構建出資人制度，理順監管體制一直是一個很大的問題。這幾年的改革主要圍繞解決以下幾個問題展開：一是落實國有資本的管理、監督和經營責任。國家由管企業轉向管資本，建立產權明晰的國家所有權委託—代理體制，形成對每一部分經營性國有資產可追溯產權責任的體制和機制。二是國有經濟佈局和企業結構要進行有進有退的調整。政府從直接管理龐大的國有企業群，轉變為控股重要企業和持有股份；國有資本由壟斷各行業、各領域，向國家必須控制的行業領域集中，減少國有資本涉足企業的數量。三是政府設出資人機構，與公共管理職能部門分開，受政府委託集中統一行使國家所有權。行使公共權利的部門不再承擔出資人職能，形成政企（資）分開的體制基礎。四是實行國家所有權與企業經營權分離。出資人機構受國家委託擁有股權，依《公司法》以股東方式行使出資人權利、履行出資人職責；企業擁有法人財產權，在公司治理框架下自主經營、自負盈虧，成為獨立市場主體。

關於國有資產管理體制的改革，在理論上一直存在著不少的爭論。

一是關於國資管理體制改革的起點，即國有企業是否有效率。國有企業的效率一直是經濟學界爭論不休的問題，也是國有資產管理體制改革的主要原因之一。國外經濟學家對中國國有企業的效率做出的大量研究可以歸結為三類：一是以吳、薩克斯、珀金斯等人為代表，從國有企業產值佔 GDP 的比重、國有企業的財務指標、全要素生產，率以及國有企業的虧損等方面出發所持有的"中國國有企業非效率論"，認為國有企業在改革過程中不但財務狀況惡化，而且嚴重影響了中國宏觀經濟的發展；二是以羅、傑弗森等人為代表，從中國與其他轉型國家的宏觀經濟狀況比較、國有企業與非國有企業的效率比較、國有企業的全要素生產率等方面所持有的"中國國有企業效率論"，認為中國的國有企業從整體來看，是富有競爭效率和宏觀經濟資源配置效率的；三是以世界銀行、田義雄等為代表，認為國有企業在改革時期的效率狀況出現了一個令人困惑的現象：在全要素生產率提高的同時，各項財務指標卻直線下降，即出現"有增長無發展"的困境。總的來說，絕大多數學者的研究證明，中國的國有企業是非效率的。國有資本保值增值，基礎在企業，關鍵也在企業。企業有效率，才有市場競爭力，最終才能使國有資本保值增值。為此，必須深化國有企業改革，轉換經營機制，實現適應市場經濟的制度創新，提高國有資產管理的效率。

　　二是關於國有資產管理體制改革方法和路徑選擇。隨著國有資產管理體制改革的不斷深入，由於國有資產管理體制的不健全造成的一些深層次問題不斷暴露出來。國有資產管理體制改革一直是中國經濟體制改革的核心，而對國有資產管理體制改革方法的研究也一直是研究的焦點問題。大多數學者認為出資人缺位是造成國有資產流失的一個重要原因。因此，對國有資產管理體制改革方法的研究中關於國有資產出資人的研究較多。黨的十六大報告在構建新國有資產管理體制方面提出了深具創造性的戰略新思路，即中央政府和地方政府將設立國有資產管理機構，分別代表國家履行出資人職責。李榮融（2003）認為，初步構建國資管理新體制，重點要解決國有資產出資人到位和有效監管的問題。陳清泰（2003）認為，建立國有資產管理新體制的前提是必須堅持國家所有；中央和地方政府分別代表國家履行出資人職責；出資人機構要依《公司法》以股東的方式行使權利，實現所有權和經營權分開等。中國的國有資產管理體制改革一直都強調政企分開、所有權和經營權相離，實際的改革進程中卻仍沒有達到完全意義上的政企分開。因此，一些學者對採用多層委託－代理關係的組織機構進行了相關的研究。張文魁（2003）認為，國有資產體制改革必須明確中央與地方政府對國有資產的管理許可權、新的國有資產管理機構的管理範圍、新的國有資產管理機構同公司治理的統一性以及如何對待"三層次"管理模式。陳洪波（2003）認為，目前深圳、上海、遼寧、吉林的國有產權的管理模式都是分為三個層次：國有資產管理委員會→國有資產經營公司→企業。中國學者還提出了一些關於國有資產體制改革的其他方法。陳清泰（2003）提出，國有資產管理體制改革應解決國有資產管理機構與國有資本有進有退的調整相結合的問題。胡鞍鋼（2003）認為，國有資產管理的體制變動，必須要具有法律程序上的合法性，還強調了資訊透明原則，即必須讓那些利益相關者具有知情權和參與權。張文魁（2003）建議國有資產應該建立相對獨立的國有資產經營預算體系。從未來發展來看，國有經濟在國民經濟中的比重將逐漸減少，國有經濟戰略性調整和國有企業體制轉型時期可能是 15～20 年的時間。在此期間，必須有一種次優和階段性的制度安排，即建立國有資產的資產代表制度、經營管理制度、獎懲和收益制度等一系列制度安排的總和出資人制度，使轉型中的國有經濟盡可能發揮應有的作用。

三是關於國有資產管理體制改革過程中的潛在風險。陳清泰（2003）認為，國家所有權繼續不到位會造成資產和效益的繼續流失；出資人機構不從"管人"變化為"管資本"會使改革退回到原點；地方政府為保護所監管企業利益而強化區域分割和市場保護會使改革倒退；出資人機構的權力掌握不當或缺乏監督會造成嚴重的社會後果，並提出改革必須先中央、後地方，先立法、後行動。白津夫（2003）指出，國有資產管理體制改革無異於一次體制革命，因此也具有很大的風險性，並列舉出國有資產管理體制改革的十大風險，認為要正確認識並有效防範風險。龐世輝、張耘（2002）以北京市為典型案例研究了國有資產的整體狀況，認為其存在國有企業效益整體下滑，加大銀行運營風險等金融風險；增加了未來的經濟競爭力風險。國有資產管理體制改革風險不容迴避。改革一定要從中國的國情出發，中國經濟發展的不平衡性決定了沒有放之四海而皆準的模式，切忌"不顧實際情況，用同一方式處理問題"、盲目跟風。改革的方向要充分考慮依循的路徑，降低失敗的風險。為保護國家利益，政府可以頒佈條例限定國有資金使用範圍和參與經濟的程度，控制國有資產的風險。出資人機構不得越權干預企業事務。

　　四是關於國有企業內部的產權改革問題。許多學者認為，建立現代企業產權制度是現代企業發展的社會基礎條件和經濟基礎條件。明確產權關係應當成為企業改革的焦點。而中國國企改革的方向，則應是建立符合市場經濟要求的、權屬關係明晰的、利益清楚的公有制產權制度。在 20 多年改革開放的實踐中，中國對國有制產權的改革已大大拓寬了視角，實現了在不改變國有制基礎上的多種形式的改革嘗試，包括改所有權與經營權高度統一的國有制為所有權與經營權相分離的國有制；改單一的國家所有制為國家控股或參股、其他經濟成分參與資本組合的混合所有制等，大大提高了國有企業的經營效益。但是，在改革中也出現了一些問題，主要表現在：①產權主體虛設，產權邊界模糊。國有企業的經營者支配的財產是國家的，因而就形成了"花的不是自己的，不花白不花；撈的不知是誰的，不撈白不撈"觀念，從而導致國有資產大量流失；上市公司毫無限制地擴股融資，發新股賣掉的產權是國家的、集體的或其他什麼機構的，對公司沒有成本，融資而來的錢則是不管好壞都一樣要對己有利而不需承擔責任。②產權關係不順。其表現為政府（國有大股東）的行政管理和國有資產所有者代表的雙重職能不清和錯位，往往出現非規範的行政干預，造成前者衝擊後者，使企業成為政府行為的犧牲品和附屬物。其結果是所有者（或其代表）對其所擁有的財產的關切度低到了公有財產無人真正負責的最低限度，造成了國有資產的驚人流失。而真正關心企業利益和效益的中小股東，其合法權益卻得不到保護。[1]

1　石友蓉：《國資管理體制改革研究述評》，載《商業時代》，2004(27)。

三、為什麼不能推行快速、大規模的私有化[1]

1.經濟學如何解釋私有化的重要性

20世紀90年代中後期,俄羅斯和一些東歐國家宣佈基本上完成了私有化。在這些國家,對"私有化"的一般定義為將國有企業的全部或部分資產向私人成分(包括自然人和法人)轉讓的過程。在一定意義上,這種解釋與"非國有化"同義。這裡的"私有化"可以認為是產權制度改革的通稱,在許多場合指產權的非國有化和個人化。到1996年和1997年,俄羅斯和匈牙利、捷克的官方統計中,私有企業和私有化企業佔GDP的比重已達到75%～77%;波蘭私有成分的比重稍低,為60%。

在轉型經濟中,私有化問題一直是各國要處理的一個重要問題,不論你採取何種轉型方式,似乎都沒有解決之道。關於轉型經濟中所有制改革的方向選擇,首先需要從經濟學上解釋私有化的合理性和重要性來討論。

在經濟學意義上,一種所有制的制度安排,其效率在於它能否提供有效的激勵機制,能否調動或激勵企業內部的經營者和勞動者(他們往往不是財產所有者)為財產增值而努力工作,而國有企業的制度安排往往缺乏這種激勵。為什麼不能在國有企業內部模仿私有企業的激勵機制?如果可以模仿,在轉型經濟的情況下,就意味著放棄中央計劃經濟而構建市場體制,也不必急於或不必將國有企業私有化,因為努力構建市場體制的改革發動者會制定適當的激勵機制,使企業經理人員按企業利潤最大化的方式行事。也就是說,只要市場激勵可以在公有企業內被模仿,所有制的改革的確是不重要的。

過去在正統的新古典經濟學中,所有制的作用在理論中沒有重要

---

[1] 這裡討論的私有化,是指國家產權向非國有的民間主體轉移,一個重要的前提是:國家在基礎部門和重要的產業部門仍然要保持國有產權。

的地位。因為根據一般均衡理論，只要私人企業和國有企業都在追求利潤最大化，兩者就沒有任何區別。或者說只要市場是完全競爭的，資本主義市場經濟和市場社會主義之間也沒有任何區別。大多數激勵機制理論都是在完全合約這個前提條件下提出的。在完全合約條件下，企業所有權是一個無關緊要的問題。只是隨著不完全合約理論的出現（GHM 模型），企業所有權才開始在經濟理論中變得重要起來。如果合約是不完全的，所有權就被賦予了剩餘索取權，從而影響了企業的決策。因此，只有產權（所有權）明確界定給私人主體，才能最大限度地解決激勵問題，解決國有企業內部的激勵不足和軟預算約束問題。

2.對私有化的不同方式的研究

對私有化的不同方式（私有化模式）的研究，主要集中於俄羅斯、東歐國家轉型過程中的私有化現象。

第一種私有化的模式在波蘭、捷克和俄羅斯。在轉型過程中，激進的決策者們認為，除非儘快地、大規模地完成私有化，否則在經濟中取得顯著的效率改進是不可能的。他們甚至感到，如果不迅速地完成私有化，企業經理將侵吞他們所管理的企業的資產。在這種背景下，波蘭和捷克出現了大規模的私有化方案，透過無償或半無償分配，把所有權從國家那裡大規模地轉移到私人手中。例如：捷克從 1992 年開始，全體公民以極低的價格得到私有化憑證，使用該憑證可以購買私有化公司的股份；俄羅斯從 1994 年開始，把大部分資產分給了經理和工人們，而不是全體公民。這種方式被稱為認股權證私有化和大眾私有化。這兩個國家的大規模私有化方案略有不同。首先，捷克提出的私有化是針對全體公民而不只是針對工人，即每一個公民都在事前有機會得到私有化資產的同等比例；而在俄羅斯，工人們得到自己企業的股份。其次，在捷克，在購買了私有化企業的股份一年之內，公民不得出售他們用憑證買到的股份；相反地，在俄羅斯，在私有化中購買的股份是可以隨時出售的。

認股權證私有化必然伴隨著一個產權從而控制權的重新配置過程，以形成一種特定的公司治理結構而告終。俄羅斯的私有化由於股份可以隨時出售，企業產權在配置過程中向"內部人"集中，形成了經營者持大股。捷克的公民把他們持有的認股權大部分投入了新建的投資基金，投資基金持有被私有化企業的股份，而這些大投資基金又由一些大銀行控制，因此，實際上形成了接近於日本和德國的銀行控制模式。

第二種私有化的模式在匈牙利和德國的原東德地區，即採取向私人出售國有企業的方式。這種方式被認為是一種好的選擇，原因是政府可以取得一筆收入，用以減輕內外債務，彌補私有化的成本；而且這種方式可以使企業控制權落在戰略投資者手中。這種模式在實踐中實際上需要兩個條件，即私人部門要能夠同時取得兩種資源：一是金融資源，二是企業家資源。對於中小國有企業，這兩個條件比較容易辦到，但是對於大型國有企業，就不那麼容易了。在德國，之所以能夠推進企業的私有化，它們成立的託管局是一個比較好的辦法，託管局背後有一個強大的私人部門即原西德的私人經濟，對原東德的國有部門有很強的吸納能力。否則，就只能依賴國外的私人投資者了，匈牙利就是這樣做的。

選擇何種私有化方式是否重要？如果援引科斯定理（許多經濟學家就是這樣做的），則採取何種私有化方式不重要甚至沒有相關性。根據科斯定理，所有權的低效轉移，例如俄羅斯發生的內部的私有化情況，將得到糾正，因為只要產權是能夠交易的，更有效率的買方最終會從能力較低的最初所有者手中將資產買下，從而產權會配置到能使資源得到有效利用的一方。實際上，這個結果在俄羅斯等國的私有化過程中並沒有發生，所有權的最初轉移出現了一種鎖定效應。

私有化的經驗似乎說明，對私有化政策的選擇可能使一個國家步入某種特定的經濟發展或不發展的道路。如何處理私有化問題會影響到企業的微觀經濟效益和宏觀績效；社會財富的重新分配；公民對改革的不穩定的預期以及對進一步改革的態度，從而影響社會的內聚力；社會規範的變化，以及法律和政治制度的發展方向。

3.私有化與"內部人控制"

內部人控制是轉型國家所有制改革、國有產權向私人轉移過程中的一個重要現象。青木昌彥認為，"在私有化的場合，多數或相當大量的股權為內部人所持有，在企業為國有的場合，在企業的重大決策中，內部的利益得到了有力的強調。"[1]俄羅斯在大中型企業股份制改革過程中，企業經理人、職工通過獲得企業股權而成為主要的股份公司的所有者，由於企業內部人持有多數股份，企業內部人的利益得到了強有力的體現，經理人依其股份而在事實上掌握了企業的控制權，這種情況被稱為內部控制合法化。

表4-2 俄羅斯的私有化與"內部人控制"

股權（%）	2003年	2001年	1999年
內部人	52.8	48.2	46.2
外部人	35.8	39.7	42.4
國家	6.6	7.9	7.3

轉型之初，俄羅斯改革的設計者認為具體的所有權改革方式以及初始的所有權結構不重要，財產加快私有化會向有效所有者手中集中，但事實卻是，在長達十年的轉型過程中，內部人始終佔有並控制著企業較大比例的資產。不過，在內部人控制長期鎖定的同時，內部所有權結構卻出現了變化，總趨勢是職工所持有股份持續下降，管理

---

[1] 青木昌彥、錢穎一主編：《轉軌經濟中的公司治理結構：內部人控制和銀行的作用》，北京，中國經濟出版社，1995。

者所持有股份不斷增加，經理人員越來越多地控制了企業資產的支配權。形成經營者持大股或許是一個有效率的改進，但是在俄羅斯的私有化過程中，這種情況帶來的是社會財富向少數人集中和分配的較大懸殊，財產在轉移過程中形成了新的社會不公。

許多學者認為，俄羅斯的私有化，其產權變革和私有化的實質在於它的政治目的，是政治妥協的產物，經濟效率顯然不是其主要目標。所以，無論是在私有化過程之中，還是在實施了私有化以後，公司的所有權和經營權包括股權等，都沒能全部地體現出市場化的自由流動和配置。"內部私有化"因為沒有帶來資本投入與企業管理上的任何改善，而使得在企業重組和公司治理方面的意義"幾乎為零"。

4.私有化的績效問題

經過十多年的艱苦探索，經濟轉型取得了一定的進展，大多數轉型國家在經歷了轉型初期嚴重的經濟衰退後已經走出了經濟發展的最低點，並進入了復甦性增長階段；主要的轉型國家已經初步建立了市場經濟體制的基本框架，市場機制開始發揮資源配置的基礎作用。但是，轉型經濟的發展並不平衡，許多轉型國家經濟增長的基礎並不穩固。

關於俄羅斯、東歐國家私有化的績效問題，國內學者做了不少實證研究。一般認為，轉型國家這種大規模的私有化的績效，除了觀察企業所有制結構的改善、激勵機制的建立、企業經營狀況的好轉外，還要看所有制改革影響到的宏觀經濟的穩定和福利指標、市場體制的建立和市場發育程度、企業的治理結構，等等。只有這樣，才能全面評價一個轉型國家的私有化政策的績效。

從俄羅斯、東歐國家的宏觀經濟狀況來看，基本上，都先經歷了一個經濟增長下降的過程，直到 20 世紀 90 年代末 21 世紀初，一些國家的經濟增長才開始恢復。波蘭自 1992 年在東歐第一個擺脫經濟衰退後，國內生產總值就一直保持增長的趨勢，並於 1996 年率先超過了 1989 年的水準，到 1998 年實際 GDP 達到了 1989 年的 118%。捷克、匈牙利和斯洛伐克於 1994 年恢複了正的經濟增長。到 1998 年，斯洛維尼亞、斯洛伐克、捷克、匈牙利的國內生產總值都接近或超過了 1989 年轉型前的水準。俄羅斯的經濟增長恢複較慢，到 1997 年才出現微弱的 1.9%的正增長，但 1998 年遭遇金融海嘯後，GDP 增長率又迅速降至－4.9%；1999 年的增長率回升到 5.4%，2000 年 GDP 增長了 9 個百分點，2001 年 GDP 增長 5%。宏觀經濟狀況好轉的另一個表現是各經濟轉型國家的物價水準，也從 20 世紀 90 年代後期（1998 年）開始大幅度回落。[1]

　　從這些國家的市場發展程度看，歐洲復興開發銀行在 1998 年的轉型報告中，對轉型國家的市場經濟體制實現的程度進行了綜合評估，並爲各轉型國家轉型的總體進程打分。大多數國家向市場化轉型的進程已經過半，特別是中東歐的匈牙利、波蘭、捷克，它們的總成績都在 80 分以上，而俄羅斯經濟轉型的總體成績只有 59 分，是比較低的。2002 年 10 月 9 日，歐盟宣布中歐和巴爾幹十個國家能在當年底以前結束所有領域的談判，並能夠在 2004 年加入歐盟，這十國中有八國是經濟轉型國家。這些國家已經具備了市場經濟國家的基本功能。[2]

---

[1] 謝武：《私有化、制度環境與經濟轉軌的路徑——轉軌經濟中所有制改革的兩種經驗》，載《生產力研究》，2002(5)。

[2] 謝武：《私有化、制度環境與經濟轉軌的路徑——轉軌經濟中所有制改革的兩種經驗》，載《生產力研究》，2002(5)。

表 4-3　部分國家經濟轉型的私有化程度（1998）[1]（%）

	市場與貿易自由化	私有化與重組	GDP 增長率
匈牙利	85	89	4.8
波蘭	85	81	4.0
捷克	78	85	5.0
愛沙尼亞	70	85	1.0
斯洛維尼亞	70	78	4.6
立陶宛	70	70	9.0
斯洛伐克	78	81	4.2
克羅地亞	67	74	5.0
保加利亞	67	63	5.0
拉脫維亞	70	70	4.0
羅馬尼亞	67	59	3.0
阿爾巴尼亞	67	59	4.0
摩爾多瓦	67	63	2.0
亞美尼亞	67	59	5.0
格魯吉亞	67	70	1.0
吉爾吉斯斯坦	67	67	4.0
哈薩克斯坦	67	67	−5.0
俄羅斯	56	70	5.0
烏克蘭	56	59	6.7
阿塞拜疆	52	52	3.0
烏茲別克斯坦	41	56	6.0
塔吉克斯坦	48	44	0.0
白俄羅斯	37	30	−2.0
土庫曼斯坦	30	37	9.0

　　私有化的程度與國家經濟的增長率正相關，但是私有化程度必須達到一定的水準（本模型為 51.97%）才能真正成為經濟增長的牽引力。在一定的條件下，市場和貿易自由化的提高比純粹的私有化程度

---

[1] 謝武：《私有化、制度環境與經濟轉軌的路徑——轉軌經濟中所有制改革的兩種經驗》，載《生產力研究》，2002(5)。

的提高，更能促進國民經濟的發展。但是，當市場和貿易自由化達到一定程度以後，私有化程度開始成為經濟增長的新動力。也就是說，對於部分經濟轉型國家來說，制度環境的完善比所有權的變化更為重要，更能促進社會效率。

從這些國家的私有化、自由化與經濟增長來看，它們之間是正相關的；這種關係也從另一個方面說明了對於轉型國家來說，進行所有制改革需要一定的制度環境，特別是要建立有效的市場體系。在沒有建立有效的市場制度和市場規則，以及打破原來的行政性壟斷的情況下，進行大規模的私有化，除了帶來宏觀經濟不穩定外，另一個嚴重的後果就是財產權分配會出現新的壟斷，從而影響績效。[1]

5.我國所有制改革的績效

中國在市場化改革過程中，所有制的改革選擇了一條穩步推進的道路，多種所有制結構的形成和國有經濟戰略性調整取得了重大進展，而在改革過程中宏觀經濟基本保持穩定，經濟增長一直在較高的水準上運行。中國經濟轉型期的這種現象被稱為"中國之謎"。

中國國家發展改革委員會經濟體制綜合改革司《2005年經濟體制改革進展綜述》中指出，到2005年，9組18家中央企業完成重組，國務院國資委直接監管的中央企業已由最初的196家減至169家。大型國有企業股份制改革步伐加快，神華能源等6家企業在境內外上市，其中神華集團、中遠集團實現主營業務整體在中國香港上市。目前，全國50%以上的國有及國有控股大型主要企業已改制為多元持股的公司制企業。寶鋼集團等11家國有獨資公司建立健全董事會的試

---

[1] 田國強提出了一個轉軌（型）經濟中最優所有權安排的理論。他提出，只有當經濟制度環境得到適當改變時，才能有效地轉換所有制安排的形式，即轉型國家的改革順序應該是先改進制度環境，而不是迅速地私有化國有企業。在轉型的早期階段，集體所有制是一個更為有效的中間所有制安排制度。見田國強：《轉軌經濟中最優所有權安排的理論》，載《經濟學季刊》，2001(1)。

點進展順利。第 2 批 74 家中央企業開始分離辦社會職能，1,600 多個機構和近 14 萬名職工完成分離。已經啓動東北地區部分城市和地區廠辦大集體改革試點。國務院通過了《全國國有企業關閉破產四年總體規劃》，逐步部署國有企業政策性關閉破產工作。國有資產監管法規體系不斷健全，公布了《企業國有產權向管理層轉讓暫行規定》等規章。國有企業負責人經營業績考核制度正在全面推行。83%以上的市（地）組建了國有資產監管機構。此外，修訂發佈了《公司法》，以進一步完善公司法人制度。

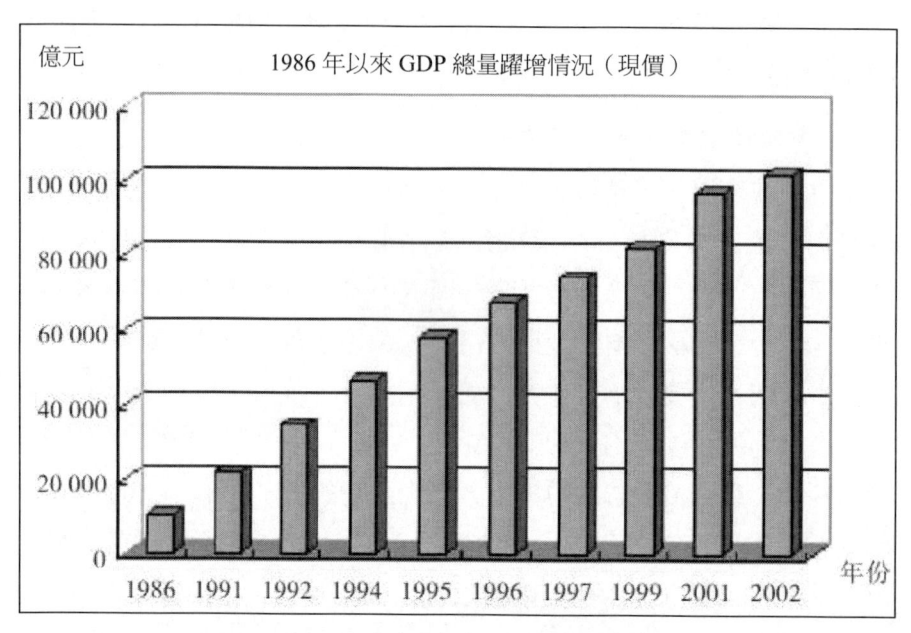

圖 4-1　中國 1986 年以來的經濟增長[1]

同時，非公有制經濟發展的政策和體制環境進一步改善。國務院發佈了《關於鼓勵、支援和引導個體、私營等非公有制經濟發展的若干意見》和《關於非公有資本進入文化產業的若干決定》。各有關部

---

[1] 黃真：《中國經濟進入新增長時代》，載《北京周報》（中文版），2003(42)。

門在放寬市場准入、加大財稅金融支援、完善社會服務、改進政府監管等方面制定了具體措施，非公有資本進入民航、鐵路、文化、出版和金融等重要領域的政策限制完成了重要突破，非公有制經濟發展的服務體系和信用擔保體系建設步伐加快。據不完全統計，目前全國31個省、區、市已累計公布促進非公有制經濟發展的法規、政策性文件200多個。在各項政策的推動下，非公有制經濟呈現出生產和出口快速增長、效益穩步提高的良好態勢。

從微觀層面看，一些實證研究也證明中國國有企業改革與企業績效的提高方向是一致的。

北京大學中國經濟研究中心姚洋教授，根據20世紀90年代中期以來中國企業私有化進程明顯加快（從1996－2001年的相關資料可以看出，短短五六年間，全國國有或國有控股企業下降了40%）的這個大背景，研究了"改制"或者說"私有化"在中國的具體績效，被稱為是對中國私有化績效所做的第一次全面調查及評估。這項研究的資料取自11個中國城市的企業，績效指標採取利潤水準（稅前利潤／總資產）、單位成本（不包括人工成本的材料及運營費用／總收入）、勞動生產率（總銷售額／在崗職工數）三個指標；企業改革採取三組解釋變數，一組是私人股份，二組是內部股與外部股之間的比例，三組是企業改制，分為五種類型：內部改造（公司化、分離重組等）、破產重組、職工持股、公開出售／出租、其他（如合資、上市等）。實證研究證明，私有化在提高利潤率方面比提高勞動生產率或降低成本方面更有效，這可能是因為私有化後業主更加關心資產的回報率而不是縮減內部成本，通過加快資本週轉率提高利潤，但同時他們還必須維持很高的就業率。外部股對於績效提高的作用很顯著。控制其他因素以後，改制對於企業績效基本上沒什麼影響。這說明改制的內生性相當強,好企業通常會改制,而壞企業往往改不動。[1]

中國社會科學研究院劉小玄研究員對國有企業改制後效率提高的情況進行了實證研究。這項研究重點分析了產權改革對企業效率的作用,進行了相應的測定和評價;同時比較了不同企業的效率,並找出了導致這種效率差異的產權因素。該項研究選取了紡織、電子、化工三個行業 451 家樣本企業(1994～1999 年),選擇了股本資本結構、持股結構和改制的發動者三個解釋變數。研究得出的結論是:國有企業改制的方向與企業績效提高的方向是一致的。[2]

中國國有企業的所有制和產權結構改革總體上走了一條漸進式的道路,從擴大企業自主權到利潤承包、到股份制改造,國有企業中的國有產權比重是在緩慢降低的,但在相當一部分大企業中,國有資本仍保持了較高的比例。總的來說,中國的所有制改革是一項有效率的改革,改革中保持了經濟結構的穩定性,其經驗是值得總結的。

---

[1] 姚洋:《中國企業私有化的績效分析》,載北京大學《政策性研究簡報》,2003(68)。
[2] 劉小玄:《企業產權改革的效率分析》,載《中國社會科學》,2005(2)。

第五章

產權改革的中觀分析：所有制、市場與產業績效

在轉型經濟中，應該把產權與改革績效放到一個特殊產業的環境中來研究。把所有權結構、產權和企業制度創新與自然壟斷產業的治理結合起來，把可能發生的"政府失靈"與管制成本聯繫起來，可以解釋產權改革對於中國壟斷產業組織及市場結構變化的特殊作用。中國電信業等自然壟斷行業的政府管制改革和企業制度變化，為我們提供了許多案例。本章是產權改革的中觀分析，從所有制、市場與產業績效相互關係上研究了中國自然壟斷行業的改革經驗，分析了所有制改革與引入競爭的關係。

一、把制度因素納入"市場結構－行為－績效"分析框架

1.自然壟斷行業改革：一個最新研究及其進展

20世紀70年代以來，西方國家放鬆對電信、航空、鐵路、電力等自然壟斷行業的管制成為了一種趨勢。實務證明，競爭機制的引入並沒有出現傳統理論所推斷的效率損失，而是明顯地改善了自然壟斷行業的經營效率和服務品質，提高了整個社會的福利水準。放鬆管制的政策取向來自於三個方面的理論進展：一是可競爭市場理論。該理論認為，只要政府放鬆進入管制，新企業進入市場的潛在競爭威脅自然會迫使產業內原有壟斷企業提高效率（Baumol、Panzar、Willig, 1982）。二是公共選擇學派的發展為政府管制行為失效奠定了理論基礎。如"政府失靈"理論、不對稱資訊理論的提出，使人們注意到了政府管制的實際效果可能會大大地偏離政府的管制目標（Buchanan, 1986；斯蒂格勒，1996；植草益，1992）。三是動態競爭理論日益受到矚目，被認為有可能是政府管制政策改變的理論基礎。該理論認為在動態競爭條件下，高市佔率和集中度是競爭者效率差異的後果，所以政府應當適當放鬆管制，鼓勵合法高效的企業兼併（Stigler,

1968）。政府放鬆管制的政策取向還受到了經濟全球化發展的推動，西方發達國家的許多產業已經國際化，政府管制在運用市場集中度判定市場結構時，必須考慮到國際市場。傳統上從一個國家的國內市場來考察市場集中度和壟斷性的觀點受到了世界市場發展的衝擊。

中國近年來對自然壟斷行業管制的理論與實踐有較多的研究成果，這些研究注意到了政府管制的經濟理論基礎的演變和政府管制改革的國際經驗。近年來，國內學者在產業組織理論、有效競爭的市場結構理論、政府公共政策理論和產權理論等方面的研究為中國自然壟斷行業的改革及政府政策選擇提供了較多的理論支援。

政府管制政策的理論依據主要是產業組織理論中的結構主義思想（SCP 分析模式），即市場結構決定了企業在市場中的行為，而企業行為又決定了市場發展在各個方面的經濟績效。本書運用市場結構的動態分析方法，關注市場結構（壟斷）形成的技術因素和制度因素，從而把壟斷性市場結構的形成納入要素產權交易—企業制度—進入壁壘的選擇的均衡分析之中，構建了一個制度均衡分析框架。這不僅擴展了從技術和市場因素解釋市場結構決定的傳統模型，而且對於推進中國理論經濟學在產業組織這一前沿領域的研究也是有意義的。

目前，中國國有經濟在郵電通信、鐵路航空、金融保險、城市公用事業等領域仍佔壟斷地位，因而就這些國有公共企業自身而言，政府管制的低效和行業壟斷是兩大病症，並沒有得到解決。從中國國有企業改革的整體情況看，自然壟斷行業的改革是滯後的，放鬆管制和引入競爭機制是市場化改革和滿足消費者福利的必然要求；從自然壟斷產業組織效率和國內市場開放後產業的競爭力看，又需要政府以一定的管制來完成這些行業的產業集中度，遏制無效率的過度競爭。這就決定了改革決策者要不斷地在這兩者之間尋找到均衡點。本書主要研究了在這些背景下什麼樣的改革是可行的，以及政府放鬆管制在什麼樣的制度基礎上才是有效率的，並以此指導中國自然壟斷行業具體的改革路徑選擇。

　　管制屬於國家干預經濟的一部分，國家對經濟的干預分為宏觀調控和微觀管制。微觀管制主要包括經濟性管制和社會性管制。作為產業政策的經濟性管制是政府干預產業發展的兩種主要方式（反壟斷和管制）之一。這兩種政策的區別在於：反壟斷政策主要是透過分拆壟斷廠商和限制廠商的合併來構造和維持競爭性的市場結構，主要的思想代表是產業組織理論中的哈佛結構主義學派。管制除了包括對一些競爭性行業的管制（例如對過度競爭和不正當競爭的管制）之外，主要是針對壟斷廠商的治理方式，有時政府還透過設置進入限制來維持該市場的壟斷結構，主要針對的是自然壟斷行業。

　　回顧近期的管制經濟學文獻，我們發現政府管制對於資源配置及其收入分配影響的問題受到了越來越多的關注。我們對管制的定義進行了一些討論，認為管制制度是利益集團內部成員消費的公共物品，管制具有資源配置效應，對不同的利益集團具有收入分配效應。

　　政府管制是政府利用強制性的政治資源供給的一種特定的制度，其基本功能是透過界定參與者的成本或收益而規範其行為。本書的研究建立在這樣的基本假設下：由於管制具有配置效應和收入分配效應，所有的管制制度都具有非對稱性。非對稱管制可以分成以下幾種情況，分別用於說明不同的問題：①對生產者和消費者具有非對稱影響的管制制度；②對生產者和潛在進入者具有非對稱影響的管制制度；③對行業內不同廠商具有非對稱影響的管制制度。

　　在自然壟斷行業，為什麼需要政府管制？政府又是在什麼背景下放鬆管制的？傳統上人們把規模經濟和自然壟斷緊密地聯繫在一起，但是後來人們通過研究發現，規模經濟對於自然壟斷既不是充分條件也不是必要條件。鮑莫爾等人在 1982 年提出了利用成本的次可加性來定義自然壟斷的方法。從理論上來說，成本次可加性就是自然壟斷行業，也就是說，如果一個行業的效率產量由一個企業來生產，它能夠比由兩個以上的企業生產時的成本更低,則這個行業就是自然壟斷行業。而從實證的意義上考察,在一個沒有政府管制的行業內,如果用 π(n) 表示 n 個廠商時單個廠商的利潤,而且如果各個企業的利潤函數相同,那麼自然壟斷行業意味著下式成立:π(1) > 0 > π(2)。從政策含義上來看,如果管制者必須在不完全的資訊下進行管制的話,那麼激勵理論認為可以透過引入新的競爭者來獲取資訊和實施激勵制度,但是這樣會導致生產效率損失,因此,當管制者寧願讓一個企業生產時,自然壟斷就出現了。在本書中,理論研究部分主要來自管制經濟學的文獻。

　　管制經濟學的核心問題是把長期以來作為產業組織分析的外生變數的管制制度內化於產業組織,即 "解釋誰從管制得益、誰因管制受損、管制會採取什麼形式,以及管制對資源配置的影響"[1]。對這一問題的分析之所以能夠展開,應該歸功於經濟學中以下方面的發展:①新制度經濟學的制度選擇理論的產生和影響的擴大;②公共選擇理論把政治過程有效地理性化,從而使我們獲得了這樣的知識:給定特定的程序,個體的偏好可以加總出社會偏好;③制度對於一個特定的集團具有消費的非排他性和非競爭性,但對於不同的利益集團則具有收入分配效果,從而使有利於一個集團的制度可能正好給其他集團帶來損害。管制經濟學中,有幾位經濟學家提出了一脈相承的經典模型:斯蒂格勒(Stigler, 1971)－佩爾茲曼(Peltzman, 1976)－貝克爾(Becker, 1983)模型。斯蒂格勒模型的主要貢獻在於其啓發性,即經濟學可以把政府管制這一外生變數納入標準的經濟分析方法——價格理論。以斯蒂格勒模型為基礎,佩爾茲曼模型假設控制管制政策的個體會選擇使其政治支援最大化的政策,從而可以討論哪些產業可能受到管制。貝克爾模型則把利益集團之間的競爭作為分析的核心,從而

---

[1] George Stigler: The Theory of Economic Regulation, *The Bell Journal of Economics and Management Science*, 1971。

管制將用來提高更有勢力的利益集團的福利。這些模型對本書的分析具有啓發性，但這些模型的假設卻很難直接用於分析中國的管制制度的選擇。

近年來，管制理論有了許多新的進展，其中資訊不對稱下的管制規則設計對自然壟斷行業如電力、電信等產業有直接的政策意義。把可競爭性理論引入網路型產業的治理，是近年來管制經濟學發展的一個重點。自然壟斷行業往往是網路型產業，但網路型產業不等同於自然壟斷行業。巨大的前期投入、規模經濟以及學習效應所引致的技術進步，都構成了很強的進入壁壘。可競爭性理論的引入，建立了一個在網路型產業中引入競爭的理論參照。由於資本市場的發達以及技術創新的快速發展，使得進入壁壘的消除成爲可能。潛在的進入者促使在位廠商制定競爭性的價格，從而改善資源配置，增進社會福利。但網路外部性的存在，使得潛在進入者的進入壁壘變得更高。由於產品的異質性，潛在進入者不能享有在位廠商所形成的網路外部性，這會導致新進入者所面臨的市場需求不足，從而影響潛在競爭。因此，存在網路外部性的行業，要想引入競爭，必須施加外部管制。

進入壁壘的程度影響著管制手段的選擇，由於網路型產業一般存在正的網路外部性，因此，在放鬆管制和引入競爭的過程中，必須對在位企業施加非對稱管制。爲扶持新進入者，對在位者施加的非對稱管制措施往往在短期內會提高該行業的競爭程度。以電信業爲例，規定在位者的普通服務業務和分拆在位運營商，在短期內會促成一種寡頭壟斷的局面；而互聯互通則給了新進入者共用外部性的可能性。但非對稱管制的長期實施會造成大量的社會沈沒成本，於是激勵性管制從一開始就伴隨著非對稱管制而生，並逐漸取代非對稱管制而成爲對網路型產業管制的指導思想。激勵性管制是在網路型產業已經達到一定的競爭水準，爲充分利用廠商的私有資訊來提高效率的一種管制思想，在現實政策中利用得最多的是價格上限管制方法。

電信業放鬆管制來自於三個方面的需求：消費者要求增進福利、技術發展使得競爭的引入成為可能以及管制理論的發展，特別是可競爭性理論的出現，使得傳統的自然壟斷理論得以進一步發展。從美、英、日三個國家電信業放鬆管制的經驗看，基本經歷了從壟斷到不斷引入競爭的嘗試的過程。目前來看，三國都已基本在電信業形成了競爭性的市場結構，不管是在長話市場還是在地方電信市場，都存在了多家運營商，更重要的是有不同行業的廠商加入競爭。競爭帶來了電信資費的不斷下降，電信技術水準得以不斷改進，整個社會福利得以增進。

各國管制結構的變遷因應了電信技術發展的需要，由於多家不同行業主體的廠商開始進入通信行業，資訊交流方式進一步融合，這使得建立管理幅度更廣、適應多種資訊平台融合的管制機構成為可能，英國的 OFCOM 的成立是一個典型代表。電信管制政策的演進基本上是從非對稱管制到激勵性管制。目前看來，激勵性管制方興未艾。同時，各種管制政策更加關注技術進步對電信產業結構的影響，如成本控制、網間互聯、接入定價等。技術的發展正在逐漸改變電信產業的組織結構，如 VOIP 作為一種成本更低的、方式更為靈活的通話手段，勢必深刻影響傳統電信公司業務運營。如何有效地管制網路電話和傳統有線電話的競爭，看來才剛剛開始。這些國際經驗，對於中國電信業的改革是有啟發意義的。

2.產權改革與產業績效

隨著市場化改革的推進，在對國有企業進行戰略性改革的同時，中國也把改革引入到了產業治理上。這時，我們關注的不再是一個企業的績效問題，而是一個行業的績效如何提高的問題。在關於產權與績效的解釋中，許多研究往往會重視企業的產權結構及其治理狀況，在這種情況下，市場結構假定是既定的，這樣，就忽視了在不同的市場結構中的企業行為選擇可能是不一樣的。在國有企業的改革問題上，關於產權與市場競爭誰更重要，或者說產權還是競爭是決定企業績效的更重要的因素的討論，實際上也提出了一個問題，即如果我們把產權與市場都納入企業績效的分析框架中，會得出什麼樣的結論？在中國市場化改革 20 多年後，國有企業面臨的市場環境和市場結構已經發生了很大變化，大部分國有企業，主要是處於競爭性產業的企業，既面臨著要完成產權改革來形成更加有效的治理機制，也面臨著與非國有企業的激烈競爭；而處於自然壟斷行業的國有企業，首先需要的是打破壟斷，引入競爭，而產權改革也同時制約著企業能否有持續的競爭力。因此，把產權與市場同時納入我們的研究視角是必要的。在研究對象上，我們選擇的是中國的自然壟斷行業，如電信、電力等部門。

在轉型經濟中，應該把產權與改革績效放到一個特殊產業的環境中來研究。當我們在討論自然壟斷行業的改革時，一般會注意該行業的技術特徵和市場規模，而往往忽視這一行業內基本上都是國有公共企業以及它原有的行政化的企業管理體制。把所有權結構、產權和企業制度創新與自然壟斷產業的治理結合起來，把可能發生的"政府失靈"與管制成本聯繫起來，可以解釋產權改革對於中國壟斷產業組織及市場結構變化的特殊作用。

從理論上講，產權的重要性在於產權的變化（所有權主體的轉移）能否改變企業的行為目標，以及加強對企業經營者的激勵。按照可競爭市場理論，不管是怎樣的市場結構、規模分佈和集中度狀態，只要潛在的競爭者是可以進入的，市場競爭就能解決所有低效率問題。但是，如果企業的行為目標並不是追求利潤最大化，僅僅有市場競爭能否解決低效率問題呢？將產權理論運用於企業行為目標及激勵機制的解釋，可以說明國有企業和私有企業在行為績效上是不同的。在國有企業，由於存在著過多的政治干預、企業的多重目標及相互衝突、管理者不受到收購和破產的威脅等等,使企業管理者不會選擇利潤最大化或成本最小化行為。[1]因此,我們堅持認為,在自然壟斷行業,產權的改革是重要的。因為產權改革對於解決這些產業的所有制問題和管制問題,尤其是對於提高產業的長期績效和投資激勵問題具有非常重要的實踐意義。同時,產權改革的績效也取決於是否有一個能夠促進有效競爭的市場結構。

把產權和企業制度納入中國自然壟斷行業改革績效的分析,我們形成了以下觀點:

(1)具有自然壟斷性質的行業,為了完成規模經濟,政府將經營特許權授給某個企業,不允許其他企業進入,行政性設置的進入壁壘是形成這些行業壟斷的原因。有三種不同的進入壁壘:規模經濟、產品差異及絕對的成本優勢。不同的進入壁壘具有不同的福利特徵,從而也要求不同的治理制度。

(2)導致進入壁壘的有技術和制度因素,新古典經濟學和產業組織理論著重強調的是技術特徵,以及由此而導致的成本特徵,本書關注的則是導致壟斷的制度前提。這種制度不僅包括傳統理論中的管制制度即政府公共政策(如進入管制和價格限制),而且包括行業內的企業產權制度。

(3)不同的企業制度具有不同的技術效率,從而導致成本差異。低效率企業的壟斷地位的維持必須依靠政府行政干預。具體來說,由於國有企業的技術低效率導致進入管制壁壘的發生,從而在不改變行業內企業制度的前提下,放鬆管制的結果,可能無法保證市場競爭性的提高。

(4)自然壟斷行業放鬆管制可能來自於技術和市場特徵變化消除了該行業的自然壟斷性質,但放鬆管制的均衡性和效率還必須建立在行

---

[1] 劉小玄:《中國轉軌過程中的產權和市場》,上海,上海人民出版社、上海三聯書店,2003。

業內國有企業制度改革的前提下。即只有當國有企業的低效率隨著企業制度改革而得到消除時，有效率的競爭性市場才能成為一種均衡和可維持的結構。

(5)從美、英等發達國家 20 世紀 70 年代以來政府放鬆管制的實務看，有效競爭的市場均衡並不能在政府給定的制度架構內可以自動地實現，它最終要透過經濟主體適應市場的行為選擇和經營能力，從而產生出大企業高效率經營的結果。在這裡，不同的企業效率會形成不同的市場結構。

二、所有制改革與引入競爭：一個產業內的分析

1.自然壟斷行業所有制改革的重要性

從目前關於產權與績效的研究來看，國外的文獻一般都涉及那些市場失靈的產業或自然壟斷型產業，因為在那些產業最初都實行了國有化，建立了國有企業；而在競爭性產業，基本上不存在因產權（建立國有企業）而影響績效的問題。但是在中國的轉型經濟中，不論在壟斷性產業還是在競爭性產業，都存在產權績效問題。只不過，在不同的產業背景及市場結構中，產權改革與市場競爭對於產業績效的影響力度以及產權改革的時間選擇不一樣而已。

中國自然壟斷行業改革所有制為什麼重要？產業組織理論的傳統分析模式把技術和市場特徵作為重要的解釋變數來討論市場結構和企業行為的相互關係，在"市場結構—行為—績效"的分析框架中，從結構到績效，必須透過企業行為才能傳遞這種決定關係，但是企業行為不僅來自於技術和市場的約束，還受制度（產權）約束。對於處在轉型期制度環境不穩定的國家，應著重探討制度因素，分析一個產業的所有制結構、企業制度和政企關係對企業行為的影響。國有企業的技術低效率也會由於政府的政策性或制度性保護而導致進入管制壁壘

的發生。在不改變產業內所有制結構和企業制度的前提下,放鬆管制的結果,可能無法保證市場競爭性的提高。

　　在中國,在基礎產業部門放鬆政府管制,不僅僅是開放市場、引入競爭,還必須選擇一個合理的所有制結構,進行所有制改革。這種改革是中國自然壟斷產業改革的重要內容和核心部分。從美、英等國政府放鬆對自然壟斷行業的管制來看,其政策傾向主要是尋求一個產業績效所需要的集中度和規模分佈,而討論的所有問題都是以成熟和完善的市場經濟為前提的,並沒有涉及一個產業內的所有制結構和企業制度(即體制因素)對市場結構及產業績效的影響。按照產業組織理論,在規模經濟條件下,壟斷的市場結構對於生產效率是一個必要條件,但還必須滿足企業追求成本最小化的前提條件,因為傳統上認為利潤最大化是成本最小化的充分條件。但是,如果引入制度性因素,即一些企業並不追求利潤最大化,那麼市場結構的改變並不一定會提高企業績效,這是其一。其二,按照產業組織理論,生產效率的實現所需要的壟斷結構必須是競爭的結果,但是如果在某個產業內所形成的壟斷結構是政府行政配置資源的結果,生產效率提高所需要的競爭條件將無法得到保證。中國過去實行的計畫經濟,一個基本的特徵就是行政性壟斷,幾乎所有的生產性行業,從行業准入到產量、價格的制定,都是由政府壟斷其決定權。而在具有外部經濟的基礎產業部門如電力、電信、鐵路、航空等,更是由國家直接投資建設,用行政手段配置資源,即為保障社會公共利益,政府在這些產業只賦予國有企業經營特許權。因此,在這些部門形成了國有企業的規模優勢和由政府行政保護的進入壁壘。在產業組織的文獻研究中,進入壁壘對於一個產業的利潤率有著重要的作用,市場集中度也是在進入壁壘的基礎上產生的。關於進入壁壘,產業組織理論著重強調的是技術特徵和由此而導致的成本特徵。但實際上,不同的企業制度具有不同的技術效率,從而導致成本差異。低效率的企業壟斷地位的維持必須依靠政府行政干預。因此,完全可能的是,國有企業的技術低效率也會由於政府的政策性或制度性保護而導致進入管制壁壘的發生。在不改變產業內所有制結構和企業制度的前提下,放鬆管制的結果,也可能無法保證市場競爭性的提高。

因此,分析轉型經濟國家自然壟斷行業改革的實務經驗,不能僅僅依靠以大致成熟的市場經濟為背景的現代管制理論,還需要考察所有制和企業制度變化以及管理制度變化的作用。實際上,中國的以電信行業為主的自然壟斷行業的改革確實具有比發達國家更為豐富的內容,它一方面需要借鑒發達國家的改革經驗,同時也需要創造性地解決中國的特殊問題。

2.自然壟斷行業所有制改革的國際經驗

從經濟學角度看,在典型的自然壟斷產業領域引入競爭並不具有合理性,因為自然壟斷產業的基本含義是在一個產業內由一家企業壟斷經營最有效率,這是由自然壟斷企業的成本條件及所面臨的需求特徵決定的。在各國的具體實踐中,國有化是政府管制的一種特殊方式。在 20 世紀 40 年代末,英國執政黨認為,在自然壟斷產業需要透過國家壟斷才能提高效率,因此,英國在第二次世界大戰後經歷了三次國有化高潮,之後國家直接控制、掌握了金融、郵電、通信、運輸、能源、鋼鐵、飛機製造、造船、宇航等國民經濟命脈以及電子、自動化設備等現代工業中的相當大一部分。到 70 年代末,英國郵電、通信、電力、煤氣、煤炭、鐵路、造船工業的幾乎 100%,航空和鋼鐵工業的 75%、汽車工業的 50%、石油工業的 25%,都是國有的,國有企業約佔全部工業產值的 1/3。[1]在自然壟斷產業,主要是把一批分散的、小型地方政府企業變革為少數大型國有企業。英國的國

---

[1] 李俊江:《英國公有企業改革的績效、問題及其對中國的啟示》,載《吉林大學社會科學學報》,2002(5)。

有化運動使社會資源大量地流向國有企業，成為國家所有的資源，國有化產業的資本密集水準顯著提高。從歐洲其他國家的情況看，第二次世界大戰後國有化的程度在基礎設施和公用事業部門的比重都較高，如國家所有的航空公司、電信公司、天然氣公司、電力公司、鐵路公司等等。在自然壟斷產業，國有化措施的效率主要是提高了產業的集中度，提供了實現規模經濟的條件；而在傳統的觀念中，認為國有企業能夠實現政府利益目標，帶來的是整個社會福利。

在實務中，自然壟斷產業的國有化治理有三個難以解決的問題：一是企業的低效率，二是政府承受的巨大財政負擔和這些產業的投資不足，三是政企關係。20 世紀 80 年代以後，西方國家經濟增長的內外部環境發生了巨大變化，經濟長期滯脹，政府財政赤字嚴重，國有企業的比較優勢逐步喪失；同時，新自由主義思潮興起。在這種情況下，在歐洲各國推行了一場自由化和私有化的改革。

根據企業所處市場競爭程度的高低，私有化可具體化為三種含義：①在競爭性行業，私有化是指將國有企業完全轉變為私人所有。②在壟斷行業如民航、電信、鐵路等，私有化是指消除市場禁入，開放市場，引入競爭，政府逐步出讓、轉售一部分股權甚至全部股權，主動變成小股東或者全面退出。③對其他公共部門的企業，區分其壟斷性部分和競爭性部分，其私有化是指將企業中競爭性部分外包，允許私人部門進入公共企業。

英國在自然壟斷行業的私有化改革，以 1984 年英國電信的改革為標誌。英國電信私有化改革的直接動因是，政府已難以滿足其龐大的投資計畫，英國電信業只有提高自身經營效率，在國際資本市場上直接融資，才能解決資金缺口問題，而私有化是有效途徑。在電信業私有化後，英國的天然氣、自來水、電力、採礦業等一系列主要公共設施部門都進行了私有化。英國國有自然壟斷產業企業的所有制改革，在產權私有化和獨立化的基礎上強化了產權激勵與約束的作用，克服了國有企業政企不分的缺陷，形成了所有權與控制權的合理關係；同時，減輕了政府的財政負擔；實現了私有化的企業，只能在市場競爭中求得生存和發展，其服務品質也隨之提高了。

3.中國自然壟斷行業非國有化的含義及其改革目標

在中國，民航、電信、鐵路、電力等基礎部門，歷來被看成是國民經濟的命脈，由國家直接投資建設，實行國有企業壟斷經營，這些部門的特徵是國家壟斷、政府行政壟斷，所有制結構高度國有化、單一化。從技術經濟角度看，這些部門是國民經濟運行的基礎，擔負著向社會一切部門服務的職能，其經營目標和經營效率的評價應該是增進整個社會的福利水準。國有經濟被看成是完成這一目標的必要手段，基礎設施部門的國家所有制基礎被認為是十分必要的，並且是在一定的歷史條件下形成的，有其存在的合理性。但是，在中國市場化改革的進程中，這些部門企業與政府、市場的關係不可避免地發生了變化，呈現了一種"半行政、半市場化"的體制特徵。[1]這些部門的企業通過國家無償撥付、優惠政策而得到了資源和特許壟斷權，形成了自己獨特的成本優勢；而在市場化改革中獲得了參與市場活動的自主權並以此追逐商業利益。這些部門的產品和服務價格上升幅度大大快於社會平均價格指數，從而大大增加了其他部門的運營成本，降低了其他部門的市場競爭力；同時，由於壟斷價格削弱了居民的真實購買力，市場需求因此而受到抑制。這些部門的壟斷價格中包含著行政壟斷租金，並轉化為由這些部門佔有的高收入和高福利，擴大了不同部門職工之間的收入差距。在美國，自然壟斷產業長期實行的是政府管制下的私人公司壟斷，這種壟斷結構的形成是市場競爭的結果，且私人產權結構是它的基礎。在這些部門，私人產權所提供的激勵使廠商

---

[1] 周其仁：《競爭、壟斷和管制：反壟斷政策的背景報告》，見《北京大學中國經濟研究中心研究報告》，2002（內部文稿）。

在市場和技術的約束下追求成本最小化和利潤最大化。而在中國的自然壟斷產業實行的是國有制壟斷，不同的所有制基礎使企業有不同的約束條件並進行不同的行為選擇。在這些自然壟斷產業，有兩種主要的因素在影響企業績效：一是由於行政壟斷造成的進入壁壘，使企業能獲得高額壟斷利潤；二是在政府長期行政保護下不思進取，服務品質低下，缺乏創新動力，並將低效經營的結果向社會轉嫁。在這些部門，政府管制下的嚴格的市場准入使競爭無法充分展開，企業缺乏競爭壓力，而這種競爭恰恰是促進效率的。因此，在這些部門，從單個企業的經營效率看，用同樣的經濟指標評價，它可能超過其他的競爭性產業的企業，但是，從整個國民經濟的效率看，行政性壟斷的維持將是負效應的。[1]

　　在中國，在基礎產業部門放鬆政府管制，不僅僅是開放市場、引入競爭，還必須選擇一個合理的所有制結構，進行所有制改革。這種改革是中國自然壟斷產業改革的重要內容和核心部分。在這些部門推進所有制改革，要解決好幾個問題：①所有制改革的目標。政府為什麼要放棄在這些部門的產權？其目的不僅僅是解決財政負擔問題，而且更是為了引入有效競爭和產權激勵機制。在自然壟斷產業，要保證生產效率的完成，就要找到有效率的進入機制，這個機制不是政府管制，而是市場機制。市場機制可以保證：一是由私有產權提供激勵，二是由價格機制提供預測。在這兩種機制發揮作用的情況下，就能避免過度進入，從而使市場機制成為一個有效競爭的市場結構。②所有

---

[1] 在中國，由於政策性進入壁壘的存在，其他企業不能進入高利潤的行政性壟斷行業，因而在非行政性壟斷行業出現了相對的投資過剩、供給過剩和勞動力過剩，這些行業出現過度競爭的可能性大大增加。1996～1998年，中國居民提高了服務方面的消費，而同期服務業佔 GDP 的比重僅由 30.7%上升到 32.8%。從利潤率看，1997 年，農業利潤率為 5.5%、建築業為 6.55%、製造業為 12.4%、商業為 14.3%、交通運輸和郵政通信為 29.5%、其他服務業為 16.2%。

制結構的選擇。在自然壟斷產業,國有產權並不是一個簡單的"退"字,也不是所有的企業都需要非國有化和民營化,而是重新佈局。應根據自然壟斷產業的經營業務的性質,分層次、多環節地推進民營化的改革措施,實行國有企業為主、多種所有制並存的所有制結構。一般在自然壟斷產業中的網路環節(基礎性和關鍵性)下,應保持國有經濟和國有企業的主體;在競爭性環節,降低國有經濟的比重,引入民間主體,形成多種所有制結構。③所有制改革的方式。根據基礎產業部門國有企業改革的國際經驗,可以採取以下多種方式:一是出售國有資產;二是放鬆進入限制,鼓勵民間投資;三是透過特許投標、合約承包,鼓勵私人部門提供可市場化的產品或服務。

4."國退民進":產業內多元主體的形成

20 世紀 80 年代以後近 20 年來,世界上許多國家都對基礎產業部門的所有制結構進行了改革。在這場改革中,很多人認為產權私有化是賦予國有企業以競爭力的惟一出路,但這種觀點很快就受到來自實際的挑戰和衝擊。英國經濟學家 Martin 和 Parker 對英國各類企業私有化後的經營成效進行了調查比較後發現,在競爭比較充分的市場上,企業私有化後的平均效益有顯著提高;而在壟斷市場上,企業私有化後的平均效益改善並不明顯,比如英國鐵路局私有化後的績效反而有所下降。他們認為企業效益與產權歸屬變化並沒有必然聯繫,而與市場競爭程度有關係(劉芍佳、李驥,1998)。實務證明,產權改革的意義在於改變企業的激勵機制,但同樣重要的是,產權改革後的企業還要處在一個競爭性的市場環境中。因此,產業內民間資本的進入和多元主體的形成,對於基礎產業部門的所有制結構改革來講是不可缺少的內容。

在 20 世紀末,世界各國自然壟斷行業的所有制改革都具有國有資本"退"和民間資本"進"的相機結合特徵。"一進一退"的相機結合改革，一方面改變了企業的治理機制，另一方面改變了企業面臨的市場環境。根據世界銀行的統計，1984～1996 年間，在 128 個國家中，私人（民間）參與基礎設施的專案達到 1,350 多個，投資總額超過 6,500 億美元。世界銀行提供的私人建設基礎專案資料庫表明：基礎設施中的民間部門，30%分佈在電力行業，然後依次是電信（28%）、供水與衛生設施（18%）、道路港口（8%）、天然氣（6%）、水路運輸（5%）、機場（3%）和鐵路運輸（2%）。[1]在美國和德國的電力行業中，經過改革，也形成了多元主體的所有制結構。美國 1990 年有 3,241 個電力企業，其中私人企業 267 個，銷售電量佔全國的 76%；地方公營企業 2,011 個，銷售電量佔 14%；政府資助的農村合作企業 953 個，銷售電量佔 8%；聯邦企業 10 個，包括美國最大的發電企業田納西河流域管理局，銷售電量佔 2%。多數企業是只有區域

配電系統的專業性企業，而大型私人企業常常是發送與配電一體化的企業。1990 年，原西德地區有 626 家電力企業，8 家公營企業佔售電量的 34%，3 家公私混合企業佔售電量的 59%，109 家私人企業佔售電量的 7%，其中主要是 3 家公私混合企業的 8 大電力公司提供電量的 80%，並通過德國送電聯合體（DVG）形成相互聯通的發送電網路。[2]隨著中國市場化改革的深入，國民經濟的大部分投資領域已向民間資本開放。但是從近幾年的情況看，民間投資的增長和投資焦點主要集中在第二產業的製造業和第三產業的一般性服務業，而基礎設施部門國有產權壟斷的結構還沒有被打破。目前，非公有投資在將近 30 多個產業領域面臨著實際的限進障礙。原國家計委在 2002 年 12 月頒佈了《關於促進和引導民間投資的若干意見》，強調要進一步放寬

---

[1] 常欣：《公私資本相機參與模式的構造——中國基礎部門的產權制度探討》，載《中國鐵路》，2002(5)。

[2] 吳敬璉等：《國有經濟的戰略性改組》，北京，中國發展出版社，1998。

投資領域，使民間投資與外商投資享有同等待遇。但是，部門、行業壟斷和歧視性的准入政策仍然存在，在電信、電力、鐵路等基礎設施部門和銀行、保險、石化、港口等領域，民間資本一直難以進入。有些領域雖然已允許民間資本涉足，但體制性障礙仍導致明顯的不公平競爭。如基礎設施專案往往由特許公司發起，沒有實行招標制度，有資質的民營企業被排除在外；另外，許多投資專案前置審批環節繁多，准入條件苛刻。因此，在這些部門，產權進一步向民間開放的改革還需加大力度。

三、結構性改革：產權改革與制度環境的互補關係

在經濟轉型國家，所有制結構調整及國有企業的民營化是一個複雜的過程。在這一過程中，民營化如何適應市場化改革的進程，以及如何選擇產權改革的時間，將直接影響改革的績效。田國強提出了一個關於轉型經濟中最優所有權安排的理論模型，他認為只有當經濟制度環境得到適當改善後，才能有效地變換所有權制度安排，即轉型國家改革的順序不是迅速地將國有企業私有化，而是應該首先改進制度環境。[1]這一理論可以解釋為什麼一些進行大規模私有化激進改革的轉型國家並沒有促使經濟快速發展，反而出現了衰退或停滯，而一些沒有實施大規模私有化而是以改善制度為目標的漸進式改革的轉型國家，有效地增進了經濟和社會效率。

在自然壟斷行業，對國有企業的民營化以及建立競爭性的市場體制，是各個國家在這一行業改革的目標。但是在民營化之前是否先行實施政府管制改革，改善產業投資環境，這卻是一個需要事先思考和決定的問題。在經濟轉型國家，關於在自然壟斷行業改革順序的爭論

---

[1] 田國強：《轉軌經濟中最優所有權安排的理論》，載《經濟學季刊》，2001(1)。

焦點主要集中在公司治理和宏觀經濟環境方面，而忽略了制度框架問題，即應該在什麼時候建立起一個有利於促進競爭的管制框架。而一些實證研究也表明，在自然壟斷行業，如果民營化之前先行建立監管機構和監管體制，將有助於這個行業民營化之後的績效改善。[1]

根據國際經驗，中國自然壟斷行業的產權改革及國有企業的民營化，必須適應中國經濟市場化改革的推進和整個制度環境的形成。如果產權改革單方面推進而缺少行業管制或沒有確立遊戲規則，新的進入者將很難成功，或者將形成新的壟斷。

四、自然壟斷行業國有企業改革

1.自然壟斷行業國有企業改革的主要任務

在既定的產權結構下，國有企業如何有效治理，怎樣處理好政府與企業的關係，這是自然壟斷行業中政府放鬆管制改革要解決好的另一重要問題。也就是說，自然壟斷行業放鬆管制的制度均衡和效率必須建立在行業內國有企業的制度改革基礎之上，即只有當國有企業的低效率隨著企業制度改革而得到消除時，有效率的競爭性市場才能成為一種均衡和可維持的結構。

改革開放 20 多年來，中國自然壟斷行業的政府管制經歷了一系列的制度變遷。如中國的電信業改革，從部分服務開放、郵政與電信分營，到政企分開、電信重組和業務分拆，改革的基本趨向是盡可能地引入競爭機制。隨著市場結構進一步向競爭性方向發展，國有企業制度改革和國有資產管理體制改革提上了議事日程。從目前來看，中國電信業的業務經營企業已基本實行了公司化改造，實行了政企分離以及政府管理電信國有資產的職能，與政府直接經營電信國有資產職

---

[1] 斯科特‧沃爾斯頓著，費麗萍、孫寬平譯：《在規制和民營化之間：改革的順序選擇》，載《經濟社會體制比較》，2003(3)。

能的分離，但是市場經濟所需要的真正的政企分開、產權明晰的目標還沒有達到，政府部門還在相當大程度上直接干預和影響著電信業的發展和改革進程。從電信業的微觀主體看，目前幾大國有主體性運營商雖然都採取了公司制，但還沒有形成規範的法人治理結構；從公司治理績效來看，解決企業內部的激勵與約束即代理問題還缺乏有效的產權制度安排，因而資訊不對稱問題、代理人的道德風險問題仍普遍存在於這一類企業之中。在中國自然壟斷行業，進一步的改革將涉及兩個方面的重要內容：一是這些部門的國有企業的組織形式即企業制度形式，二是這些企業的治理方式。第一個層面要解決的是企業的制度框架問題，第二個層面要解決的是企業制度框架內企業經營者與國有資產所有者的委託—代理關係問題。

2.國有企業的分類改革

在自然壟斷行業管理國有企業的國際經驗，值得我們充分重視。在發達國家，國有企業一般分為政府企業、特殊法人企業和股份公司這三種不同的類型。對於提供公共產品的行業，如國防、軍工、某些公共教育與衛生專案，以及基礎研究和重大應用研究專案等，一般以政府企業為主；有壟斷性和顯著外部效應的行業，如水、電、氣、通信、郵電、道路等，以特殊法人企業為主；對於競爭性行業，以國家持股或控股的股份公司為主。三種不同的國有企業，面臨著不同的政策環境和法律框架，在企業與政府的關係和治理結構上有著明顯的差別。

政府企業，是由中央政府或地方政府直接所有、管理和經營的國有企業，它們相當於政府的某個部門或機構。這類企業的特點是政企合一，不獨立核算，無獨立法人地位，以生產公共產品為主，企業管理者由政府官員兼任或委派。政府企業的治理結構類似於政府機構內部的管理機構。其所有者代表一般是上級主管部門，而不一定要由國有資產管理部門擔任。經理的來源主要由上級主管機構任命，或由主管機構官員兼任。特殊法人企業，是分佈於壟斷性行業中的國有企業。壟斷性行業主要是指那些存在規模報酬遞增和進入壁壘的基礎產業，包括基礎工業和基礎設施兩部分。基礎工業是指能源工業和基本原材料工業；基礎設施主要包括交通運輸、港口、橋梁、通信、水利等設施。另外，對國民經濟具有很強帶動作用的支柱產業與高新技術產業也受到國有產業政策的保護，從而也具有壟斷的性質。這類企業是根據特別法設立的，如鐵路法、煙草專賣法和電信法等，通常由中央政府或地方政府獨資或以政府投資為主，並具有獨立法人資格，它的所有權、經營權都直接掌握在政府手裡。企業由政府委託給企業經營者經營，依照《公司法》模仿標準的公司治理結構運行。

股份公司，是具有普通法人地位的企業。從公司治理結構來說，國家持股或控股的股份公司（包括有限責任公司和股份有限公司）與完全非國有股份公司之間並沒有實質的區別，這類企業依據《公司法》運作，股東大會（包括國有股代表）是最高權力機構，董事會代表所有者負責決策和監督，經理團隊經營管理日常事務，實行政企分開，政府按其所控股份委派董事來參與企業的決策和經營，公司經營的目標是追求利潤最大化。

國有企業是中國國民經濟的支柱。2002 年底，中國國有資產總量達到 11.83 萬億元，國有和國有控股企業在幾乎所有的工業領域仍佔據主導地位。以原國家經貿委確定的 520 戶國家重點企業為例，國有及國有控股企業有 514 戶，雖然只佔全國工業企業數的 0.3%，但 2001 年其資產總額佔全部工業的 59.2%，銷售收入佔 41.9%，實現利稅佔 47.6%，實現利潤佔 49.4%。這些企業不僅資產規模巨大，並且多處於電力、電信、民航、鐵道、自來水等壟斷性行業。因此，大型國有企業改革的成敗直接關係到社會主義市場經濟體制改革的成敗。2003 年，國有及國有控股企業實現利潤和上繳稅金分別為 4,951.2 億

表 5-1　國有企業治理結構比較

	政府企業	特殊法人企業	股份公司
法律地位	無獨立法人地位	特殊法人	普通法人
所有者代表	上級主管部門	主管部門、財政部國有資產代表部門	國有股代表出資者
董事會結構	無董事會	國有獨資時不設董事會	規範的董事會
經理來源	上級任命或官員兼任	聘任	董事會選聘
政府干預	最大	較大	較小
外部市場	基本無作用	有一定作用	有較大作用

〔資料來源〕梁能主編：《公司治理結構：中國的實踐與美國的經驗》，154頁，北京，中國人民大學出版社，2000。

元和 8,104.5 億元，比上年增長了 30.8%和 16.7%，均佔全國工商企業的 1/2。"建立社會主義市場經濟體制，使公有制與市場經濟有機結合起來，必須抓住國有企業改革這個經濟體制改革的中心環節。"建立和完善社會主義市場經濟體制，基礎在於企業，必須重視國有企業"公司治理冷淡"現象，改善公司治理結構，全面提高國有企業經營效益和競爭力，使國有企業形成適應發展社會主義市場經濟要求的管理體制和經營機制。

3.自然壟斷行業國有企業改革形式的主要取向

從中國的改革取向看，作為自然壟斷行業的主體運營商的國有企業，如中國電信、中國電力等一類國有企業，應通過立法使之成為特殊法人企業，這類企業可模仿標準的公司治理結構，兼顧商業性和非商業性目標，並在法律上明確政府與企業的關係，減少政府干預的隨意性。對特殊法人企業，政府可以通過設定利潤目標、限價以及規定產量、銷售渠道和對象、產品品質標準等手段來加以管制。

在自然壟斷行業的一些競爭性業務領域，組建以國有產權為主體的產權多元化股份公司，是一種有效的制度選擇。在這些領域的國有資產如何管理，在改革實踐中我們已積累了相當豐富的經驗，如國有資產的授權經營和三個層次的國有資產管理體制。利用國有控股公司運營國有資本，是一些擁有較多國有企業的市場經濟國家的一般做法，如義大利、奧地利、新加坡等。新加坡的淡馬錫控股公司是該國最大的國有控股公司，成立於 1974 年，是財政部的全資註冊公司，直接向財政部負責。淡馬錫控股公司下屬 40 多家子公司，這些子公司又分別透過投資建立各自的子（孫）公司，共有幾百家。淡馬錫控股公司在投資決策、資金使用等方面享有完全的自主權，不受財政部約束，但承擔國有資本保值增值的責任。它對子公司的管理和控制，是基於產權關係做出的。採取控股公司體制管理國有企業的優點是可以避免政府過多的行政干預，在企業和政府之間形成一個緩衝地帶，促使政企之間形成"控制而不干預"的機制。控股公司建立於政府機構系統之外，由具有專業知識的管理人員組成，實行對國有資產所有權的專業管理，並能有效協調決策、提供戰略指導和完善財務紀律，集中稀缺管理人才，提高管理水準。十六大報告在提出國有資產管理體制改革的任務時，要求堅持政企分開，實行所有權與經營權分離，使企業自主經營、自負盈虧，實現國有資產的保值增值。在進一步的改革中，總結我們自己的成功經驗，借鑒國外的有效做法，解決好國有控股公司的有效運作問題，對於實現十六大提出的改革目標具有非常重要的意義。

　　在自然壟斷行業可以開展競爭性業務的領域，與政府激勵性管制相適應，應透過公司化改革形成完全市場化的微觀基礎，使這些企業按照商業化原則來運作。公司化的一個重要特徵就是在實現所有權與控制權分離和委託－代理的基礎上，建立起有效的內部治理結構，包括董事會、監事會、經理層的設置和運作機制，經理人員的市場選拔機制，企業內部的激勵與約束機制，企業風險分擔機制，經營績效評價機制和產權退出機制等等。同時，明晰的產權關係是公司化的基礎，也是保證民間資本能夠不斷參與、形成多元產權主體的重要條件。

第六章

產權改革的微觀分析：
所有權、控制與企業績效

新古典微觀經濟學的企業績效問題面對的是市場約束和技術約束，而制度是理論模型之外的。產權理論在新古典經濟學的框架內加入了交易費用分析，並把企業看成是一組不完全的契約，這就使所有權的分配成為了企業績效分析的重要因素，從而使制度結構成為了理解經濟績效的關鍵。沿著這一思路，本章作為對產權改革的微觀分析，研究了所有權、控制與企業績效，結合現代公司制的實踐和中國國有企業改革的現狀，分析了控制權配置與企業治理的問題。在本章的附錄部分，介紹了現代公司所有權與控制權配置的研究現狀。

一、現代股份公司產權關係及其治理結構：理論探索

1. 現代股份公司所有權與控制權的分離

在中國的市場化改革過程中，產權改革的微觀層面主要是國有企業的產權改革，這是進行了 20 多年而至今仍未完成、仍然是一道難題的改革，在經歷了讓利放權、利潤承包和股份制改革幾個階段後，國有企業的產權改革著力要解決的是企業產權結構及其治理效率問題。根據這一問題，學界對現代股份公司產權關係及其治理結構，即所有權、控制與企業績效進行了許多探索。

關於所有權與控制權的分離，最早和最有影響的貢獻是伯利（A. Berle）與米恩斯（Means）的研究，他們認為大多數大公司內部的控制權實際上是被一群沒有所有權的經理承擔著的。他們對這一問題的分析主要包括：

20 世紀蓬勃發展的科技革命，促進了生產力的大發展和生產社會化程度的大提高，股份公司制在歐美市場經濟國家迅速發展，國家的經濟實力迅速集中在少數大股份公司手中。但是經濟力的集中過程，卻是與股份公司的所有權即股權的分散過程並進的。美國作為股份公

司制發展十分典型的國家，這種股權分散的趨勢十分突出。伯利與米恩斯對美國 20 世紀 20～30 年代大公司股東情況資料進行了研究。他們以 1920 年 144 家非金融公司爲例，這些公司共擁有股東 5,839,116 人，其中股東人數在 5,000 人以下的僅有 20 個公司，三家最大公司的股東人數竟達 20 萬人～50 萬人。美國最大的鐵路公司——賓夕法尼亞鐵路公司、最大的公用事業——美國電報電話公司（AT & T）和美國聯邦鋼鐵公司的股東名冊上顯示，在 1929 年，這三家企業最大股東所持有的股票還不到已發行股票的 1%，持股額分別爲該公司全部股份的 0.34%、0.7%和 0.9%。[1]

　　現代股份公司的這種發展趨勢，直接帶來的是公司治理中所有權與控制權的分離。隨著股份公司股權的分散化趨勢，掌握"有意義的股權"所需要的股份佔有率日趨減少，其結果是現代股份公司只需有少量的股份所有權，就可以對公司整個財產行使支配權和經營權，甚至完全沒有股份的經營者也可以行使支配權。

　　分散的個人財產日益成爲各大企業的股份，構成由各大公司集中運用和支配的"社會財產"。這一變化對於公司的產權關係和權利結構產生了重要影響（錢德勒認爲現代公司中的這種變化趨勢爲美國經濟帶來了一種新型的資本主義，他稱之爲"經理式資本主義"），導致了所有權和控制權的分離。這涉及到所有權的放棄和重組，而傳統所有權的瓦解，意味著這些爲一個股份制企業提供資本的人，可以不是那些決定資本使用的人。股票向越來越多的人分散，每個人只有很少的股份，單個所有者的支配權被削弱，從而所有者參與企業控制的能力大大降低，而企業的內部管理者——經理層成爲這種控制權的有力競爭者。控制權逐步脫離所有權，"經理控制"的局面逐漸出現。

　　所有權和控制權的分離演變過程分爲四個階段。第一階段是"多

---

[1] A. 伯利、C. 米恩斯著，甘華鳴等譯：《現代公司與私有財產》，北京，商務印書館，2005。

數所有權"或"多數股份控制"階段。對有投票權股票的過半數控制權掌握在個人或集團手中，因而股東控制著公司。第二階段是"少數股權控制"階段。隨著股票所有權的足夠分散，多數控制權已經無法完成，但持有有效少數股份的個人或集團仍然能夠行使有效的控制權，有效少數股權的持有人透過與公司管理者保持密切聯繫或施加影響而獲得了一種"足以成事的控制權"。第三階段是管理者或者經理控制階段。對股票的持有變得極為分散，以至於沒有哪個個人或集團能夠有效地挑戰或影響管理者的控制權，這時管理者的權力實際上成為了絕對的權力，財產和權力之間的分離或多或少地完成了。第四階段是一個最新發展階段（這構成了一種趨勢），即代表其成員或投保者購買股票的年金信託機構、保險公司和共同基金控制階段。企業的股票所有權已開始向股東的多數控制權回歸。但這與第一階段的多數控制權不同，因為對股票的法定所有權和投票權掌握在投資機構的受託人手中。按照此趨勢發展下去，控制權將從公司管理者手中向機構股東的管理人員和受託人手中轉移。

　　股份公司所有權結構的變化，對個人財產的基本概念產生了重要影響，即個人財產的價值依存於與其自身努力無關的各種力量；個人財產經過有組織的市場而變得極富流動性；財產的價值形態與實物形態完全脫離。

　　現代工商企業的成長和成熟過程，也就是所謂所有權與控制權分離的過程。這一過程在美國從19世紀50年代開始，到20世紀50年代基本結束。錢德勒教授在《看得見的手——美國企業的管理革命》一書中用美國現代企業發展的大量歷史資料說明了這一過程。他認為，企業規模的擴張和與之伴隨的技術和管理的複雜化，導致了所有權與管理權的分離。

　　這樣一來，分權化的所有權結構的邏輯結果，就再也不是新古典廠商理論所推導出來的那種結果，因為新古典廠商理論的基礎是所有者親自經營企業。

2.代理問題和委託－代理理論

公司治理問題是伴隨著委託－代理問題的出現而產生的。由於現代股份有限公司股權日益分散、經營管理的複雜性與專業化程度不斷增加，公司的所有者——股東們通常不再直接作為公司的經營者，而是作為委託人，將公司的經營權委託給職業經理人，職業經理人作為代理人接受股東的委託，代理他們經營企業，股東與經理層之間的委託－代理關係由此而產生。由於公司的所有者和經營者之間存在委託－代理關係，兩者之間的利益不一致而產生了代理成本，並可能最終導致公司經營成本增加的問題就稱為委託－代理問題。委託－代理問題及代理成本存在的條件包括：①委託人與代理人的利益不一致。由於代理人的利益可能與公司的利益不一致，代理人最大化自身利益的行為可能會損害公司的整體利益。②資訊不對稱。委託人無法完全掌握代理人所擁有的全部資訊，因此委託人必須花費監督成本，如建立機構和僱用第三者對代理人進行監督，儘管如此，有時委託人還是難以評價代理人的經營技巧和努力程度。③不確定性。由於公司的業績除了取決於代理人的經營能力及努力程度外，還受到許多其他外生的、難以預測的事件的影響，委託人通常很難單純地根據公司業績對代理人進行獎懲，而且這樣做對代理人也很不公平。

從上述委託－代理問題及代理成本存在的條件中可以發現，委託－代理關係的存在並不一定就會產生委託－代理問題，如果作為委託人的股東能夠掌握完全資訊，並預測出將來所有可能發生的情況，他（們）就有可能透過制定一份完全的合約，詳細地規定代理人的所有職責、權利與義務，並就將來所可能發生的所有情況所可能產生的所有後果及解決措施，在合約中做出相應的規定，從而完全消除因為委託－代理關係的產生所可能帶來的所有問題。比如，一份完全的委託一代理合約將包括在什麼樣的情況下經理人員將被撤換、在什麼樣的情況下公司將出售或購入資產、在什麼樣的情況下公司應該招收或解僱工人，等等。如果這樣一份完全的委託－代理合約存在的話，即使委託－代理關係存在，也不會產生委託－代理問題，我們也很難找到公司治理在其中應該扮演的角色。只有當初始的合約是不完全的，因此將來需要對一些在初始合約中沒有做出規定的情況做出決策時，公司治理結構才會發揮作用。實際上，公司治理結構就是對這類情況進行決策的機制。

委託－代理理論的兩個基本假設：一是委託人和代理人的目標函數不一致；二是由於成本過高或技術上不可行，委託人對代理人的行為無法完全觀察和監督。在委託－代理關係中存在的問題，一般來自兩個方面：資訊不對稱和不確定性。委託－代理理論應用在公司治理中，實質上就是股東如何在資訊不對稱的情況下設計對經理的最優激勵契約。從資訊的非對稱性來看，委託－代理問題分為兩類：逆向選擇和道德風險。從企業股東－經理之間的關係中引出了委託－代理理論，擁有私人資訊的一方是代理人，不擁有私人資訊的一方是委託人。代理人可能利用私人資訊侵害委託人的利益，委託人面臨的基本問題就是如何設計一套監督和激勵機制，來獲得具有資訊優勢的代理人的積極合作。為此，委託人一般需要向代理人支付"資訊租金"。

經典的委託－代理問題由伯利和米恩斯提出，他們在 1932 年出版的《現代企業和私人財產》一書中認為，由於美國企業大多數股權很分散，企業控制權實際上掌握在經理層手中。在現代股份公司中，存在兩種委託－代理關係，即眾多的所有者透過選舉產生董事會，將所有權委託給董事會行使，形成所有權代理；董事會透過契約將經營權交給經理人員，形成經營權代理。此後，由兩權分離帶來的代理成本問題，即作為委託人的股東怎樣以最小的代價，使得作為代理人的經營者願意為委託人的目標和利益而努力工作的問題，就成為委託－

代理理論研究的核心問題。

詹森和麥克林於 1976 年發表的《企業理論：經理行為、代理成本和所有權結構》是關於委託－代理問題實證研究的最初代表，著重研究了證明委託人和代理人之間關係的均衡合約的決定因素和面臨的激勵問題，側重點在於尋找以最小的代理成本構造可觀測合約的辦法。他們認為，企業代理問題的產生是由於管理者不是企業的完全所有者，只擁有小部分的所有權；代理成本就是企業價值與管理者作為企業完全所有者時的價值的差額。因此，讓管理者擁有全部剩餘收益權，可以消除或至少可以減少代理成本。

3.財產所有權與企業所有權

由科斯開創的企業理論被稱為"企業的契約理論"，這一理論可以概括為：企業的契約性、契約的不完全性以及由此而導致的所有權的重要性。

要理解產權和企業契約的關係，需要對兩個最基本的概念加以區分：財產所有權與企業所有權。在經濟學文獻中，所有權既指對某種財產的所有權，又指對企業的所有權。財產所有權與產權是對等的概念，指的是對給定財產的佔有權、使用權、收益權和轉讓權；而企業所有權指的是對企業的剩餘索取權和剩餘控制權。剩餘索取權相對於合約收益權而言，具有不確定性、無保證性，在固定合約收益被支付之前，剩餘索取者什麼也得不到。剩餘控制權相對於特定控制權而言，指的是對契約中沒有明確規定活動的決策權。企業效率最大化要求企業剩餘索取權的安排應該對應剩餘控制權的安排（米爾格羅姆和羅伯茨，1992）。

財產所有權和企業所有權的區別用現實中同樣的私有財產所有權制度可以形成不同的企業所有權安排來說明。企業工人是自己的人力資本的所有者，但不一定是企業的所有者；私有產權制度基礎上的企業所有權可以是所有企業成員共同分享剩餘索取權和控制權的合夥制，也可以是資本所有者享有剩餘索取權和控制權的"資本僱傭勞動"的私有制，還可以是勞動者索取剩餘和享有控制權的"勞動僱傭資本"的私有制。嚴格地講，對企業的所有權實際上是一種"狀態依存所有權"，即什麼狀態下誰擁有剩餘索取權和剩餘控制權（張維迎，1996）。

現代企業理論的一個基本命題是，企業是一系列契約的組合，是個人之間交易產權的一種方式。將企業解釋爲契約有兩個重要含義：第一，作爲簽約人的企業參與者必須對自己投入企業的要素擁有明確的產權（財產所有權），沒有產權的人是無權簽約的，沒有個人對財產的所有權就不可能有真正意義上的企業；第二，企業是由不同財產所有者組成的，企業所有權顯然不等同於財產所有權。財產所有權是交易的前提，企業所有權是交易的方式和結果。嚴格來講，企業作爲一種契約，其本身是沒有所有者的。

就契約本身而言，企業和市場的區別主要在於契約的完全性程度不同。相對而言，市場可以說是一種完全的契約，企業則是一種不完全的契約。企業是一個不完全的契約，意味著當不同類型的財產所有者作爲參與人組成企業時，每個參與人在什麼情況下做什麼、得到什麼並沒有明確的說明。因爲未來世界是不確定的，進入企業的契約是不完全的，要使所有企業成員都得到固定的合約收入是不可能的，從而產生了剩餘索取權；並且由於未來世界的不確定性，進入企業的契約的不完全性，因而必須有人決定如何填補契約中的"漏洞"，從而產生了剩餘控制權（格羅斯曼和哈特，1996）。正由於企業契約的不完全性，才出現了企業所有權問題。契約的不完全性不僅意味著所有權問題的存在，而且意味著誰擁有所有權是相當重要的。

4.公司治理結構

委託－代理理論是公司治理結構的最基本的理論基礎。公司治理本質上是一組關於公司剩餘索取權和剩餘控制權分配的契約，這組契約決定公司的目標、誰在什麼狀態下實施控制和如何控制、風險和收益如何在不同的企業成員之間分配等一系列問題（巴萊爾，1995）。在治理結構層次上，剩餘索取權主要表現為在收益分配優先序列上的"最後的索取者"，控制權主要表現為投票權，擁有投票權也就擁有了對契約中沒有說明事項的決策權。

典型的公司治理結構具有以下特徵：股東是剩餘索取者，擁有每股一票的投票權，透過投票選舉董事會，再由後者選舉經理；經理的收入一般由合約薪水加獎金、利潤分成或股票期權組成（因而經理既是合約收入索取者，又是剩餘收入索取者），擁有對企業日常運行的決策權；債權人拿取合約收入（利息），一般沒有投票權，但當企業破產清算時，就取得了對企業的控制權；工人拿取固定工資，一般沒有投票權。

"剩餘索取權與控制權對應"這個私有制的邏輯可以對公司治理結構的特徵做出解釋。為什麼在企業正常運行時，投票權屬於股東而不是其他的企業參與人？因為股東是剩餘索取者，他們承擔著邊際上的風險，因而最有積極性做出最好的決策。相比之下，其他參與人的收入由合約規定，邊際上不受企業經營業績的影響，因而缺乏做出最優決策、提高經營業績的激勵。為什麼在企業處於破產狀態時，企業的控制權由股東轉給債權人？因為此時股東的收益已固定為零，邊際上已不再承擔風險，缺乏適當的激勵，而債權人成為實際上的剩餘索取者，要為新的決策承擔風險，因而也最有積極性做出好的決策。為什麼經理總是享有一定的剩餘索取權？因為經理具有"自然控制權"，為了使他們對自己的行為負責，就得讓他們承擔一定的風險。由此看來，公司治理結構背後的邏輯是：控制權跟著剩餘索取權（風險)走,或剩餘索取權跟著控制權走,並使得二者達到最大可能的對應。[1]

在現實中,由於特殊技能的存在,工人在企業中的人力資本價值大於其市場價值,如果企業倒閉會使工人的權益受到損害。從這個意義上講,工人也是風險承擔者,在一些關係到企業破產倒閉的決策上,讓工人有一定的發言權也可能是最優的。因此企業所有權只是一種"狀態依存所有權",股東不過是"正常狀態下的企業所有者"。公司治理的核心問題是分擔風險和設計激勵機制,而對經營者激勵的核心問題是對經營者(企業家)的合理定價。

5.企業所有權安排:一個理論進展

現代企業理論認為,企業是一系列契約的連接(張維迎,1995)。然而由於契約的締約人的有限理性和第三方的不可驗證性,決定了現實中契約的不完全性,因此作為不完全契約的企業的所有權問題就變得極為重要,它不僅決定了締約人的事前激勵,而且還直接影響了締約人的事後談判力。企業所有權的安排是企業理論的一個經典性問題,已經有大量企業理論的文獻對此問題進行了解釋。

自科斯在 1937 年做出開創性貢獻後,經濟學家已經認識到企業內權威安排的重要性。但在相當長的時間內,學者們並沒有把它當成首要的挑戰,直到威廉姆森(1975、1985)系統地分析了企業的縱向一體化問題之後,格羅斯曼和哈特(1986)在他們的經典性論文中,受威廉姆森思想的影響,才試圖在一個擴展的新古典框架下來正式模型化威廉姆森的這一理論。後來阿洪和伯爾頓(1992)繼續深化了這一研究。於是才慢慢形成了以契約的不完全性為研究起點,以企業所有權的最佳安排為研究目的的企業產權分析框架(楊其靜,2002)。

(1) GHM(格羅斯曼和哈特,1986;哈特和莫爾,1990)第一代

---

[1] 張維迎:《企業理論與中國企業改革》,北京,北京大學出版社,1999。

模型：標準的產權模型。格羅斯曼和哈特等人認為，在交易成本為正的條件下，特別是相關變數的第三方（尤其是法院）的不可證實性使得契約是不完全的，初始契約不可能對所有的或然事件及其對策做出詳盡可行的規定。這就意味著，必須有人擁有剩餘控制權，以便在那些違背初始契約規定的或然事件出現時做出相應的決策。他們認為，剩餘控制權就是關於非人力資產在初始契約未規定的所有情況之下如何被使用的那種排他性決策權，並斷言在不完全契約條件下物質資本所有權是權力的基礎，對物質資本所有權的擁有將導致對人力資本的控制。GHM 理論跨出了完全契約分析框架的困境，轉向了物質資本所有權或剩餘控制權最佳安排的研究。在 GHM 的基本分析框架中，為了更好地分析剩餘控制權或財產的配置對關係專用性投資的影響，他們做出了三個基本假設：一是當事人不受財富約束，並有充足的閒置經營能力；二是再談判成本為零；三是在事後按照納什談判解方法分配盈餘。他們相信總盈餘最大化的所有權結構就是問題的答案，斷言"在均衡狀態下，產生最高的社會盈餘的所有權結構將被選擇"，因此主張"擁有非人力資本的一方應該擁有所有權"（哈特，1995）。

(2) GHM 的第二代模型（阿洪－伯爾頓模型）：最優融資結構理論。阿洪和伯爾頓（1992）放棄了建立在當事人不受財富約束的特殊假設之上的 GHM 的幾個經典性模型，轉而研究現實中能力與財富在企業家和投資者之間非均勻分佈的最佳所有權安排模型。當他們放棄契約當事人不受財富約束這一假設之後，研究的焦點就不再是那些與專用性人力資本投資相關的"敲竹槓"問題，而是回到了傳統的投資人與企業家（或企業經營者）之間的委託－代理問題。但是由於契約不完全性和控制權變數的引入，該模型已不再屬於那種以完全契約理論為基礎的傳統委託－代理理論，而更接近 GHM 基本理論的分析框架，因此被有些學者稱為 GHM 第二代模型。

在他們的模型中，假設某企業可以產生的可證實的貨幣收益為 y，但企業家擁有不可證實的且不可讓渡的在職私人利益 t，從而導致單純追求貨幣利益的投資者與同時追求貨幣和私人利益的企業家之間產生利益衝突。為了實現總收益（y＋t）最大化，最佳控制權結構應該是：如果貨幣收益（或企業家的私人利益）與總收益之間是單調遞增關係，那麼投資者（或企業家）單邊控制總是可以實現社會最優效率；如果貨幣或私人收益與總收益之間不存在單調遞增關係，那麼控制權的相機配置將是最優解，即企業家在企業經營狀態好時獲得控制權，反之投資者獲得控制權。顯然，該模型已經否定了"股東單邊治理是最優治理結構"的傳統觀念，"控制權相機轉移"思想是該模型的核心。

(3)對 GHM 理論的一個簡要評論。對於 GHM 理論來說，契約的不完全性只不過是研究問題的起點，而構成其整個分析框架的是其權力觀。我們可以將 GHM 理論的權力觀概括為：相信資產所有權能夠無條件地給其所有者帶來控制其他要素所有者的權力，並能夠因此而獲取分享交易或組織盈餘的權力。在 GHM 的所有文獻中，"資本強權觀"都是一個先驗性假設，其存在條件和適用範圍從來沒有被考察過。那麼，這種權力觀是對現實情況的合理歸納嗎？的確，在資本相對稀缺並且相對重要的環境中，尤其是在古典資本主義企業中，資本強權觀與現實情況顯得比較和諧。但是，一旦進入所有權和經營權相分離的企業，特別是那些以人力資本為關鍵要素的新型企業，GHM 的資本強權觀就難以自圓其說了（楊其靜，2002）。

更為核心的是，GHM 兩代模型都沒能把企業契約參與人的制度環境約束納入到分析框架中去，只是比較單純地強調了當事人的談判力。

(4)權力理論的新發展。Rajan 和 Zingales（1998）指出，"對任何關鍵性資源的控制權都是權力的一個來源"，而其中的"關鍵性資源"可以是非人力資本,也可以是人力資本。與此同時,蒂羅爾等人也放棄了抽象意義上的"剩餘控制權"概念,並明確地意識到那些擁有資訊和知識優勢的代理人掌握著實際運作企業資源的"實際控制權",並且"實際控制權"的配置也應該與資訊和知識的分佈相對稱,雖然這種權力的範圍和空間會受到投資人的"正式控制權"的約束(阿洪和蒂羅爾,1997;蒂羅爾,2001)。此外,不少經濟學家還注意到,權力也可以透過精心的組織安排而獲得,如企業經理可以透過"經理專用性投資"、對融資結構的選擇或者對董事會的精心安排來強化自己在企業中的地位。

楊其靜等認為,投資者擁有的也許不是"剩餘控制權",而是"明晰控制權",而企業經營者的經營權才是剩餘控制權。控制權在企業中的分配不會"或是為零,或是全部"。由於不同投資者的資產性質不同,交易的內容不同,所處的市場和技術條件不同,從而所面臨的風險和獲得的索取權也是不同的,因此他們所獲得的控制權也不同。投資者所承擔的風險只要不能被其他權利(如高額風險佣金)完全補償,這種投資者的風險控制權就不會是零,而且也不會因為某些投資者(如股東)在實施其控制權而否定其他投資者(如債權人)所擁有的控制權。事實上,"控制權相機轉移"現象的本質是投資者的風險控制權在特定的條件下,從潛伏狀態變為活躍狀態的過程。[1]

企業所有權在契約理論中更多地被認為就是剩餘控制權和剩餘索取權,國內學者也越來越頻繁地使用此概念來分析問題。但是透過檢索文獻可以發現,人們對剩餘控制權的理解並不一致,大致有以下三種觀點:第一,現代主流企業理論認為,企業所有權就是剩餘控制權和剩餘索取權(格羅斯曼和哈特,1986)。根據對剩餘控制權的不同定義,這種觀點又有兩種說法。一種意見認為,剩餘控制權就是對企

---

[1] 楊其靜:《合約與企業理論前沿綜述》,載《經濟研究》,2002(1)。

業契約中未特別規定活動的決策權;另一種意見認為,剩餘控制權應定義為企業的重要決策權,即不僅包括暗含的決策權,同時也包括某些明確指定的決策權。後一種意見認為,如將剩餘控制權界定為對企業契約中未特別指出活動的決策權,那麼在分析企業治理結構時會遇到難以克服的困難。他們認為,按照該理論邏輯,企業契約中已明確指定活動的決策權就不應屬於企業所有權範疇,但許多策略性的決策往往在公司章程中都已做了明確的規定,如任命和解僱經理的權力、合併和清算的權力、重大投資權等,所以他們實際地把企業所有權定義為重要決策權(楊瑞龍、周業安,1997)。第二,企業所有權就是剩餘索取權(米爾格羅姆和羅伯茨,1992)。第三,認為任何契約所界定的權力都是有主的,不存在剩餘,從而也就沒有所謂的剩餘控制權和剩餘索取權概念(黃少安,1995)。

二、中國國有企業的改革歷程

中國國有企業自改革開放以來經歷了以下幾個階段[1]。如圖 6-1 所示。

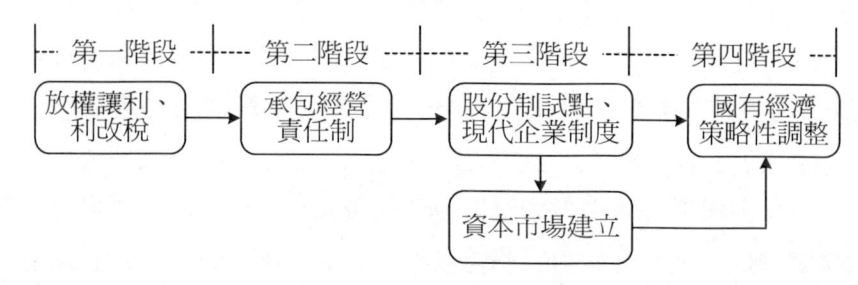

圖 6-1 國有企業改革歷程

---

[1] 本書中對國企改革的階段劃分主要是從控制權的角度考慮的。中國社會科學院經濟研究所微觀室著的《20 世紀 90 年代中國公有企業的民營化演變》一書中按"理性經濟人"假定,把國企改革分為"政績導向型"和"內部人控制型"兩個階段。

國企改革的第一階段:放權讓利和利改稅。以黨的十一屆三中全會為標誌,中國開始了全面的經濟體制改革。在農村家庭聯產承包制開始啟動的同時,城市國有企業改革也邁開了步伐。1979 年 5 月,國務院制定並發布了《關於擴大國有工業企業經營管理自主權的若干規定》和《關於國有企業實行利潤留成的規定》,這兩項規定的目標是使國有企業向具有一定的自主權和相對獨立利益的經濟實體轉變。1980 年 12 月中央召開工作會議,在擴權試點的基礎之上,對工業企業實行利潤包乾的經濟責任制。1981 年又在商業系統推行經營責任制。1979－1982 年主要實行利潤分成制度,就是企業有了利潤,可以按國家與企業協商的比例,留給企業一部分,但此時企業分成比例一般較小,後來改為基數加增長分成。這一制度安排形成了"分配不均的不合理現象",最後只好收場。1984 年 5 月,國務院頒佈了《關於進一步擴大國營工業企業自主權的暫行規定》,後來在 1985 年又頒發了《關於增強大中型國營企業活力若干問題的暫行規定》,其指導思想是要求繼續擴大企業自主權。以上就是我們通常所說的"放權讓利",這一制度的變遷是政府主導型,企業只能說比過去有了一點點剩餘控制權,但對於企業的產權來說還根本沒有觸及到。

後來設計利改稅的改革方案,其初衷是想用稅的形式來取代過去的利潤分配,以稅法來規範政府和企業之間的分配關係。利改稅的改革對國有企業制度的最大影響,是建立了一套新的規範國家與國有企業之間利潤分配的制度,以國有企業向國家上繳的稅收來代替過去上繳的利潤,實質上是用法律的形式來取代行政的形式,把企業與國家的利益分配形式固定下來。這一改革雖然沒有觸及到企業所有權的變遷,但卻為以後企業所有權的改革形成了一個良好的外部環境,就是政府與企業之間的關係是以法律形式確定的上繳稅收的關係,企業被認為是一個相對獨立的生產經營主體。

中國國有企業的改革為什麼會從放權讓利和利改稅起步,而不是直接從產權明晰化開始呢?有學者指出:"從社會主義國家國有企業改革的一般經驗看,把擴大企業自主權作為國有企業改革的歷史的和邏輯的起點,是一種帶有規律性的現象,從 20 世紀 80 年代開始的放權讓利和利改稅,原因是減少國家對企業行政上的集中控制,遠比提高這種控制的質量要容易得多"。[1]

第二階段:承包經營責任制。十二屆三中全會提出的社會主義商品經濟理論,為國有企業實行兩權分離[2]奠定了思想基礎。1986 年,國務院發布了《關於深化企業改革,增強企業活力的若干規定》,提出要推行各種形式的承包經營責任制,給經營者充分的經營自主權。1987 年,國家經委具體部署推行企業承包經營責任制。從此,中國的承包制就在國有大中型企業中全面推開,到 1987 年底,全國 80%的國有大中型企業實行了承包制。到 1990 年,全國 95%的工業企業實行了第一輪承包。全國上下都沈浸在"一包就靈"的思想氛圍中。

承包制對於國有企業的制度變遷,與傳統的企業制度相比有了實質性的變化。首先,這一制度較好地實現了國有企業所有權與經營權的分離,國家作為企業的所有者,不再直接經營企業。其次,這一制度安排使企業具有了較強的利益激勵機制,大大增強了企業需求利潤的最大化。再次,這一制度安排在一定程度上改變了國家與企業之間的關係,企業可以從自己的角度提出各種理由與國家就承包內容進行討價還價,淡化了以前的上下級行政關係,為企業從政府的控制中獨立出來打下了基礎。但企業擁有的控制權還只是很少的一部分,最終控制權還是掌握在政府的手中。因此,承包制在本質上也只不過是所有權與經營權的一種分離,國有企業的所有權仍屬於國家,最終的控制權還是在國家手中。正是由於所有權與經營權的分離,為後來的內

---

[1] 董輔礽主編:《中國國有企業制度變革研究》,126 頁,北京,人民出版社,1995。
[2] 企業兩權分離就是指所有權與經營權的分離。

部人控制打下了基礎。儘管承包制是以"擴大企業自主權改革"的替代物所出現的，但是，一方面承包制仍然沒有擺脫"完善傳統體制"的思維框架，即在國有制的框架內讓企業成為自負盈虧的商品生產者，是承包制所追求的目標；另一方面，為了解決企業負盈不負虧的問題，一個更為短視和違背現代產權制度要求的方案被運用到承包制的改革之中。可以想像，國有企業在這種沒有風險的承包制下，必然存在內部人控制的問題。吳敬璉教授曾經指出，承包制和租賃制成為了內部人控制的最高形式。從事實的發展過程來看，"利改稅"、"承包制"和"租賃制"是國有企業成為現代企業的重要階段，雖然走了一些彎路，但還是有利於中國採用真正形成現代企業制度的股份制形式。在承包經營階段，國有企業的內部人控制與西方國家的內部人控制沒有本質的區別，都是委託－代理關係的邏輯結果。但是轉型經濟中的內部人控制問題，實際上是控制權出現分野的標誌。企業特定控制權在利改稅、放權讓利和承包制改革之後，從最終控制權的體系中解放出來，顯示了在市場化條件下經理要素的重要性。但是國有企業內部人控制問題的嚴重程度，卻昭示出政府是無效率的控制者，不能維護所有者最終控制權的價值。

　　只要所有者不直接經營自己的企業，委託別人經營，控制權的轉移就不可避免。對中國的全民所有制企業來說，國有企業是一種全民所有制，即生產資料歸屬全體勞動者的公共產權制度。面對公共產權，如果資源是稀缺的，假定共同成員都是追求自身利益最大化的，則必然會導致對公共財產的過度使用，"搭便車"行為盛行最終使得公共財產的租金價值為零。克服這一難題的邏輯選擇是由國家代理共同成員行使公共產權，國家就從委託人手中強行得到了代理權，但它是不會直接經營企業的，這樣它就得把使用權再分配給終極代理人，也就是國有企業的經營者。Grossman 和 Hart（1980）認為企業的所有權可以用剩餘索取權來定義，按這個理論，企業所有制的性質就可以用剩餘索取權的歸屬來界定，如果再按這個邏輯往下走，就可以明白中國國有企業改革的實質就是政府將剩餘索取權部分地向企業內部人轉移了。

第三階段：股份制試點，建立現代企業制度。中國的股份制改革真正開始於1991年，尤其是1992年，股份制試點出現了高潮[1]。1992年，《股份制試點企業辦法》、《股份有限公司規範意見》、《有限責任公司規範意見》等規章相繼公布，1994年又頒佈了《公司法》。股份制試點在轉換企業經營機制和推動企業制度創新方面取得了明顯的效果：明確界定了國有資產產權，試點企業在一定程度上實現了企業所有權、法人財產權和經營權的分離，建立了股份公司的法人治理結構，這一改革是透過建立資本市場[2]來推進的。

在黨的十四大明確了中國經濟體制改革的目標是建立社會主義市場經濟體制以後，十四屆三中全會明確提出了建立現代化的企業制度是國有企業改革的方向，從而把企業改革推向制度創新的新階段。企業改革的特點是：建立適應市場經濟要求的產權明晰、權責明確、政企分開、管理科學的現代化企業制度。1994年，國家選擇了100多家大型國有企業進行建立現代企業制度試點。建立現代企業制度的實質是想明確國家對國有企業的管理是股東身分的管理，國家對於國有企業的管理理由是國家對國有企業中國有股的持有，而不再是因為國有企業是國家的附屬機構。這種改革在後來所形成的狀況是國有企業的產權在法律上雖然很明晰，但仍然主體缺失。這在資本市場上的反應非常明顯。

---

[1] 中國的股份制是在1986年提出的，在理論界形成了兩種觀點。一種認為"股份制是搞私有制，走私有化的路子"；另一種觀點剛好相反，認為股份制並不是走私有化的道路。1989年的許多文章認為股份制搞錯了，正反兩方的爭論相當激烈。1992年鄧小平發言認為：股份是資本，但是我們可以試，堅決試。關於股份制的爭論才有了不是定論的定論。

[2] 這裡指的資本市場僅限於證券市場，且集中於股票市場。

因此，中國的資本市場主要面對的是國有企業，它基本上是一個以國有控股公司為主的市場。這一特徵源於中國股票市場的基本制度框架，它反映了政府在國有企業改革與股票交易方面的政策偏好和政策目標，同時也反映了政府在市場上的利益之所在，它是中國政府在資本市場制度上有意選擇的結果。

第四階段：國有經濟策略性調整。1997年中國在黨的十五大對國有企業改革的思路進行了重大的策略調整，把國有企業改革放在整個宏觀經濟的大局中來考慮，對公有制的主體地位以及公有制的實現形式都有了新的認識，主要著眼於做好整個國有經濟，抓大放小，對國有企業實施策略性改組。公司的改組要按照"產權明晰、權責明確、政企分開、管理科學"的要求進行，使企業成為適應市場的獨立的法人實體和競爭主體，進一步明確國家和企業的權利和責任。國家按投入企業的資本額享有所有者權益。政府不能直接干預企業的經營活動，企業也不能不受所有者約束，損害所有者權益。2002年黨的十六大確立了國有資產管理體制改革的新方向，提出"國家要制定法律法規，建立中央政府和地方政府分別代表國家履行出資人職責，享有所有者權益，權利、義務和責任相統一，管資產和管人、管事相結合的國有管理體制"，"關係國民經濟命脈和國家安全的大型國有企業、基礎設施和重要的自然資源等，由中央政府代表國家履行出資人職責。其他國有資產由地方政府代表國家履行出資人職責。"這些提法對國有企業與政府相互關係中各自找到自己的位置奠定了一定的基礎。從這個階段來看，國有企業正在從一些競爭性行業中退出，也就是說，在一些競爭性行業的國有企業中的控制權正在發生變化。

從政府的國有經濟策略性調整來看，政府正在用適當的方式來對國有企業的控制權進行安排，一個明顯的特點是用較少的資產控制較多的資本。國有資本的基本存在形式將從國有企業靜態的資產轉變為國有資本，轉變為價值形態可流動、可交易、可不斷重新優化、重新配置的存在形式。資本的自由流動是公司控制權市場發展的必要條件，如果公司的控制權不能隨著資本的有償轉讓而流轉，公司控制權市場就不可能發展，公司控制權就會成爲一個"尋租"（Rent Seeking）的物件，就會爲控制權的私人收益提供便利。

從上面所述的中國國有企業的改革歷程來看，每一階段的剩餘索取權與控制權都不相匹配。因爲剩餘索取權意味著分配和享用企業創造的剩餘，而企業控制權意味著企業家有權支配企業資源去從事創造性的工作。從最後一個階段來看，控制權已不是在企業內部而是轉移到了行業或者說是國家策略的高度了。

三、國有企業的股權結構和控制權配置

1.控制權釋義

"控制權"一詞有多種含義，在企業理論中，"控制權"一詞主要有兩個來源：一是出自 Berle 和 Means（1932）的名著《現代企業與私有財產》。他們把控制權定義爲："所謂與所有權相分離的控制權，是指無論是透過行使法定權利還是透過施加壓力，在事實上所擁有選舉董事會成員或其多數成員的權利。"但是後來的人們認爲這一概念是不夠完善的，與其說這是個定義，還不如說是對一種現象的描述。這個定義建立在他們對所有權與控制權研究的基礎之上。後來，許多經濟學家圍繞所有權與公司控制權的相關問題進行了多方面的理論或實證研究，例如對於股權分散所引起的所有權與控制權分離現象的研究。

20世紀70年代開始，Demsetz 和 Alchian（1972）把企業作爲各種利益主體所結成的團隊生產單位來進行研究，認爲現代企業的控制權，是股東和經營者相互分享所有權和利益相互協調的制度。隨後，Jensen 和 Meckling（1976）從企業的契約理論出發，主張在企業內部

透過委託－代理制度將經營決策權轉讓給經營者，所有者則擁有對經營者的監督權，並以績效測量和獎懲來約束和激勵經營者。基於這種認識，Jensen 在 1992 年給《新帕爾格雷夫貨幣金融大辭典》中的"公司控制權市場"做解釋時，將"公司控制權"定義為："對高層經理人員的聘用、開除和確定高層經理人員的工資的權力。"

進入 20 世紀 80 年代，Fama 和 Jensen（1983）則假定，企業的決策經營功能與剩餘風險承擔功能的分離將導致決策經營與決策控制的分離，從而將決策權細分為經營決策權和決策控制權，這兩種權力在企業組織內部是以契約結構形式加以分離的，也就是將決策的認可和控制與決策的提議和執行分離開來，這種分離意味著代理人可以不對同一決策行使排他性的經營權和控制權。所以經理得到的特定控制權就是"經營決策權"，董事會所具有的剩餘控制權就是"決策控制權"，也就是說，在一個規範的公開招股公司中，存在一個契約控制權的授權過程。作為所有者的股東，除保留諸如透過投票選擇董事與審計員、兼併和發行新股等剩餘控制權外，將本應由他們擁有絕大部分的契約控制權授予了董事會，而董事會則保留了"決策控制權"，將"經營決策權"授予了總經理，這種授予之所以必要，是因為決策分工和專業化知識提高了現代企業的經營效率，也正是區分特定控制權和剩餘控制權的理論意義之所在。

另一個控制權的提出者是 Grossman 和 Hart（1988），他們認為企業的控制權是企業產權契約規定"特定控制權"之外的剩餘控制權（Residual Rights of Control），它所指的控制權實質是對企業物質資產的控制權。有關這一點，Hart（1995）進一步認為，剩餘索取權是一個沒有被很好地定義的概念，相比之下，剩餘控制權的定義要明確得多。在產權經濟學和 GHM 理論看來，對企業的控制權就是指所謂的剩餘控制權，就是可以按照任何不與先前的合約、慣例或法律相違背的方式決定資產所有用法的權力，它天然地歸資產所有者所有，因為，擁有剩餘控制權實際已被視為了所有權的定義。哈特（Hart, 1995）認為重要的是在合約不完全時，所有權是權力的來源，因為對物質資產的控制能夠導致對人力資本的控制，雇員將傾向於按照他的老闆（物質資本的控制者）的利益來行動。在哈特看來，對"兩權分離"更為準確的描述是：存在所有權和有效控制權或經營權的分離。股東保留了以投票權形式存在的最終控制權。

張維迎（2000）在《所有制、治理結構與委託－代理關係》一文中承接了 Fama 和 Jensen 的思想。他指出，企業所有權指的是對企業的剩餘索取權和剩餘控制權[1]，同時，企業本身作為法人又可以以財產所有者的身分擁有財產所有權，並認為，剩餘索取權是相對於合約收益權而言的，指的是在對企業收入扣除了所有固定的合約支付之後所剩餘的要求權。企業的剩餘索取者也就是企業的風險承擔者，這是由於剩餘是不確定的，是沒有保證的，在固定合約收益被支付之前，剩餘索取者什麼都沒有；而剩餘控制權就是指對企業中沒有特別規定的活動的決策權（科斯將剩餘控制權稱為"權威"即 Authority）。這是因為進入企業的契約是不完全的，未來的世界是不確定的，要使所有企業成員都得到固定的合約收入是不可能的，這就是剩餘索取權的由來；同樣地，因為契約是不完全的，未來的世界是不確定的，當實際狀態出現時，必須有人決定如何填補契約中存在的"漏洞"，這就是剩餘控制權的由來。按張維迎（2000）的定義，以企業的剩餘索取權

---

[1] 楊瑞龍、周業安（1997）把企業剩餘索取權定義為企業的重要決策權； 周其仁（1997）認為，在實際的公有制企業中，沒有可以界定的剩餘權，但是存在排他性使用企業資產特別是利用企業資產從事投資和市場運營的決策權，這些權力可以直截了當地被定義為企業控制權。另外，他還認為：剩餘控制權是授予總經理特定控制權以外的契約控制權，是 Fama 和 Jensen 所稱的"決策控制權"，在公司法中表現為公司股東和董事會所擁有的權力。

和剩餘控制權來定義企業所有權的話，我們通常所說的"控股權"[1]第二個層面的含義（剩餘索取權）和現代企業控制權的含義（剩餘控制權），恰恰說明了剩餘索取權和剩餘控制權的分離。也就是說，企業所有權實際上就是一種"狀態依存所有權"（State Contingent Ownership）：控股權的存在使股東獲得了相應比例的剩餘索取權，但未必能夠獲得相應比例的剩餘控制權，或者獲得更大比例的剩餘控制權（可以用來解釋內部人控制與股權比例的不相匹配）。企業控制權不僅能在股東之間轉移，而且能在股東、債權人、管理者、職工之間遊走，[2]因此，對控制權的計量存在一個困難。各國的法律也體現出了這樣的困難狀況，這從控制權的比例標準判斷可以看出。雖然如此，我們還是相信股權是正常狀態下的企業所有權，"股東仍是正常狀態下的企業所有者"，這種正常狀態應該是絕大部分時間都是這樣，我們沒有必要強調絕對時間，因為我們研究公司治理的目的就是為了使公司控制權與剩餘索取權之間達到最大程度的匹配，所以"沒有必要為了消除現存治理結構中剩餘索取權和控制權的少部分時間的錯位而帶來更大的錯位"[3]（張維迎，2000），根據這種說法，我們在進行研究

---

[1] 對於"控股權"有兩個層面的理解，一個是擁有股票的權力，另一個是透過擁有多數股票而取得的控股地位。對於股票，無論與其對應的是何種資產，歸根究柢都是一種財產（Asset）的表示。即擁有股票，實際上就是擁有了一種財產所有權（Ownership of the Asset），就是對於股票（其他給定的財產）的佔有權、使用權、收益權和讓渡權。在這個層面上講的財產所有權與產權（Property Rights）是一個等價的概念：擁有多少股權就擁有多少產權。但是同時，控股權也是企業所有權（Ownership of the Firm）的一部分，如果把控制權理解為透過擁有多數股票而取得的控股地位，就屬於企業所有權的範疇，這是由於相對優勢的控股權可以帶來相對優勢的投票權（Vote Rights），從而獲得相對比例的剩餘索取權（Residual Rights）。

[2] Agrawal 和 Knoeber（1996）的研究中，共列舉了對控制權有影響的七種機制：內部人控股、董事會的外部代表、債務政策、爭奪控制權的市場活動、機構持股、大股東持股以及管理者勞動力市場。

[3] 對於這一思想，Demsetz（1999）也認為"關於所有者被架空的問題，一般不如人們所通常假定的那樣大"。這說明正常情況下的所有者與控制權是

的時候，可以這麼認為，控制權與控股權[1]是相伴相生的（這只是一種正常的現象，還有不正常的現象，如內部人控制），這種認識對於後面的爲非流通股的流動性定價帶來了邏輯上的方便。

在現實中，公司控制權是一個法律概念。例如：美國 1933 年的《證券法》和 1934 年的《證券交易法》中，"控制"一詞指的是直接或間接具有指揮或引導某人的管理和政策方向的權力，而不論是否透過具有表決權的證券持有、合約或其他方式獲得。控制的定義主要來源於對公司股份及投票權的持有，根據持有股份比例的不同，控制權被分爲至少兩種形態：①絕對或完全的控制權。它被定義爲一家公司發行的有表決權股份中的大部分被一個股東，或一組共同行動的股東持有時所產生的控制，同時，如果股權足夠分散，那麼持有相當數量的少數股權也可能構成絕對控制，如一個人（或一組人）持有 50%以上的股權（與國內絕對控股的定義相同）。②實質上的控制權。它是指少數股東有足夠的能力可以說服足夠數量的其他股東與他共同投票來選舉或罷免董事，而這實際上在一定程度上表示了控制權的不確定性。美國 1933 年的《證券法》和 1934 年的《證券交易法》雖然對"控制"做出了文字上的定義，但還是沒有涉及到具體的判斷標準，直到 1935 年的《控股公司法》才將持股量達到 10%的股東確定爲控股股東[2]（除非他能舉證他不是），而對一些特殊情況，即使沒有

相匹配的。

[1] 在中國，第一大股東擁有超強的內部控制力，而第一大股東所持股權往往是非流通股，因此要讓非流通股流通就要考慮控制權的問題，而只要考慮了控制權的問題，在非流通股流通的定價中就要考慮控制權的相關問題。

[2] 控股股東（Controlling Shareholder）是指對公司的決策權享有控制權的股東。判斷是否成爲公司控股股東的標準，並非完全以其所持股份是否達到某一比例爲絕對標準，而是以其實際擁有的控制力來說的。正如 Alchian 和 Demsetz（1972）所說：在評價股東權力的重要性時，並不是通常的投票權力的分散，而是投票表決導致了多少次決定性的變化。因此，控股股東一定是第一大股東，且主導股東會、董事會。當然，有的時候，第二大股東

10%的持股量，證券交易委員會（SEC）也會認定其為控股股東，只要他單獨或與他人一道行使著控制性的影響力，而當某人擁有公司董事或高級管理人員地位從而使其成為控制人時，情況就會變得更加複雜。在 1940 年的《投資公司法》中，在"行使控制影響的權力只是職務關係的結果"時否認了控制的存在，但在 1946 年的 Transit Inv. 公司一案中，SEC 指出"一個人成為總裁是他行使權力的結果而非原因時，他就是控制人"。由此可見，在美國的法律中，"控制權"也不是一個容易界定的概念，除非是在最明顯的案例中，SEC 通常不允許律師們就控制關係存在與否發表評論，正如 1964 年的一項判決中所說的，當存在持股小於 50%的情況時，究竟多大比例的持股才能構成實質性控制是一個事實的問題，重要的可能不是持股，而是其"控制性影響力"[1]（Controlling Influence）。另外，在英國的《城市法典》中，規定股東持有上市公司 30%或以上表決權即為擁有了控制權，不論該（等）持有量是否構成實際控制權。中國香港的《公司收購與合併守則》第 6 條也定義了控制權：它是指擁有一家上市公司或者共同持有目標公司 35%或以上的投票權。可見，中國香港地區和英國對控制權的界定非常相似，都是規定是否構成實際控制權是無關緊要的，這不是界定控制權的必要條件，惟一的區別是持有公司的股權比例不同。

中國《公司法》和《證券法》的有關條文也都涉及到了這一問

可能聯合其他股東一起反對第一大股東，暫時控制股東會，進而控制企業，但這不能說第二大股東控股了。非第一大股東聯合其他股東的力量可以暫時控制企業，但那是非第一大股東們的聯合控制權，而不是哪個股東獨自享有的控制權。一旦共同的對手（第一大股東）被制服，脆弱的聯合陣線也將走向瓦解。所有的聯合控股都不會長久，也不是根本意義上的控制權。本來意義上的控股是指第一大股東對企業的控制。

[1] "控制性影響力"通常被解釋為一個與"控制權"相當的概念。SEC 和美國法院認為，控制性影響力"對一家公司的管理和政策的影響較控制權為小"。

題，如 2002 年 10 月頒佈的《上市公司收購管理辦法》在附則中專門對實際控制問題做出了明確、具體的界定："收購人有下列情形之一的，構成對一個上市公司的實際控制：①在一個上市公司股東名冊中持股數量最多的；但是有相反證據的除外。②能夠行使、控制一個上市公司的表決權超過該公司股東名冊中持股數量最多的股東的。③持有、控制一個上市公司股份、表決權的比例達到或者超過 30%的；但是有相反證據的除外。④透過行使表決權能夠決定一個上市公司董事會半數以上成員當選的。⑤中國證監會認定的其他情形。"顯然，中國對公司控制權的界定是指實際控制權，而不是一般意義上的控制權。從這個意義上講，構成了對一個上市公司實際控制的人就是實際控制人。可見，中國對控制權的界定比較寬泛，只要是構成對一家上市公司的實際控制，就被界定為擁有控制權，而不僅僅侷限於持有、控制一個上市公司投票權的股份達到或超過一定比例。

　　上述從經濟學和法學兩個方面對企業控制權的概念進行了分析界定，但是在現實的企業治理權力體系中，我們觀察到的實際控制權結構卻並非如此。事實上，在很多企業中，真正擁有實際控制權的常常是公司的內部人，而在其他一些企業中則是債權銀行、政府等。中國控制權授予主要追求經濟目標的"不完全股東"（劇錦文，2001），控制權呈現出向控股股東單方向高度集中的畸形狀況，董事會成員多數來源於控股股東，控股股東的控制權呈現出膨脹狀態，對上市公司有著超強的控制能力；同時存在嚴重的內部人控制現象，大股東和內部人具有高度的重疊性，內部人控制是大股東控制的一種表象。對於中國的情況，我們可以從三方面理解上市公司實際控制權的概念：第一，法律概念上的實際控制權。它是指擁有公司的所有權或大比例的股份，所以擁有公司的實際控制權，這是最常見的股權層面的公司實際控制權。第二，行政概念上的實際控制權。它是指政府利用行政手段對上市公司進行控制，一般是政府為達到其行政目標而對上市公司實行的控制，這種控制力可以很小，也可以無窮大，是政府政治意志的一種體現。但是，當政府本身為上市公司股東，同時對公司實施控制又是為了實現其財務目標時，則此時的控制為前述法律概念上的實際控制。第三，事實上的控制。它是指控制人並沒有上市公司法律意義上的所有權，也沒有行政權力，但對上市公司有實際控制能力的情況，這通常是指內部人控制。

在中國的上市公司中，上述三種實際控制權並不是相互排斥的，有時反而是同時存在的。例如：在同一時點，對於同一個企業，在決策其行政目標時，政府一般具有絕對的控制權，在這個意義上政府具有實際控制權；但是，此種控制權並不影響大股東或管理層對公司財務目標決策上的絕對控制，此二種實際控制權是可以共存的。也就是說，實際控制權的控制主體可以是單一的，也可以是多元的，控制主體具有多元化的特徵。這種控制主體多元化特徵的直接後果是上市公司目標多元化，偏離了企業目標單一化和價值最大化的治理原則，成為中國上市公司一大治理難題。

從中國的《公司法》中可以看出，上市公司的控制權主要可以分為三個層面。

第一層面為股份表決控制權，即透過股份在表決中的比例佔有程度來實現對公司的不同控制。一般來說，股份表決控制權可分為三種：相對控股、絕對控股和超絕對控股。相對控股即第一大股東所持有股份不足公司全部股份的 1/2，這在股份較為分散的上市公司中較為普遍；絕對控股是指第一大股東所持有股份超過 1/2；超絕對控股則指第一大股東所持有股份超過 2/3。在中國《公司法》的相關規定中，對於股份公司一般決議只要求 1/2 以上股份表決即可，而特殊決議則需要 2/3 以上股份通過。因此，不同的持股比例對上市公司實際控制權有不同的影響。

第二層面為董事會控制權，即透過在董事會佔有相對多數席位來完成對公司法人財產權的控制。董事會代表公司行使法人財產權，享有法人民事權、提案權、聘任權和資訊披露權等其他權利。因此，控制了董事會就相當於控制了公司全部財產的法人支配、使用和處分的權利，也就獲得了公司決策層面的實際控制權。

　　第三層面為經理層控制權，即經理層對公司資產具有直接使用權、運作權、生產與服務權等權利。經理層享有公司資產的直接控制和支配權利，它的存在使得公司資產所有權、法人財產權與資產的直接使用權相互分離，為經理層掌控公司資產的實際控制權創造了條件。

　　本書中的公司實際控制權主要是指對公司的重大決策具有直接支配權或重大影響力，透過直接或間接的手段控制公司的重大決策，以實現自身利益的能力。誰擁有了這種能力，誰就擁有了公司的實際控制權。在 Fama 和 Jensen（1998）的文獻中對這種決策有這樣的說明：從廣義上講，決策程序包括四個步驟：①提議。即提出資源利用和契約結構的建議。②認可。即對所需貫徹的提議做決策選擇。③貫徹。即執行已認可的決策。④監督。即考核決策代理人的績效並給予獎勵。因為提議和貫徹通常由同一個代理人擔負，所以人們通常以決策經營的術語來表示這兩個功能的組合。同樣，決策控制包括決策認可和監督。決策經營和決策控制是組織的決策程序或決策制度的構成要素。從決策的角度來看，每一個人都是其行為的決策者，這是由人的自然條件決定的，因為每個有行為能力和思維能力的人都是積極的行為主體，他根據自己的思維習慣，在給定的資訊條件和環境約束下，在能發現的機會集合中，根據自己的主觀評價，選擇自己覺得最好的決策方案並付諸行動。如果主體是嚴格新古典意義上的"理性人"，這個選擇就是一個最優化的問題，在西蒙的"有限理性"的意義上，單從個體決策對其行為的決定意義出發，企業內部的決策行為不可避免地是分散的，因此，至少對於企業人力資源的使用決策而言，企業內部的決策權是分散的，因而對於企業的人力資源的控制權也是分散的。

我們在企業理論中引入當事人的有限理性和個體決策能力的差異，企業內部以決策分工為基礎的控制權分佈便是一種效率的改進。有限理性理論說明每一個決策者的決策能力都是有限的，個體決策差異是每一個人在相同的事情上站在不同的角度來表達不同的理解。個體決策能力本身也是一種稀缺資源。決策權和決策能力的對稱分佈是企業組織效率的主要來源。一般認為，企業控制權來源於企業的所有權，但決策能力卻來源於個體人力資本的積累，兩者的有機結合是一個複雜的過程。決策能力的分佈與社會財富的分佈往往是不對稱的。張維迎（1996）認為，經營能力與個人財富之間的相關性並不是必然的，後者不一定會顯示前者。

2.所有權與控制權的分離

西方國家上市公司控制權問題與兩權分離緊密相關。關於控制權與股權[1]的研究起源於 Berle 和 Means（1932）對美國 20 世紀 30 年代經濟統計資料的研究。到 1930 年，美國最大的 200 家公司（除銀行外）實際控制了全部公司財富的 49.2%、商業財富的 33%、國民財富的 22%。美國經濟力的集中度是與股份公司的所有權即股權的分散化一同發展的，在當時，美國作為股份公司制度發展十分典型的國家，這種股權分散的趨勢表現得十分突出。[2]

Berle（1930）指出："所有權的分散，在各大公司顯然已經被推進到極端的程度，而在中等規模公司之間也有相當的程度。再者，一般來說，公司愈大，其所有權愈會朝大眾分散。"[3]同時他還認為，股

---

[1] 在本書中，股權就等同於所有權。
[2] 劉燦著：《現代公司制的產權關係和治理結構研究》，147～150 頁，成都，西南財經大學出版社，1996。
[3] A. Berle 著，陸年青、許冀湯譯：《現代股份公司與私有財產》，58～66

權從過去集中在高收入者階層中向廣大中產階級即小股東手中分散，幾乎可以說是公司所有權的"革命性的大變化"。所有權轉向中小股東，其原因有以下幾點：第一，股份公司的發展大多是由極其分散的中小投資家（中產階級）推動的；第二，對於作為中產階級的收入者來說，購買股票是他們將儲蓄轉化為投資的最直接和最方便的途徑。透過 1928 年的統計資料來看，美國社會的全部儲蓄幾乎有 50%以上是用來投資於股份公司的股票。

兩權分離為所有者的利益與最終經營者的利益不相一致創造了條件，所有權分散在眾多的股東手中，使得現代公司的股東不再能真正行使權力去監督經營者的行為，由此而導致公司股票的持有者失去對其資源的控制，使"私人財產的社會功能受到了嚴重的損害"。Berle 和 Means（1932）基於對現代公司的這種認識，提出了一個命題，認為當企業完全由一個人所有（或者可以說成是公司的股權高度集中）時，與股權分散的現代公司相比，獨立所有者在管理經營過程中所產生正的外部性將實現內在化，企業的價值將增加。他們對這個命題的認識一直影響到後來人們對股權結構的認識。現在這種影響仍然存在，人們還是認為私有企業要比股權分散的現代公司更富有效率。

上述有關 Berle 和 Means 的"所有權與控制權的分離"是一個不太十分清楚的概念，因為這裡涉及到分離前後對企業所有權的不同界定，尤其是在分離前控制權含義不是很明確的情況下，如果從英文的原意來講的話，是"所有者資格與企業控制權的分離"，也就是說，企業所有者從實際控制過程中分離出來，所有者外在於企業控制體系。企業所有者外在於企業控制的直接原因是控制企業所需要的專業能力和所有者個人興趣、能力的不一致，這種不一致使得企業所有者不得不把企業的實際運作控制權交給具有專家能力的管理者。歷史的

頁，台北，（中國）台灣銀行經濟研究室，1981。

發展也證明了這一點。

錢德勒（Alfred Chandler, 1977）從經濟史上驗證了"所有權與控制權的分離"命題，他分析了 19 世紀以來美國現代企業成長的過程。他認為：在現代企業中，由於公司的股權分散加劇，以及大公司由專職的企業管理者經營管理，使那些擁有企業管理知識並擁有企業管理資訊的企業管理者實際擁有了公司的控制權，且認為公司所有權與經營權分離是現代企業的特徵，其原因是隨著技術、市場、交通和通信的發展，企業的生產規模不斷擴大，公司股權日益分散，生產技術和管理的複雜化程度不斷提高，需要專職的企業管理者進行經營管理。因此，公司所有權與經營權分離更能體現現代企業的特點。[1]

進入 20 世紀七八十年代，美國股份公司所有權分散化的趨勢仍然在不斷發展。據統計，在 1982 年，美國直接和間接投資股票的人數約佔美國總人口的 60%以上。這種股權結構的變化趨勢說明隨著企業規模的擴大，企業的所有權卻相應分散，分散的個人所擁有的財產日益成為各大企業的股份，構成由各大公司集中運用和支配的"社會財產"，這一結構的變化對公司的權力（公司的控制權）結構的演進產生了重要的影響。正如伯利所指出的："在股份公司中，所有者現在擁有的是財產價值的憑證，而財產的實際支配力，過去為所有者所不可或缺，現在已經分裂出來，轉歸到經營者集團中。"[2]這就是所有權與控制權相分離。對於控制權，伯利認為控制權是擁有實際選擇董事會成員的權力。根據股份公司的制度安排，實際選擇董事的權力的法律依據，是某個人或者集團所擁有的股權，這種有實際支配力的股權被伯利稱為"有意義的股權"。在股份公司所有權日益分散化的趨

---

[1] 錢德勒：《看得見的手——美國企業的管理革命》，北京，商務印書館，1987。

[2] A. Berle 著，陸年青、許冀湯譯：《現代股份公司與私有財產》，71～72 頁，台北，（中國）台灣銀行經濟研究室，1981。

勢之下，掌握"有意義的股權"所需要的股份佔有率也日趨減少。伯利這樣定義"有意義的股權"：假如它擁有大於 20%的表決權股份，那麼該股權就是有意義的。而如果一家公司中的某個人或者家庭擁有大於 20%的股份而其他股權爲分散分享的話，這種公司可以稱爲"少數持股支配"；如果這一比例上升到 80%以上，就稱"私人完整所有權支配"或稱爲"私人公司"；沒有這種單一的"有意義的股權"的公司稱爲"經營者支配"[1]；而如果大衆掌握表決權股票介於 5%～20%之間，可以稱爲"少數－經營者混合支配"。

現代股份公司只是由最少量的股份所有權來行使支配權即所謂的控制權，後來的發展結果甚至使得完全沒有股權的經營者也可以行使控制權（支配權）。"毫無支配力的財富所有權與毫無所有權的財富支配權，這兩者的出現，是股份公司發展的必然結果。"[2]

所有權與控制權是否分離以及分離的程度，取決於公司的股權結構[3]。股份公司所有權與支配權分離及其經營者支配的趨勢，在第二次世界大戰後的美國表現得更加明顯。勒納（Lerner）運用伯利的標準，調查了美國 1963 年最大 200 家非金融公司的產權類型，並與 1929 年的情況加以對比。從他的研究中可以看出，由經營者支配的財富比率從 1929 年的 52%左右上升到 1963 年的 85%以上。這說明在美國的股份公司中，股權在進一步分散。但是隨著公司規模的擴大，股權卻又形成了集中的趨勢。集中的原因正如 Demsetz（1988）所認爲

---

[1] 經營者支配（Management Control）是指經營者擁有的股權雖微不足道，但仍然控制著公司。這種公司被錢德勒稱爲"經理式公司"。
[2] A. Berle 著，陸年青、許冀湯譯：《現代股份公司與私有財產》，5 頁，台北，（中國）台灣銀行經濟研究室，1981。
[3] 股權結構（Shareholder Structure）在以外部融資的典型的現代公司中，投資者的利益衝突集中反映在控制性股東與非控制性股東的持股比例上。所以在公司的治理實踐中，人們通常把控制性股東和非控制性股東簡單地稱爲"大股東"和"小股東"。

的，所有權與控制權分離的現象並不是所有者放棄了控制權。"所有者為了自己的利益，根本不會把寶貴的資產的控制權拱手交給他人，除非此人與自己有共同利益"，並提出了決定所有權結構的因素，其中主要包括：企業價值最大化所需的規模、對企業實施更有效的控制所產生的利潤潛力、系統性管制以及潛在的滿足感（舒適的辦公環境和領導者的權威等），並對所有權的集中度進行了分析。所有權的特點決定了所有權的內在成本。所有權的成本包括監督的成本和集體決策的成本，監督的成本來自於知曉公司運營資訊的成本、與其他股東溝通的成本以及決策執行的成本，集體決策的成本來自於決策本身（股東的價值取向不同）的成本、決策過程中的成本、解決股東之間衝突的成本和承擔風險的成本等。

美國、英國股份公司控制權的形成是在契約的基礎上形成的，而且與其資本市場的發展是相輔相成的。所有發達資本市場上的控制權市場都是比較發達的，而在中國，控制權市場幾乎沒有，這與中國控制權形成的制度成因是有關係的。

美國、英國的股權結構之所以較為分散，是許多因素共同作用的結果，其中有政治的、經濟的、歷史的、文化的和法律的。美、英都是資本主義發展較早的國家，其資本主義制度的形成更接近於一種自發狀態，推崇個人主義，因此政府多次採取多種措施避免財富和控制權的集中。特別是在美國，自然人投資的活躍性對公司的發展和經濟發展產生重要的作用，經過多年的積累，公司的發展和證券市場的發展相輔相成。由於大股東的控制權地位，他所選擇的最優持股比例通常會影響乃至決定一個企業的最優的股權結構。所以，在分析最優股權結構內生決定的基礎之上，還需要進一步回答分散股權的原因是什麼？Demsetz（1983）提出了自己的看法："如果企業應該有較大的規模，特別是當企業的生存問題要求它必須進行規模擴張時，就會產生一種壓力，要求它的股份資本達到為此所需要的規模，為此就要轉而求助於分散的所有權結構,並相應降低某一特殊投資者投入該企業財富的比率。"由此可以看出,控制性的股東自有資金不足會成為分散股權結構的原因之一。

　　Admati、Pfeider 和 Zechner（1994）[1]指出,股權分散存在的原因與公司分擔風險有關。他們分析了選擇股權結構時企業通常會面臨的兩難問題：一方面,股權集中將鼓勵大股東的監督活動；另一方面,集中的股權將導致風險分擔不足所產生的成本。雖然在監督問題上存在"搭便車"行為,但是在風險分擔上的考慮最終會導致存在監督均衡的發生。

　　Burkart、Gromb 和 Panunzi（1997）[2]指出,分散的股權結構與企業資產的經理人的實際控制在產生成本的同時,也可能帶來收益,它鼓勵經理人進行如尋找新的專案等企業專用性投資,從事前的角度看對股東是有利的。當一個企業的股權較為集中,股東干預的可能性增大時,經理人通常不願意表現出過高的創造性來。企業必須在經理人創造性對企業價值的貢獻與監督帶來的收益之間進行選擇。因此,從這個意義上說,股權結構充當了給予經理人一定程度的控制權力的承諾條件。分散的股權結構意味著股東對經理人有較少的干預,從而鼓勵經理人潛力的發揮,與此相反,高度集中的股權結構則說明了經理人受到了更多的監督與控制。股權作為給予控制權力的承諾條件的認識,對分散股權結構的存在提供了一種全新的詮釋。

　　現代工商企業的興起推動了美國資本市場的發展,同時造就了金融資本主義。早在南北戰爭時期,美國修築鐵路之需就使紐約成為世

---

[1] Admati, Anat, Pfeiderer, and Zechner: Large SharegolderActivism, Risk Sharing, and Financial Market Equilibrium, *Journal of Political Economy*, 1994(102): pp1097～1130.

[2] Burkart, Mike, Gromb, Denis and Panunzi, Fausto: Why Higher Takeover Premia Protect Minority Shareholders, *Journal of Political Economy*, 1998 (106): pp172～204.

界上最大、最複雜的資本市場之一；19世紀與20世紀之交，以摩根為代表的投資銀行家透過資本市場對鐵路、鋼鐵、通信等關鍵行業進行了大規模的重組，金融資本主義達到了繁榮時期。這樣，透過為工商企業發行股票、債券，投資銀行家們獲得了控制權，作為大股東進入董事會，並掌管了公司的財務，擁有了公司的人事任免權。除了工商企業，他們還控制了許多商業銀行、保險公司和信託投資公司，使經濟中的權力過分地集中在少數金融家手裡，產生了權力濫用的風險。從1904年波士頓股票經紀人對華爾街內幕的揭露開始，美國政府開始出面對集中的經濟權力進行干預。1906年4月，美國的紐約州頒佈法律，要求證券與保險行業分離；美國各州自1911年起，紛紛制定"藍天法"，[1]以防止金融權力的集中以及證券發行和承銷中存在的欺詐行為；1912年，聯邦政府決定首次對金融業進行管制；1927年頒佈的《麥克法登法案》將銀行業務限制在州的範圍之內；1933年的大危機直接導致了對證券市場的立法，在美國產生了《證券法》、《證券交易法》和證券交易委員會（SEC），確立了銀行、證券和保險業務分業經營的基本原則。其中還把當時主宰美國金融業的J.P.摩根公司限制在商業銀行範圍內，將其證券業務獨立出來。這一系列的立法使得金融資本主義在20世紀30年代徹底消亡，同時使得銀行的規模和勢力、公司之間的相互持股、投資者集中投資於某一家公司的股票的現象得到了控制，同時企業透過銀行進行債務融資在客觀上受到了銀行實力的約束，這樣就避免了財富和控制權的過度集中。各種法案的推出保護了公眾投資者，使得美、英等國家的資本市場得到了空前的發展。因此，美、英等國家的股權分散主要是緣於國家法律法規的限制。

從資本結構的角度看，在分散化的股權結構下，權益資本融資並

---

[1] 在西方國家，《證券法》通常被稱為"藍天法"，取意為證券市場應該是一片明朗的藍天，不允許有烏雲和暴雨。

不是首先被考慮的。由於對成本的考慮,幾乎所有的資本市場發達的國家都遵循以下的融資順序:先使用未分配利潤,再使用銀行的長期債務,股票市場是最後才被考慮的融資手段。這樣看來,未分配利潤是主要的融資來源,而在分散的股權結構下,公司的經理對未分配利潤就擁有了較大的控制權。由於債權人缺乏控制經理人員的有效手段,而對流動性的偏好和對額外責任的逃避使得個人和機構都偏好於分散持股,這樣就降低了他們行使權威、控制經理的能力。儘管從理論上講,各國家的股票投票權大多是對稱地依賴於現金流要求權的,但是現金流要求權的分散化,卻使得經理可以憑藉代理權而獲得零成本的積累投票權,而分散的投資者卻缺少透過內部控制體系,來集聚足夠的控制權的能力。

3.現代企業控制權配置的博弈模型

有關文獻(Oborne 和 Rubinstein, 1990; Knight, 1992)認為:制度作為各方行為主體之間的博弈均衡,一般來說,制度變遷的路徑依賴於博弈行為主體討價還價的能力。任何一種均衡權利的界定總是傾向於討價還價能力佔優勢的一方,這種力量超過一定限度後,必定又會導致均衡的權利界定發生新的變化,從而對制度變遷的路徑產生影響。根據這一思路,可以構建一個動態演進博弈模型[1],來說明中國國有上市公司的控制權演進過程。

假定企業的所有者就是政府(不失一般性),同時把企業內部成員(經營者或董事會成員)抽象化為一個行為主體並稱之為經營者。我們建立如表 6-1 所示的博弈模型。

---

[1] 該模型參考了楊瑞龍主編:《國有企業治理結構創新的經濟學分析》,121~124 頁,北京,中國人民大學出版社,2001。本書作者略有改動。

表 6-1　政府與企業經營者之間的靜態博弈

		企業經營者	
政府		X	Y
	X	a_1, a_2	b_1, b_2
	Y	b_1, b_2	a_1, a_2

設定 X、Y 分別是政府與企業經營者可以選擇的兩種策略，雙方支付向量 a_i、b_i（i = 1, 2），且是正數，並再設定：$a_i > b_i$（i = 1, 2）。這是一個對稱結構的博弈模型，一次均衡策略的達成意味著博弈雙方對控制權擁有狀況的均衡態。明顯地，這個博弈有兩個納什均衡解，即（X, X）和（Y, Y）。再次假定：如果均衡爲（X, X）時，令 $a_1 > a_2$；若均衡爲（Y, Y）時，我們令 $a_2 > a_1$。由此可以看出，均衡（X, X）對經營者有利；均衡（Y, Y）對政府有利。在這個博弈模型中，可以用 b_1 和 b_2 來表示政府與企業經營者對控制權擁有的多少。從某種意義上講，它可以理解爲控制權的擁有者前期或更早時期爲爭奪企業控制權所付出的成本，它當然與政府和企業經營者討價還價的能力相對應。b 值越大，能力越強；反之，則能力越弱。在現實中，企業的控制權幾乎都在向經營者發生著動態轉移。

上述模型只是取整個動態過程中某一個具有典型特徵的討價還價時段進行了一定的分析。我們可以假定 $b_1 > b_2$ 作爲該博弈的初始條件，這就是說，從現在開始企業經營者就比政府擁有更多的企業控制權，也可以理解成爲從開始起企業的經營者就擁有了一定的控制權。

在這個模型中，對政府來說，企業經營者下面的這種承諾是可信的，就是不論政府採取什麼策略，經營者都會選擇策略 X。如果政府出於自己的利益考慮並且選擇了 Y，這時經營者是不會選擇策略 Y 的，這是由於均衡（Y, Y）對經營者是不利的，可能的一種結果是（X, Y），這時兩方的福利淨損失分別是：企業經營者是 $a_1 - a_2$；政府是 $b_1 - b_2$。從而我們可以清楚地看到，a_i、b_i 值的大小及它們之間的相互關係,可以知道政府的相對淨損失要大一些,而企業經營者的淨損失要小一些。因此(Y, Y)是對政府有利的一個均衡,但卻要冒較大的福利淨損失的風險,才有可能實現它,相對於政府手中的控制權而言(即 b_2 的值),這是得不償失的,這是因為在 $b_1 > b_2$ 的情況下,政府認為企業經營者的承諾是可信的,均衡當然是有利於經營者的結果(X, X),這個時候企業的控制權(剩餘控制權)大部分應該在企業經營者手中。

在上述模型中,如果引入一個動態的過程,均衡就會發生一定的變化。現在我們只是對政府與企業經營者就企業控制權的討價還價過程的某一輪進行分析。由於隨著討價還價過程的不斷進行,這個博弈模型的結構也會隨著一輪輪的討價還價博弈而發生變化,結果是處於有利地位的企業經營者,在其隨後的一輪輪討價還價中會擁有越來越大的討價還價能力,均衡也會朝著更加有利於企業經營者的方向發展,因而經營者手中的控制權會越來越大。我們把這個過程推向極端,其演變的結果就是 $a_1 \to b_1$、$b_2 \to 0$ 的政府與企業經營者之間的博弈模型。這個模型我們可以由表 6-2 來表示。

表 6-2　政府與企業經營者之間的動態博弈

政府		企業經營者	
		X	Y
	X	a_1, a_2	$a_1, 0$
	Y	$a_1, 0$	a_1, a_2

上述模型表示了企業剩餘控制權完全轉移到經營者手中的情形。對於上面的模型,如果和的值相差越大,則模型越有解釋力。

我們透過對模型化的政府與企業內部經營者就企業控制權(即剩餘控制權)的討價還價的分析,說明了控制權的變化將會導致企業內部結構的變化。

4.轉型期國有企業（上市公司）的內部人控制

對於中國國有上市公司的經營者來說，他們一般不擁有公司的股份，也就是不擁有公司合法的剩餘索取權，而且對於經營者的任命也是掌握在政府手中的，政府也不是按照經營者能力的高低在經理人市場上進行選擇的。因此，在初始的合約安排中，公司經營者所擁有的公司控制權是非常有限的，但隨著經營者在位時間的增長，其人力資本得到了積累（有人也稱之為社會資本），公司經營者在公司的討價還價能力也就逐漸增加，其擁有的公司控制權也不斷加強，這種控制權表現在以下兩個方面：一是經營者擁有的特定控制權增多；二是經營者攫取控制權的私人收益也在增多，這兩個方面加強了內部人控制權。但是它不能改變政府對公司人事任免的現狀，除非政府不作為，否則政府隨時都可以行使它在人事任命的權力，從這一方面來說，公司經營者的在位時間與擁有公司控制權的大小具有不確定性，即在中國國有上市公司中，終極控制權實際上是在政府手中的。政府行使其控制權主要有以下三種方式：一是直接任命董事會。這依賴於政府擁有國有上市公司優勢比例的股權，從而可以在股東大會上行使相應比例的投票權。二是間接控制。間接控制的方式主要是業務控制。政府透過業務控制，不僅可以減少持股比例，降低直接控制國有上市公司的成本，還可以將投資失誤的風險轉嫁給上市公司，這種做法的後果會造成上市公司與母公司之間的關聯交易增多。三是法律控制。政府可以透過立法或制定相應的法律或規則來對國有上市公司進行控制。由於政府壟斷了制定法律和實施法律的權力，政府為了加大對國有上市公司的控制力度，通常會透過立法的形式製造公共領域（如董事會任期以及罷免的限制性條款、股東大會投票規則），使得一部分屬於投資者的權利被留在了政府製造的公共領域內，而留在了政府製造的公共領域內的含租產權名義上歸屬於政府，實際上會分配給具體的個人，從而使上市公司控制權落到政府手中。

已有的理論認為，股權分散、兩權分離，就會很容易導致內部人控制（Inside control）[1]問題。"內部人控制"是指由於外部成員（股東、債權人）的監督不力，企業內部成員（主要是經理人）掌握了企業實際的控制權。而在股權集中的情況下，內部人控制就難以形成，因為股東在公司治理中的力量是非常強大的。所以說，在分散的股權結構條件下，經理人市場必須要比較發達才能較好地解決內部人控制的問題。

但是在中國卻呈現了一個悖論：股權高度集中與內部人控制並存。有關研究證明，中國上市公司的股權集中和內部人控制正相關（何俊，1998）。為什麼會出現這種情況呢？可以這樣認為：公司的內部人控制是由國家股、國有法人股比重過大而內生的，而國有股權比例高的制度背景是國家所有制經濟佔主體，現有上市公司又主要是由原來的國有企業改造而來的。有關中國上市公司中內部人控制產生的原因，主要有以下幾個：

第一，政府賦予企業經理人員的收益權與責任是不對稱的。政府要求經理人員提高企業的經營水平，但是給予經理人員的收益權卻非常有限。對於經理人員來說，與其提高經營管理和效率水平，還不如另想辦法擴大對企業的控制權來得更合算。

---

[1] 內部人控制可以分為兩類："法律上的內部人控制"是指企業內部人透過持有一定比例的企業股權而掌握了企業的控制權，主要是指控股股東（或其他特殊地位的大股東）獲取了比實際持股比例更大的控制權；"事實上的內部人控制"是指未持有公司股權的內部人掌握了企業的控制權，主要是指企業的經理人員。相對於"內部人"來講的"外部人"就是指資訊不充分、控制權小的中小股東及債權人。內部人控制在各國經濟中有不同程度和形式的表現。青木昌彥（1995）是最早提出"內部人控制"問題的人。他在研究東歐和獨聯體國家經濟體制轉型過程中的企業治理情況後指出，"內部人控制是轉型過程中所固有的一種潛在可能的現象"。其實在發達的市場經濟中也存在著內部人控制。這使得"內部人控制"好像有點泛化。

第二，企業與財產所有者代表（政府）的資訊是不對稱的。企業的經理擁有企業的資訊優勢，而政府卻在企業的外部，處於資訊劣勢，在這樣的情況下，企業的經理人採取一些牟取個人私利的行為損害所有者權益是較為容易的。

第三，財產權利約束不足。政府（或相關部門）是約束企業行為的惟一主體，但它對於企業行為的約束不是財產約束，而是行政約束，這種行政約束的強弱取決於企業經理人員與政府官員的交際或討價還價的能力。政府約束企業行為的常用手段是任免企業經理人員，但是這種任免在實際的操作中會出現腐敗，這是由於經理人員在職權力與大量的"控制租金"相聯繫，這表現為產權上的"超弱控制"。經理人員與政府博弈的結果，一部分經理利用政府產權上的超弱控制形成了事實上的內部人控制，他們得到的是控制權的私人收益，同時利用政府行政上的超強控制推脫責任，轉嫁自己的風險。在資本市場不完善的情況下（中國目前的資本市場上，控制權轉移市場還極不成熟），資本市場對經理人員的約束是很弱的，市場不足以對經理人員實施有效的約束，如控制權轉移市場的缺失，形成了市場對經理人員的一種軟約束。

以上三個方面的原因可以歸結為國有財產所有權管理主體的缺失或國有產權的虛置。

中國上市公司股權集中並沒有什麼不得了，"一股獨大"也沒有什麼不得了，內部人控制的主要問題是國有股權的不流動性，或者說是國有股權的流動性較差。大力發展機構投資者可以改變上市公司的治理結構，但是由於國有股的絕大部分並沒有流動，引入的機構投資者主要是投資於流通股，這對公司的治理結構的影響是微不足道的，而把機構投資者引入到非流通領域，這將與機構投資者追求流動性的要求相違背。因此，問題就是機構投資者追求流動性和公司治理要求的非流動性的矛盾。所以，對於中國上市公司的股權改革，借助於發展機構投資者來改善上市公司治理是不可行的。那麼如何改善中國上市公司的股權結構呢？現有的理論認為，公司的股權結構是在現在的管制環境下，公司股東最優的選擇結果，也可以這樣說，股權結構是環境管制的變數，因此要改變現在的股權結構就要改變現在的法律環境。美國公司法方面的專家 Coffee 認為：美國應該像英國一樣減少對機構投資者的持股限制，利用機構投資者來改善美國上市公司的治理。Coffee 雖然是針對美國來提出建議的，但是對中國目前的證券市場也是有借鑒意義的。這首先要求我們要轉變觀念，拋開國有股不流動的意識形態。要讓國有股也流動起來，才能解決中國證券市場先天的制度缺陷。鑒於國有股權的低效率，應該堅持國有股的流動性，促進競爭性的控制權市場的形成，在控制權形成的過程中要保護中小投資者的利益不被侵害。所以，要改變中國目前現有的上市公司股權不合理的現狀，就要加強公司控制權市場的競爭性，加強法律對投資者的保護。

中國上市公司控制權由於歷史的原因而形成了與世界其他國家差異較大的模式，它經歷了較為特殊的發展階段：一是改革前的外部控制。企業沒有自主權，政府包辦了企業所有的事務，該階段表現為政府強大的控制力，企業內部經營者與企業員工基本沒有控制權。二是 20 世紀 80 年代初，政府與企業員工有控制權，經營者的控制權則較弱。這是由於改革之初中央政府要給地方政府充分的自主權，為了企業的利潤，政府還對企業的組織和領導方式進行了改進，普遍實行了廠長負責制的管理體系。同時，工會的職能得到了法律上的確認和延伸，企業的負責人除了受制於政府外，還要受制於工會，在此階段上還出現了一定程度上的共謀現象，共謀發生在當地政府和企業之間，也發生在企業管理者和企業職工之間。政府和企業之間共謀的目的是透過增加企業的發話權而降低國家的發話權，進而使企業獲得較多的利潤；企業的經營者和企業職工共謀的目的則是透過提高職工福利而使得企業的利潤相對減少。三是經營者（管理層）控制力大大加強而政府和企業職工控制力減弱。經營者控制力不斷加強的主要原因是經營者的權力不斷加強而其代理人的權力相對減弱。由於管理層和企業的自主權不斷擴大，他們逐步具有了對企業財產的處置和使用權，企業的經營者（或者稱為內部人）控制逐步導致了資產的剝離和轉移。這種趨勢在某種程度上而言是順理成章的，但由於中國沒有監管和制衡機制而使得中國的內部人控制較為嚴重（Keun Lee 和 Donghoon Hahn, 2001）。

透過對發達市場和中國證券市場有關控制權的演變可以看出，中國控制權的形成與發達國家控制權的形成有明顯的不同。如表 6-3 所示。

表 6-3　發達市場與中國市場的控制權演變差異

	發達市場	中國市場
法制程度	較完善	欠完善
契約關係	市場經濟內生	計畫經濟外生
控制權市場	發達（流動性強）	不發達（流動性弱）
公司控制人	機構投資、大股東、內部人控制[1]	內部人（關鍵人）、第一大股東
控制權收益	低	較高

---

[1] 發達國家市場的內部人控制與經濟轉型國家內部人控制在產生原因、方式與內容上有很大的不同。發達國家市場的內部人控制主要是由於產權結構問題產生的，即由於股份廣泛分散引起所有權與控制分離而產生的。Berle 和 Means（1932）就論證了現代股份公司持股的廣泛分散導致經理人員支配地位的形成，即內部人控制的形成。而經濟轉型國家的內部人控制形成的原因更為主要的是政治與經濟體制方面的原因。在形成方式上，發達國家是顯性的而經濟轉型國家是隱性的。發達國家的內部人控制表現在內部治理方面；在經濟轉型國家，內部人控制既反映在內部治理上，同時也反映在外部治理方面。

美國、英國企業控制權的形成是在契約的基礎上形成的，是與資本市場的發展相輔相成的，所以有發達市場上的控制權市場。中國初始的契約都是從計畫經濟制度中演化而來的，因此沒有很好地界定剩餘權，造成了我們在公有制的企業裡找不到明晰的剩餘權，但是公有制企業不能消除剩餘權，在企業中仍然有各種資源的決策過程和決策權（周其仁，1997）。企業的控制權被理解成了廣義的控制權，它不僅包括了企業的經營權，而且包括了授予經理人員特定控制權以外的契約控制權（即剩餘控制權）。中國是控制權決定了所有權，控制權是所有權的實現形式。在西方則相反，是所有權決定了控制權。

美、英等國的上市公司的出現是經濟發展到一定階段的產物，是經濟自然演進的結果。在發達的西方國家的證券市場上，股權相對來說是分散的，這就產生了兩個問題，一是股東無法對公司實施日常控制，只好以股票的形式來保留對公司的控制權；二是監督成為了公共產品，因為股權分散且流動性強，眾多小股東很難集中於股東大會來行使權力和約束經理，以董事會為核心的公司管理體制，使經理人享有了公司的控制權，從而形成內部人控制或經理人員主導模式。中國上市公司的出現不是古典企業制度發展的自然結果，而主要是在否定、改造計畫經濟企業制度的過程中被直接嫁接到企業中的，它被賦予了改革國有企業的使命。為了不動搖中國公有制的主導地位，政策設計者在股權結構的安排上讓國有股、法人股不流通，這樣就形成了"一股獨大"。並且，在國有企業的改組改制過程中，經理層利用計畫經濟解體後留下的真空對國有企業實行強有力的控制，在一定程度上儼然成為了企業的實際所有者，出現了內部人控制的現象。中國的內部人控制與西方國家的內部人控制有著明顯的區別，中國的內部人是指經理人員，他們並沒有持有多少股份，而西方國家的內部人控制是經理人員（職工）持有大量的股份。中國的企業的控制權掌握在政府（虛擬的大股東）或內部人手中。所以，中國的股權結構導致了控制權的結構。在缺乏有效的外部經理市場和控制權市場的情況下，中國的上市公司出現了兩種治理模式：控股股東模式和內部人控制模式。這兩種模式在一個企業中經常會重疊在一起。在控股股東模式中，當控股股東為私人或私人企業時，往往會出現家族企業的現象；而當控股股東為國家時，往往會出現政企不分的現象，國家對企業進行的直接干預和政治控制往往與企業價值最大化目標相違背。上面的兩種模式通常會融合成一種形式，即關鍵人控制模式（Key Person control Model）。如圖 6-2 所示，關鍵人通常為公司的最高級管理人員或（和）控股股東代表，關鍵人往往在企業中大權獨攬，一個人具有幾乎無所不管的控制權，且常常集控制權、執行權和監督權於一身。

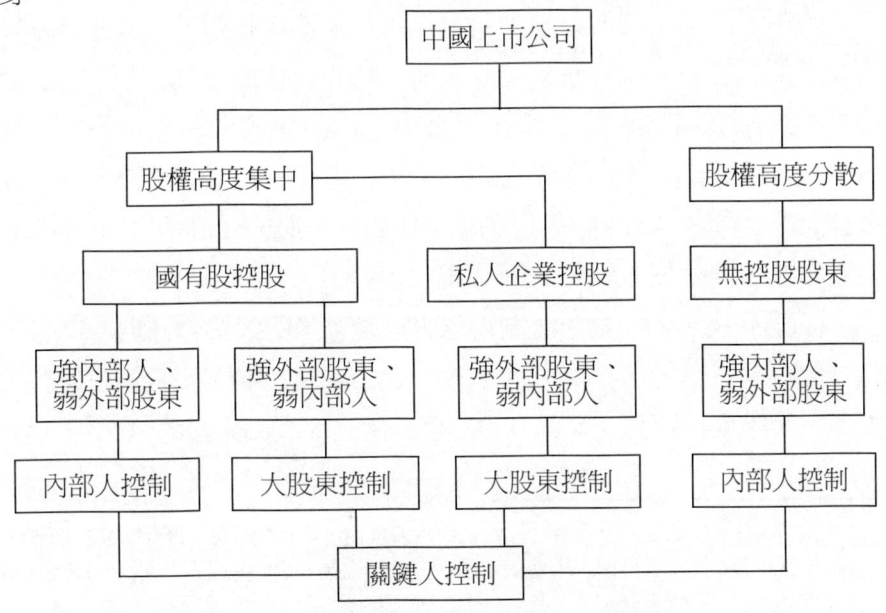

圖 6-2　中國上市公司的關鍵人控制模式

〔資料來源〕上海證券交易所研究中心：《中國公司治理報告》，2003。本書作者略有改動。

四、國有企業治理問題及治理機制的完善

1.國有企業改制的績效問題

中國國有企業在 1992 年以後普遍推行了公司制改革，根據有關調查資料，經過十多年的改革，這些國有企業的改制和重組正在向著有利於提高績效的方向變化，這首先反映在股權結構上。[1]

在調查資料所涉及的改制企業中，只有 31%多的企業透過改制把企業的控股屬性從國有改為非國有，改制對企業主要的產權屬性的改變並不太大，尤其是中央企業，90%左右的中央改制企業仍保持國有控股。相比之下，地方對國有企業的產權改革力度更大，將近 38%的地方改制企業讓國有產權退出了企業的控股地位。

改制形成了不同的第一大股東控制企業的產權模式，其中包括政府及其部門控股、民營企業控股、職工持股會控股等九大類不同的控股模式。國有或國有控股公司作為第一大股東的改制企業最多，佔 51%；另外兩類國有性質的控股模式也佔到 17%；民營企業和外資企業控股的合計佔 8%；經營層和職工持股會控股的合計佔 14.63%；自然人和其他控股類型佔7%多。具體來說：

(1)國有控股的結構。改制為國有控股企業的大約合計為 652 家，佔全部改制企業的 68%左右。具體分為三種：一種是政府及其部門作為第一大股東，這類企業僅有 43 家，佔全部改制企業的 4.5%。這類

---

[1] 在世界銀行的支援下，國務院發展研究中心企業研究所於 2004 年初籌劃，對中國的國有企業改制與重組進行一次大規模的問卷調查分析。本次調查共向 6,627 家企業發放了問卷，樣本企業的行業幾乎涵蓋了除金融、電力、石油開採部門以外的所有行業。其中，74 戶中央企業及其二級子公司共計 1,524 家，北京、重慶、黑龍江、遼寧、河北、河南、山東、江蘇、江西、湖北、湖南、廣東、廣西、陝西、甘肅、四川 16 個省、市、區和省會城市所屬企業共計 5,103 家。問卷回收率為 77%，其中收回關於改制的有效問卷 2,696 份，包括 1,044 家中央企業、1,652 家地方企業。參見《改革內參》（內部發行），2005(17)、(18)。

企業的平均資本股權接近 2 億元，平均持股比例大約為 70%，表明政府對於這些大企業具有很高的直接控股權。另一種是國有資產經營、管理或投資公司作為第一大股東，這類企業有 123 家，佔全部改制企業的近 13%。一些國有資產經營、管理或投資公司僅僅是作為政府所有者的代表，實際並不行使什麼實質性職能，這種控股的國有企業的所有權往往虛置的程度更強。這類企業平均資本股權規模大約為 1.8 億元，平均持股比例約 62%。第三種是國有控股集團公司作為第一大股東，這類企業達到 486 家，佔全部改制企業的 51%，可以說是形成了目前改制的國有企業的主流部分。這類企業的控股母公司基本上都是由原先的企業主管部門轉變而來的，其中一些主管部門進行市場化轉變比較徹底，形成了較有市場實力的母公司，另外一些則只能稱之為"翻牌公司"，沒有什麼市場競爭力。不過，它們都是具有雙重身分和職能的機構，既承擔一定的市場化商業運作職能，同時還承擔許多政府職能，例如改制、再就業、社會保險統籌等。這些集團控股企業的平均資本股權約為 8 182 萬元，股權集中度平均約為 63%。

(2)經營層或職工持股會控股的產權結構。改制企業中，非國有第一大股東最多的是職工持股會和經營層控股的企業，兩者合計約為 139 家。其中，職工持股會控股的有 91 家，企業經營層控股的有 48 家。職工持股會的平均資本股權規模為 1,043.5 萬元，控股比例約為 62%；經營層控股的企業的平均資本股權規模為 774.6 萬元，控股比例為 33.16%。因此，雖然經營層為第一大股東，但是至多只能是相對控股，而無法絕對控股。

企業職工持股會和經營層控股的改制模式，是僅次於國有控股模式的較為普遍的一種形式，佔全部改制企業數量的 14.63%。它們的規模不僅小於那些政府或國有集團控股的企業，也小於民營企業控股的改制企業，但是大於一般自然人控股的企業。由此可見，從政府、國有資產經營管理公司、國有控股集團公司，到民營企業、企業內部管理層和職工持股會,再到自然人控股的企業之間,似乎形成了一個規模從大到小的遞減梯度,各種改制模式在其中都能發現自己的大致位置。也就是說,企業的改制模式大體上是與其規模大小相對應的。

(3)民營企業和外資企業等非國有控股的結構。在全部改制企業中,第一大股東為民營企業的共有 64 家,平均資本股權規模約為 2,690 萬元,控股比例為 65%。這類民營化的企業僅佔全部改制企業的 6.74%。第一大股東為外資企業的共有 13 家,平均資本股權規模為 1,522 萬元,控股比例約為 61%,僅佔全部改制企業的 1.37%。第一大股東為境內自然人的企業合計約為 63 家,平均資本股權規模約為 267 萬元,平均股權集中度為 57%。從改制企業的股權集中度來看,國有控股企業的平均股權集中度(前三大股東持股比例的總和)大都在 90%左右,民營企業為第一大股東的企業的平均股權集中度達 92%,外資企業的股權集中度也接近 90%,職工控股會的企業股權集中度約在 82%,自然人和其他控股權的企業的股權集中度為 75%左右。最後是經營層控股的企業,前三大股東的集中度僅在 58%左右,剛好達到絕對控股狀態,這類企業可能會在一定程度上缺乏足夠的穩定性,職工持股會也有類似的問題。

2.國有企業改制後面臨的治理問題

國有企業的改制為理順產權關係及其有效的治理提供了條件,但是並不能完全解決企業所需要的激勵機制,特別是面對市場經濟中激烈的競爭包括體制競爭時。由於國有企業要實現國家所有權的策略目標,它面臨著截然不同於私營公司的一系列特殊的治理挑戰。經合組織的報告認為,根據不同國家不同的行政管理傳統、國有部門近期改革的狀況以及經濟自由化的程度,這些源自一系列特點的治理挑戰多少具有嚴重性。國有企業或是受被動國家所有權之苦,或是反過來受不適當的政治干擾之害。國有企業會出現受託責任的削弱,原因來自於預算軟約束和一套複雜的代理鏈條。國有企業常常可以免受來自於兩個方面即接管收購和破產的主要威脅從而得到庇護，但在這兩個方面對私營部門公司的監管則至關重要。尤為關鍵的是，公司治理的難度來自於存在一套複雜代理鏈條的現實，它們之間沒有明晰易辨的委託人，或是只有相距很遠的委託人。國有企業具有的多重委託人，涉及政府各部、議會、公衆或利益集團以及國有企業本身。理順受託責任這一複雜鏈條，以鼓勵透過管理國有企業而做出有效的決策，委實是一個真正的挑戰。[1]

從中國國有上市公司的情況來看，存在的主要問題是：①國有股權委託－代理體制尚不健全。模糊的股權管理體制、責權不清的產權代理關係，使國家投資和擁有股份的公司沒有集中統一的國有"老闆"，行政干預較多。②國家所有權沒有在企業內部真正到位，從而沒有建立起有效的公司治理結構，所有權的激勵和約束缺失，內部人偏離所有者權益的行為難以抑制。③國有股的委託－代理問題一直未能找到有效的解決方案，中國上市公司中內部人控制現象比較嚴重。[2] ④相當一部分企業的董事會未能夠真正代表所有者的利益。OECD 的《公司治理結構原則》認為，"治理結構框架應確保董事會對公司的策略性指導和對管理人員的有效監督，並確保董事會對公司和股東負責"。許多國有上市公司的董事會缺乏獨立性，主要在於董事會成員的構成狀況，一般都由政府主管部門指派，獨立行使職能受到影響。

---

[1] 國務院發展研究中心調查研究報告：《經合組織正在起草國有企業公司治理指引》，2004 年第 202 號。

[2] 根據《2002 上市公司董事會治理藍皮書》的調查統計，在內外部董事構成方面，外部董事席位數僅佔 7.24%，這說明上市公司的董事會主要被內部董事控制著。值得注意的是，李東明等（1999）的研究發現，當上市公司的最大股東為國有資產管理局或經營公司時，往往在董事會或監事會中沒有最大股東的代表，從公司董事會和監事會的組成人員來看，呈現出典型的內部人控制模式。

加之獨立董事制度還在建設之中，獨立董事不獨立的現象還比較突出。[1]另外對董事工作績效的評價體系也還沒有建立起來。⑤政府承擔的社會職能往往還在企業中延伸。在政府直接充當所有者時，往往利用行政權力把所控制的公司當成行使社會職能的工具，如限制冗員的分流、要企業繼續自辦"小社會"、透過"隨意組合的方式"向狀況尚好的企業甩"包袱"等。政企職能錯位使公司不能保證商業利益的獨立性，同時也侵害了小股東的權益。⑥在資本市場上，國有股、法人股不流通，沒有公司控制權轉移的威脅，經營者不受監督，扭曲公司治理方向的傾向得不到糾正。

3. 國有企業治理的完善

(1)改善國有企業的股權結構。國有股份的"一股獨大"是中國上市公司股權結構的實際狀況，而且中國很多上市公司的控股股東是國家（或國有法人），而缺乏有影響力的個人和家族股東，同時金融機構和機構投資者幾乎不起作用。雖然從國際經驗看，第一大股東持股比例高有助於其獲得上市公司的實際控制權，但這並不意味著公司治理會存在很大問題，關鍵是大股東的行為是否與公司的利益一致，或者說大股東在公司治理中能否產生積極的作用。中國上市公司在股權方面的特殊性在於"一股獨大"的是不可流通的國家股，而且其目標多元化，這使得國家股股東在股權的平等性和股權利益的一致性方面都與流通股股東有很大的差異，國有股的委託－代理機制存在的問題，不僅使上市公司的實際控制權很容易落在董事會和經理人員手中，而且常常造成董事會和經理人員的目標與行為並不相符，甚至還損害所有者的利益。因此，改善中國上市公司的股權結構是解決公司

---

[1] OECD 的《公司治理結構原則》提出："為了確保董事會的獨立性，通常要求相當數量的董事會成員不受聘於本公司，也不能與本公司或管理人員有重要的經濟關係，家庭成員或其他密切關係並不妨礙股東成為董事會成員。"

治理問題的一個重要條件。

　　(2)形成決策權、執行權和監督權三種權利利益指向一致性的則是制衡機制。雖然不同國家在公司治理模式上可能存在差異，但不論哪一種公司治理模式都十分重視決策權、執行權和監督權之間制衡機制的有效性，而決策權、執行權和監督權三種權利利益指向的一致性則是制衡機制能夠發揮作用的基礎。比如：在以英國和美國為代表的市場導向的公司治理模式中，公司透過對經理層激勵機制的設定使決策權和執行權的利益趨向一致，同時透過獨立的審計公司和董事會中獨立董事的作用來行使監督職能；在以日本和德國為代表的銀行導向的公司治理模式中，主辦銀行同時也是公司的大股東和主要的監督者，決策權和監督權的利益趨向一致，同時公司以低薪和很高的社會聲望來實現對經理人員的激勵。

　　(3)建設好董事會這一公司治理的核心機構，保證將公司委託給具有決策和監督能力，行為勤勉、誠信的董事組成的董事會經營。董事會受投資者委託，主要職責是確保公司的長遠利益，最重要的職能是任命和更換公司最高管理層、做出策略決策、監督管理層的工作、評估經理的績效並決定其薪酬和去留。董事會還必須確保企業的經營符合各項法律法規，包括要對財務報告的真實性、合法性等負責。董事會在公司治理中處於核心地位。為此要優化董事會結構，包括設立外部董事、獨立董事；設立以外部董事、獨立董事為主組成的審計委員會、提名委員會、薪酬委員會等。要認真實行董事會"集體決策、個人負責"的決策機制，強調董事會的獨立性，強化董事的個人責任。

　　(4)政府應努力成為一個瞭解情況的、負責任的、積極的所有者，並能制定一項明確的和一致的所有權政策。按照經合組織正在起草的《國有企業公司治理指引》，政府應制定並公佈一項所有權政策，以定義國家所有權的全部目標、政府在國有企業公司治理中的作用和所有權主體的運作方式；政府不應陷入國有企業日常管理中，應允許國有企業享有充分的經營自主權；政府應明確界定要求國有企業承擔的任何一項特殊責任，如提供一般性服務條款或社會責任，並向公衆公佈，以及用透明的方式規定應承擔的有關費用；政府應努力精簡並盡可能統一國有企業運行的法律形式；政府應建立一個有效的所有權職能組織，以確保國有企業的治理能夠自主和負責地以必要的專業程度和有效率的方式予以貫徹；所有權主體應代表作為所有者的國家，並在法律框架內對每個公司行使其作為所有者的權利，包括參加股東大會並代表國有股投票；建立報告制度，允許對國有企業經營績效進行定期監督和評估；參與國有企業董事會提名，並對全資或控股的國有企業建立提名程序；與外部審計員和專門的國家監控機構保持經常性對話；等等。[1]

(5)發揮外部監管部門在改善公司治理方面的重要作用。爲完善中國上市公司的治理結構，促進上市公司規範運作，中國證監會等監管部門先後公佈了《關於在上市公司建立獨立董事制度的指導意見》、《上市公司治理準則》等一系列規章規定。但總體來看，很多上市公司的治理結構只是簡單地滿足了監管部門形式上的要求而遠未達到有效治理的實際效果。在這種情況下，對國有企業的外部監管應該來自兩個方面，一是證券監管部門對上市公司的一般要求，包括公司治理的規範性和資訊披露的透明性；二是國有資產管理部門對國有企業資產保值增值的要求。在這兩個方面發揮職能的情況下，進一步推動公司治理的完善。

---

[1] 國務院發展研究中心調查研究報告：《經合組織正在起草國有企業公司治理指引》，2004年第202號。

附錄：現代公司所有權與控制權配置研究的現狀

1.美國現代股份公司控制權配置的演變

美國學者 Berle 和 Means（1932）對美國 200 家最大非金融公司所有權結構和控制形式（將公司的控制形式分爲五類：管理者控制、董事會控制、少數所有者控制、多數所有者控制和私人所有者控制），進行了一系列的實證研究。結論是隨著公司規模的擴大和股權的分散化，股東對公司直接施加的影響越來越小，公司的控制權正從股東手中轉移到經理人員手中，並在《現代公司和私有產權》一書中提出了公司所有權和控制權的分離問題，並進行了大量的研究和檢驗。在他們所調查的 200 家公司中，有 88 家公司（佔全體的 44%）屬於管理者控制，管理者已經在公司股權極其分散的條件下，控制了這些企業資產的大部分。他們稱之爲美國企業制度史上的一場"經理革命"（Managerial Revolution）[1]，這場革命造就了一種"與所有權相分離的經濟權勢"。

---

[1] Managerial Revolution 是美國制度經濟學家 James Burnham 在 1941 年的《經理革命：世界上正發生著什麼》一書中第一次提出的概念。他認爲：在社會急劇轉型期、在這個過渡時期所發生的一切，使一個社會集團或經理階級向統治、實力、特權的地位方面移動，這一變化意味著經理們無論是作爲個人來說，還是從法律地位和歷史地位來看，越來越不像資本家一樣了，有一種連帶在一起轉變：經理的職能透過生產技術的變更而變得比較特殊、比較複雜、比較專門化，以及整個生產過程比較有決定性，從而使得那些履行這些職能的人作爲社會上一個特殊的集團或階級而與眾不同。20 世紀 60 年代以後，有許多學者針對"Managerial Revolution"論的觀點提出了金融機構控制論和階級控制論。階級控制論主要是針對經理革命論與金融機構論而提出的，旨在解釋現代大公司由誰控制的問題。現在該理論的主要代表人是 Maurice Zeitlin，其觀點是：透過公司制度的外觀就可以看到，公司的真正控制者不是別人，而正是包括資本所有者和經理人員在內的社會階級，公司的實質是私人財產進行階級控制的工具。

表 6-4　公司所有者與控制形態的情況（%）

	佔公司總數的比例	佔總資產額的比例
管理者控制	44	58
董事會控制	21	22
少數持股者控制	23	14
多數持股者控制	5	2
幾乎為個人所有	6	4
私人所有權控制	1	很少，忽略不計
合計	100	100

〔資料來源〕A. Berle and G. Means: *The Modern Corporation and Private Property*, New York, Macmillan, 1932.

從表 6-4 中我們可以看出，不以所有權為依據控制公司的比例之和為 65%，佔總資產的 80%。這說明，在現代的大型公司中，公司控制權已經從股東手中轉移到了管理者手中。

另有美國經濟學家 Lerner（1966）運用 Berle 和 Means 的標準考察了美國 20 世紀 60 年代初最大非金融公司的控制類型。其研究證明，公司控制的類型並不是 0 或 1 的標準（要麼控股要麼非控股），而是一個漸進的過程，它包括管理層控制、股東控制、法律規定、絕對控股和相對控股五類。

還有 John Cubbin 和 Dennis Leech（1983）根據一些實證研究的結果，對控制類型進行了分類。詳見表 6-5。

表 6-5　控制類型分組的主要標準

序號	標準提出者	總的分類值	管理層控制	所有者控制	其他分類
1	• Berle、Means (1932)	5	< 20%	接近 100%	a.法律規定 b.絕對控股 > 50% c.相對控股（通常 > 20%，其餘股權分散或小股東共同控制）
2	• Burch (1972)	3	董事沒有較多股權	可能是家族	董事會中有較多家族成員
3	• Hindley (1970)	2	最大的 20 個股東擁有小於 20%的股權	股東人數有限，最大的股東擁有大於 40%的股權	介於以上兩者之間
4	• Kania Mckean (1976)	2	剩餘股權	> 10%（500 強公司） > 15%（次 500 強公司） > 20%（再次 800 強公司）	
5	• Larner (1970) • Kamerschen (1968)	5	剩餘股權	> 80%（私人機構中）	a.絕對控股 b.相對控股（根據分散度，最大機構 > 20% 或 10% 並 < 50%）
6	• McEachen Romeo (1978)	2	< 4%	> 4%	
7	• Monsen Chiu Cooley (1968) • Boudreaux (1973)	2	沒有機構 > 5%	董事會成員 > 10%，否則 > 20%	
8	• Nyman siberston (1978)	3～4	< 5%	> 5% 或創始人家族成員任董事長	工業資本股、金融資本股

表 6-5　（續）

序號	標準提出者	總的分類值	管理層控制	所有者控制	其他分類
9	• Palmer (1973) • Qualls (1976) • Stano (1976) • Bothwell (1980)	3	<10%	強勢股東（>30%）	強勢股東<30%，但>10%
10	• Pederson Tabb (1976)	5	剩餘股權	>5%	
11	• Radiee (1977)	2	<5%	>15%	
12	• Sorenson (1979)	2	<5%	>20%	
13	• Thonel Poensgen (1979)	4	剩餘股權	一個家族>20%	其他公司、政府機構>20%
14	• Williamson (1964) • Grabowski Mueller (1972)	根據擔任公司高層的董事的百分比進行分類			

〔資料來源〕John cubbin、Dennis Leech: The Effect of Shareholding on the Degree of Control in British companies Theory and Measurement, *The Economic Journal*, Volume 93, Issue 370, Jun 1983.

注：若非特殊說明，表中資料表示控股股東所需投票股數的百分比。

2.對公司所有權與控制權問題的認識

所有權的內涵隨著社會的發展、人們認識的加深而有所變化和發展。Margarel M. Blair（1995）認為公司的所有權（Corporate Ownership）是指剩餘收益索取權（Residual Income Claim）和公司控制權（Control right）的總和。其中剩餘收益索取權是指扣除其他要素所有者報酬後的剩餘索取權。他的定義其實是按所有權就是現金流權來做出的。在中國的《民法通則》中，將所有權界定為佔有、使用、收益和處分四項權力，在大多數情況下，所有權的重點應該是處分權。但是在實際的運用中，人們關注的往往是前三項權力。

有關對所有權的深刻認識，在 Laporta、Lopez De Sianest 和

Shleifer（1999）的論文[1]《世界範圍的公司所有權》（*Corperate Ownership Around the World*）中得到了體現。他們認為：為了有效地觀察到控股股東的存在和行為，就必須用投票權（Voting Rights）而不是用現金流權（Cash Flow Rights）來定義所有權。換句話說，由於有控制力的股東對公司的所有權中暗含有各種私人收益，包括透過隱蔽渠道、關聯交易轉移利潤、轉移資產等，所以，所有權應該更多地指公司的控制權，而不是指現金流權。公司的投票權，可以由最終控制性股東直接持有，也可以由他們透過各種間接渠道來持有。

Demsetz 和 Lehn（1985）[2]討論了可能影響公司所有權的四個方面因素：①公司的資產規模；②對公司實施控制的潛在收益；③行業的可競爭程度（是否處於管制行業或者金融行業）；④控制公司是否會給控制者帶來好處（如控制者在個人聲譽方面會有許多的非貨幣收益）。Demsetz 和 Lehn 用 511 家美國大型上市公司的資料核對了上述影響因素，發現在統計上存在顯著的支援證據。這說明了所有權的分散程度背後是有決定因素的，不是隨便就使股權分散化了，股東就會放棄控制權了。

Demsetz（1988）[3]又深化了對所有權與控制權分離問題的認識。他認為，所有權與控制權分離的現象並不是所有者放棄了控制權。"所有者為了自己的利益，根本不會把寶貴的資產的控制權拱手交給他人，除非此人與自己有共同利益"，並提出了決定所有權結構的因素，其中主要包括：企業價值最大化所需的規模、對企業實施更有效

---

[1] 因為他們三人與另一位經濟學家 Vishny 經常在一起發表文章，人們把他們稱為計量財務經濟學研究中的"四人幫"，簡稱 LLSV。在這篇論文中只有 LLS。

[2] Demsetz H. and Lehn K.：The structure of corporate Ownership: Causes and Consequences, *Journal of Political Economics*, 1985 (93), pp1154～1177.

[3] Demsetz & Harold: The structure of Ownership and the Theory of the Firm, *Journal of Law and Economics*, 1983 (26), pp375～390

的控制所產生的利潤潛力、系統性管制以及潛在的滿足感（舒適的辦公環境和領導者的權威等），並對所有權的集中度進行了分析。所有權的特點決定了所有權的內在成本。所有權的成本包括監督的成本和集體決策的成本，監督的成本來自於知曉公司運營資訊的成本、與其他股東溝通的成本以及決策執行的成本，集體決策的成本來自於決策本身（股東的價值取向不同）的成本、決策過程中的成本、解決股東之間衝突的成本和承擔風險的成本等。

　　Williamson（1985）和 Putterman（1993）進一步探討了爲什麼資本所有者擁有大部分企業的控制權。Williamson（1985）[1]認爲經理可以透過僱傭條款獲得合約保證，但是股東卻沒有這類合約保證，而正是由於股東沒有合約保障，才要求把企業的控制權授予他們。Putterman（1993）還指出，雖然所有權與控制權分離了，但是控制權仍然牢牢地抓在股東的手裡，並且認爲，由誰擁有所有權，即由控制權、剩餘權和讓渡權構成的權利束，其主要決定因素可能是提供資金資源和承擔風險的能力和意願。Knight 也認爲，風險承擔者必須擁有控制權，以保證企業內被保險人不會濫用他們所得到的保障。同時持有該觀點的還有 Fama 和 Jensen。

　　Fama 和 Jensen（1983）在《法與經濟學雜誌》上發表的《所有權與控制權的分離》一文，從代理成本方面闡述了兩權分離。他們認爲，公衆公司是一種複雜的組織，剩餘風險承擔與決策程序（即所有權與控制權）的分離可以提高複雜組織的效率，由此而產生的代理問題可以透過經營決策與決策控制的分離來解決。股東、經營者與董事會分別是剩餘風險承擔、經營決策與決策控制的主體。股東可以直接承擔經營決策與決策控制，但由於各種不同而相關的專業知識分散在組織的各級機構中，這種機制將導致高昂的成本，這時股東會選擇放

---

[1] Williamson: *The Economics Institution of Capitalism: Firm, Markets and Relation Contracting*, New York, The Free Press, 1985.

棄決策程序職能，轉而只承擔剩餘風險，享受資本市場風險分散的好處，並將決策控制的權利交給董事會，由董事會再將經營決策職能和最高層次之外的決策控制職能授予經營者。

公司的所有權和控制權之間存在著非對稱的關係，所有權雖然是控制權的基礎，但是並非獲得控制權的惟一方式。Berle 和 Means（1932）首先對所有權和控制權的分離現象進行了分析，而且還根據控制權類型對所有權和控制權的分離進行了實證研究，其結果說明了所有權和控制權的分離傾向逐漸明顯。在美國等發達國家的資本市場上，上市公司的股權結構非常分散，公司的控制權在大多數情況下都在經營者手裡。[1] 面對這種股權越來越分散化的狀況，股東們也越來越不願意支付監督管理層的代理成本。也許所有的股東都來監督的潛在收益要大於上述的代理成本，但是股東們與經營者博弈的結果會"搭便車"。後來也有人試圖透過研究來說明現代公司不存在真正的兩權分離。Demsetz（1988）就認為現代公司沒有真正的兩權分離。這是由於股東會、董事會、監事會和管理層的權力從本質上說是由股東決定的。在股份公司特別是股權相當分散的股份公司中，有時確實存在著所有權難以實施足夠控制權的問題，但是這是一種代理成本問題，而不是一種規範的產權安排。

3.公司股權結構的集中度和控制權配置的關係

在現在的西方國家，股份公司的股權結構在不斷分散化，使得擁有 10%甚至 5%的股權的股東也能控制公司。同時，隨著股權的分散化，出現了非股東控制公司的現象。但是，隨著股權的分散化也出現了一種較為有趣的現象，就是管理層控制公司和小股東侵佔小股東的利益，這是股權分散化所帶來的控制權問題。

所有權的分散對公司來說影響是多方面的。雖然 Berle 和 Means

---

[1] 這種現象正在由機構投資者控制。

一致認為，管理層和股東的利益一致將使公司的利益最大化，但是管理層只擁有公司的一定股份且比例較低，管理層只會追求管理者效用最大化而不是股東利益最大化。於是管理層就會利用手裡的控制權來為自己謀求利益，但這種行為會隨著管理層持股比例的增加而減少（John cubbin 和 Dennis Leech, 1983）。

目前從世界範圍來看，公司股權的特點有：股權一般都比較集中，除英、美等國家以外，從股東的結構上看，機構投資者、銀行、家族和國家是主要的大股東。

根據貝克特（Becht，1997）對美國 6,559 家上市公司所有權結構的研究結果，如表 6-6 所示，第一股東的持股平均數為 22.77%，中位數為 15.10%，最小值為 0.05%，最大值為 99.9%。第二大股東持股的平均數為 11.3%，中位數為 9%，最小值為 0.001%，最大值為 44.99%。第四到第十大股東與前三大股東持有股份的差距較大，平均數為 2.08%，中位數為 1.74%，最小值為 0.001%，最大值為 5.72%。

表 6-6　美國 6,559 家上市公司股權集中度（%）

	第一大股東	第二大股東	第三大股東	第 4～10 大股東
平均數	22.77	11.26	7.95	2.08
最大值	99.90	49.99	33.29	5.72
中位數	15.10	9.02	6.99	1.74
最小值	0.05	0.001	0.001	0.001

〔資料來源〕Marco Becht: Beneficial Ownership of Listed Companies in the United States, In the Separation of Ownership and Control: A Survey of 7 European Countries, *Prelimimanary Report to the European Commission*, Volume 1997 (3), Brussels, European Corporate Govermance Network.

科學家在對英國的股權集中度的研究中發現，英國公司最大三個股東股權集中度比美國還要低，更比歐洲國家的股東分散。根據 Marc Goergen 和 Luc RenneBoog（1998）對 1992 年倫敦證券交易所 250 家上市公司進行的實證研究得出的樣本，第一大股東持股平均數為 14.4%，中位數為 9.9%，最小值為 3.4%，最大值為 78.9%。第二大股東和第三大股東分別平均持有 7.3%和 6%的股權。見表 6-7。

表 6-7 英國 250 家上市公司股權集中度（%）

	第一大股東	第二大股東	第三大股東	第 4～10 大股東
平均數	14.4	7.3	6	4.1
最大值	78.9	26.3	25.7	10.1
中位數	9.9	6.6	5.2	3.9
最小值	3.4	3.0	3.0	3.0

〔資料來源〕Marc Goergen and Luc Renneboog: *Strong Managers and Passive Institutional Investors in the UK*, European Corporate Governance Network, 1998.

德國是股權相當集中的國家之一。根據德國聯邦證券交易管理局（BAWE）的統計，截至 1996 年底，德國共有上市公司 691 家。貝克特（Becht, 1997）對其中 372 家工業上市公司的股權結構進行了實證研究，發現共有 648 個大額所有權[1]，即平均每個公司有 1.74 個大額所有權。結果見表 6-8。

股權的集中度與分散度可以用最大股東所持有股份在該公司股份中所佔的比例來表示，測量的標準可以是最大股東、最大 3 個股東、最大 5 個股東、最大 10 個股東以及最大 20 個股東等。表 6-9 列出了世界上主要國家最大 10 家公司的最大 3 個股東所持股權比例。表 6-16 是中國上市公司最大股東的持股比例。我們可以看出，中國上市公司的最大 3 個股東持股比例即 A3 是 55%。與世界其他國家相比，中國的集中度是比較高的。

---

[1] 大額所有權是指持股在 3%以上的所有權。

表 6-8　德國 372 家上市公司股權集中度（1996 年）

累積比例 （%）	A1 公司個數（個）	A1 累積比例（%）	A2 公司個數（個）	A2 累積比例（%）	A3 公司個數（個）	A3 累積比例（%）
0～5	4	1.1	4	1.1	4	1.1
5～10	7	3	6	2.7	6	2.7
10～25	54	17.5	18	7.5	18	7.5
25～50	68	35.8	60	23.7	53	21.8
50～75	95	61.3	89	47.6	82	43.8
75～90	65	78.8	93	72.6	103	71.5
90～95	21	84.4	27	79.8	28	79
95～100	58	100	75	100	78	100
合計	372		372		372	

〔資料來源〕Becht, Marco and Ekkehart Boehmer: Transparency of Ownership and Control in Germany, in the Separation of Ownership and Control: A Survey of 7 European Countries, *Preliminanary Report to the European Commission*, Volume 1997 (3), Brussels, European Corporate Governance Network.

從表 6-9 可以看出，除英、美以外的其他國家，上市公司股權都較爲集中。德法法系較爲明顯。Franks 和 Mayer（1994）、Gorton 和 Scchmid（1996）對德國上市公司的集中式股權進行了研究，Prowse（1992）、Berglof 和 Perotti（1994）對日本進行了研究，另外還有 La Porta（1999）對發達國家的股權狀況也進行了較爲系統的研究。其結果是，在上述這些典型的國家中存在股權較爲集中的現象。

表 6-9　世界主要國家（地區）的最大 10 家公司的所有權集中度（最大 3 個股東）（%）

序號	法律體系	國家（地區）	A3 平均數	序號	法律體系	國家（地區）	A3 平均數
一	英美法系		43	三	法國法系		54
1	英美法系	美國	20	20	法國法系	法國	34
2	英美法系	加拿大	40	21	法國法系	義大利	58
3	英美法系	紐西蘭	48	22	法國法系	西班牙	51
4	英美法系	澳大利亞	28	23	法國法系	比利時	54
5	英美法系	英國	19	24	法國法系	巴西	57
6	英美法系	愛爾蘭	39	25	法國法系	阿根廷	53
7	英美法系	南非	52	26	法國法系	荷蘭	39
8	英美法系	印度	40	27	法國法系	秘魯	56
9	英美法系	以色列	51	28	法國法系	印尼	58
10	英美法系	泰國	47	29	法國法系	希臘	67
11	英美法系	馬來西亞	54	30	法國法系	墨西哥	64
12	英美法系	中國香港	54	31	法國法系	菲律賓	57
13	英美法系	新加坡	49	32	法國法系	土耳其	59
二	德國法系		34	33	法國法系	埃及	62
14	德國法系	德國	48	34	法國法系	哥倫比亞	63
15	德國法系	日本	18	四	北歐法系		37
16	德國法系	瑞士	1	35	北歐法系	丹麥	45
17	德國法系	韓國	23	36	北歐法系	芬蘭	37
18	德國法系	奧地利	58	37	北歐法系	挪威	36
19	德國法系	中國台灣	18	38	北歐法系	瑞典	28

〔資料來源〕La Porta, Lopezz De Silanes, Andrei Schleifer and Robert Vishny: Law and Finance, *NBER Working Paper Series*, Cambridge, USA, 1969.

La Porta、Lopez-De silanes、Shleifer（LLS，1999）對 27 個發達國家進行了深入的考察研究，結果證明：Berle 和 Means（1932）的"所有權與經營權分離"假說所對應的股權分散的所有制結構越來越少見，除了那些法律能夠很好地保護小股東利益的國家的股權較為分散以外，大部分國家的企業都是由家族或者國家控制的，金融控制上市公司的狀況也不是如我們所想像的那麼普遍。一般而言，控股股東會擁有顯著超出其現金流權的對公司的控制權，這些控制權使控制股東一般透過金字塔式的結構控制了公司並參與公司的經營管理。他們的研究還證明，金字塔的股權結構是控股股東獲取和濫用控制權的主要途徑。如果僅以發行具有不同投票權的股票、偏離"一股一票"作為獲取控制權的惟一機制，在 LLS 研究的樣本公司裡，要獲得 20%的投票權，平均至少需要持有 18.6%的股權（現金流權）。在股東保護完善的國家，這一指標達到了 19.7%。如果僅以發行具有不同投票權的股票作為獲取控制權的惟一機制，樣本公司的現金流權和投票控制權的分離並不嚴重。但是事實並非如此。平均 26%的具有最終控股股東的公司，控制權的實現是透過企業鏈金字塔的結構的。在股東保護完善的國家，這一比例是 18%；在股東權利不完善的國家，這一比例可以達到 31%。這顯然是控股股東獲取超出現金流權的控制權的主要機制。另外，Wolfenzohn（1998）、Grossman 和 Hart（1986）詳細分析了這種金字塔結構的運作機制。

特別地，郎咸平、Simeon、Claessens（1999、2001）[1]等人對於東亞公司所有權與控制權分離進行了研究，結果發現在東亞國家（地區）裡，借助於金字塔結構和交叉持股，控制權與現金流權的分離更加徹底，在超過 2/3 的公司裡，都存在著一個超級控制者。在這些被大股東把持的公司裡面，經理人常常是超級股東的親戚。從下表 6-10 和表 6-11 可以清楚地看出來。

---

[1] Larry H. P. Lang, Claessens, Stiji and Simeon Djankov: Who Control East Asian Crporation? Policy Research Working Paper 2054, World Bank, Financial Sector Practice Department, Washington D. C., 1999.

表 6-10 東亞部分國家或地區上市公司控制權的分佈（%）

國家或地區	公司數（個）	公眾持有	家族	國家或地區	公眾持有的金融機構	公眾公司
以 20%為界線						
中國香港	330	7.0	66.7	1.4	5.2	19.8
印尼	178	5.1	71.5	8.2	2.0	13.2
日本	1,240	79.8	9.7	0.8	6.5	3.2
韓國	345	43.2	48.4	1.6	0.7	6.1
馬來西亞	238	10.3	67.2	13.4	2.3	6.7
菲律賓	120	19.2	44.6	2.1	7.5	26.7
新加坡	221	5.4	55.4	23.5	4.1	11.5
台灣	141	26.2	48.2	2.8	5.3	17.4
泰國	167	6.6	61.6	8.0	8.6	15.3
以 10%為界線						
中國香港	330	0.6	64.7	3.7	7.1	23.9
印尼	178	0.6	68.6	10.2	3.8	16.8
日本	1,240	42.0	13.1	1.1	38.5	5.3
韓國	345	14.3	67.9	5.1	3.5	9.2
馬來西亞	238	1.0	57.5	18.2	12.1	11.2
菲律賓	120	1.7	42.1	3.6	16.8	35.9
新加坡	221	1.4	52.0	23.6	10.8	12.2
中國台灣	141	2.9	65.6	3.0	10.4	18.1
泰國	167	2.2	56.5	7.5	12.8	21.1

〔資料來源〕Claessens S., S. Djankov and L. H. P. Lang: The Separation of Ownership and Control in East Asian Corporation, *Journal of Financial Economics*, 2001, pp70～80.

表 6-11　東亞部分國家或地區控制權分佈與公司規模（%）

國家或地區	規模	社會公眾持股	家族持股	國家或地區政府持股	金融機構持股	公司持股
中國香港	所有企業	7.0	66.7	1.4	5.2	19.8
	最大 20 家	5.0	72.5	7.5	10.0	5.0
	中間 50 家	6.0	66.0	2.0	4.0	22.0
	最小 50 家	14.0	57.0	3.0	1.0	25.0
印尼	所有企業	5.1	71.5	8.2	2.0	13.2
	最大 20 家	15.0	60.0	20.0	0.0	5.0
	中間 50 家	6.0	62.7	3.3	3.0	25.0
	最小 50 家	0.0	93.0	0.0	1.0	6.0
日本	所有企業	79.8	9.7	0.8	6.5	3.2
	最大 20 家	0.0	5.0	5.0	0.0	0.0
	中間 50 家	96.0	2.0	0.0	0.0	2.0
	最小 50 家	0.0	57.0	0.0	30.0	13.0
韓國	所有企業	43.2	48.4	1.6	0.7	6.1
	最大 20 家	65.0	20.0	10.0	0.0	5.0
	中間 50 家	66.0	11.0	5.0	0.0	18.0
	最小 50 家	0.0	97.0	0.0	1.0	2.0
馬來西亞	所有企業	10.3	67.2	13.4	2.3	6.7
	最大 20 家	30.0	35.0	30.0	0.0	5.0
	中間 50 家	12.0	69.0	10.0	4.0	5.0
	最小 50 家	0.0	84.0	5.0	2.0	9.0
菲律賓	所有企業	19.2	44.6	2.1	7.5	26.7
	最大 20 家	40.0	40.0	7.5	7.5	5.0
	中間 50 家	16.0	42.0	0.0	9.0	33.0
	最小 50 家	16.0	45.0	2.0	6.0	31.0
新加坡	所有企業	5.4	55.4	23.5	4.1	11.5
	最大 20 家	20.0	32.5	42.5	0.0	5.0
	中間 50 家	10.0	46.0	35.0	0.0	5.0
	最小 50 家	2.0	67.0	4.0	5.0	22.0

表 6-11 （續）

國家或地區	規模	社會公眾持股	家族持股	國家或地區政府持股	金融機構持股	公司持股
中國台灣	所有企業	26.2	48.2	2.8	5.3	17.4
	最大 20 家	45.0	15.0	15.0	5.0	20.0
	中間 50 家	36.0	38.0	0.0	6.0	20.0
	最小 50 家	6.0	80.0	0.0	4.0	10.0
泰國	所有企業	6.6	61.6	8.0	8.6	15.3
	最大 20 家	10.0	57.5	20.0	7.5	5.0
	中間 50 家	6.0	47.0	10.0	15.7	21.3
	最小 50 家	0.0	76.7	2.7	5.0	15.7

〔資料來源〕Claessens S., S. Djankov and L. H. P. Lang: The Separation of Ownership and control in East Asian Corporation, *Journal of Financial Economics*, 2001, pp81～112.

　　從表 6-11 裡我們可以看出，東亞國家和地區的上市公司大部分都是由家族控制的，這與中國的上市公司的股權結構有較大的相似性，其不同在於，東亞國家和地區的上市公司大部分都是由家族擁有大量股權，但是這一部分股權可以在二級市場上進行交易，只不過出於對控制權的考慮一般不進行控制權的交易而已。而在中國，國家控制了股權，這部分股權不在二級市場上進行交易，只有場外的協定交易。這是由於歷史的原因形成的。目前的中國證券市場正在著手解決這一歷史性的問題。

　　在 2002 年，郎咸平和 Facciog 研究了關於西歐 13 個國家 5,232 家上市公司的最終所有權結構問題，以及實際控制權的人是透過什麼樣的手段獲得現金流權之外的控制權的。下表 6-12 是他們的研究結果。

表 6-12　西歐 13 個國家 5,232 家上市公司的控制權分佈（%）

國別	公司數（個）	公眾持有	家族	國家	公眾公司	公眾持有的金融機構	其他	交叉持股
奧地利	99	11.11	52.86	15.32	0.00	8.59	11.11	1.01
比利時	130	20.00	51.54	2.31	0.77	12.69	12.69	0.00
芬蘭	129	28.68	48.84	15.76	1.55	0.65	4.52	0.00
法國	607	14.00	64.82	5.00	3.49	11.37	0.91	0.00
德國	704	10.37	64.62	6.30	3.65	9.07	3.37	2.62
愛爾蘭	69	62.32	24.63	1.45	2.17	4.35	5.07	0.00
義大利	208	12.98	59.61	10.34	2.88	12.26	1.20	0.72
挪威	155	36.77	38.55	13.09	0.32	4.46	4.54	2.27
葡萄牙	87	21.84	60.34	5.75	0.57	4.60	6.90	0.00
西班牙	632	26.42	55.79	4.11	1.64	11.51	0.47	0.05
瑞典	245	39.18	46.94	4.90	0.00	2.86	5.71	0.41
瑞士	214	27.57	48.13	7.32	1.09	9.35	6.31	0.23
英國	1,953	63.08	23.68	0.08	0.76	8.94	3.46	0.00
共計	5,232	36.93	44.29	4.14	1.68	9.03	3.43	0.51

〔資料來源〕Larry H. P. Lang 和 Mara Faccing 著：《西歐公司的最終所有權》，見郎咸平著，易憲容等譯：《公司治理》，350 頁，北京，社會科學文獻出版社，2004。

郎咸平透過研究發現，在西歐的上市公司中，大約佔 36.93%的上市公司的股權是分散持有的，而家族控制的公司約佔 44.29%。分散持有的公司在金融性公司和大型公司中佔主導，而家族持有公司在非金融公司和小型公司中更為普通；分散持有的公司主要分佈在英國和愛爾蘭，而在歐洲大陸上，家族控制公司更為普遍。

4.機構投資者正在成為大股東

在世界範圍內，公司的股權結構有從分散向集中發展的趨勢。這種集中的特點是向機構投資者集中。近些年來，在發達的資本市場上，以養老基金、保險公司、共同基金、開放式基金、封閉式基金、商業銀行的信託機構以及投資銀行等為代表的機構投資者不斷崛起，機構投資者已逐漸取代個體投資者而佔據主導地位。在 1999 年，美國的保險基金、養老基金、共同基金等機構投資者的持股比重已達到 57.6%，日本的銀行、企業法人和保險公司等主要機構投資者佔了 70%以上，英國的養老基金股票投資佔總市值的比重為 32.5%、保險公司佔 16.3%、其他金融機構佔 16.2%，而個人投資者只佔 20%。

我們所說的機構投資者在證券市場上是相對於個人投資者而言的。需要強調的是：這裡的機構專指金融機構。由於世界上各國金融機構發展的差異性，所以對金融機構投資的要求也有所不同，就是說，不同的國家，機構投資者的投資內容是不一樣的。OECD 把機構投資者定義為：將個人和非金融公司的儲蓄投資於金融市場的金融機構。其中包括養老基金、保險公司、開放式基金、封閉式基金、對沖基金以及投資銀行、商業銀行等。資本市場由過去的散戶主導型向機構投資者主導型轉變，被認為是資本市場的機構化（Institutionalisation of Capital Markets）。國際清算銀行（BIS）把機構投資者分為集體投資機構、保險公司和養老基金等。

世界各國的機構投資者在證券市場上的融資佔有較大比重，僅以持股數量看，英國屬於第一位，美國次之。在英國，機構投資者成為了最大的股東，1994 年其所持有的上市公司股份達到了 60.2%。在歐洲大陸，機構投資者持股數量相對來說要少一些，如德國的機構投資者股份佔比為 30.3%，而其他國家都在 30%以下，比利時、義大利的機構投資者股份比重在 20%以下。其主要原因是歐洲大陸各國養老金制度的差異造成的，除荷蘭以外的其他國家，所實行的都是現收現付制度。表 6-13 和 6-14 就能說明這個問題。

表 6-13　世界各國機構投資者持股佔總融資的比重（%）

	美國(1995)	英國(1994)	義大利(1993)	比利時(1996)	荷蘭(1996)	法國(1994)	德國(1994)
保險公司	6.1	21.9	0.8	8.2			
私人養老基金							
公共養老基金		27.8		1.1			
小計		49.7	0.8	9.3	20.4	9.7	12.4
投資基金	6.8	2.2	6.6	1.1	12.7	7.6	
銀行		0.4	10.9	1.2	0.8	6.5	10.3
其他金融機構		3.3	0	0	0	0	0
合計	44.1	60.2	13.9	17.1	22.3	28.9	30.3

〔資料來源〕Hopt, Klaus J. and Eddy Wymeersch: Corporate Goverance, Oxford University Press, UK, 1998.

表 6-14　普通股的股權結構：各國的比較
（持有股份佔在外流通股份的百分比）（%）

股東類型	美國	日本	德國	捷克	中國 (1995)
機構股東持股總計	44.5	72.9	64.0	45.5	28.7
其中：金融機構	30.4	48.0	22.0		
銀行	0	18.9	10.0	15.5	
保險公司	4.6	19.6			
養老基金	20.1	9.5	12.0		
其他	5.7			30.2	
非金融機構	14.1	24.9	42.0		
個人	50.2	22.4	17.0	49.3	31.5
外國機構投資者	5.4	4.0	14.0	3.4	6.1
政府	0	0.7	5.0	3.2	30.9

〔資料來源〕許小年：《中國上市公司的所有制結構與公司治理》，見梁能主編：《公司治理結構：中國的實踐與美國的經驗》，北京，中國人民大學出版社，2000。

在資本市場上，大量的機構投資者得以發展，主要是由於以下幾個方面的原因：第一，資訊技術的發展。資訊技術的發展使得金融服務產業的容量得以大規模提高，金融服務業務主要透過電腦高速並且是低成本地處理資訊流，來為金融仲介和風險管理服務。透過資訊技術，大量的金融創新產品得以實現，如貨幣市場基金、互換、期權和信用衍生產品。第二，政府對金融管制的放鬆。從20世紀80年代以來，銀行和證券市場被放鬆管制，這導致了金融機構之間激烈的競爭，新的產品不斷被創造出來以規避金融市場的風險。第三，人們對傳統儲蓄工具需求的下降。人們的投資更加傾向於貨幣市場基金、債券基金和股票基金這樣的金融工具。

中國這幾年在大力發展機構投資者的政策支援下，機構投資者不斷地發展壯大，目前已成為中國證券市場中不可忽視的力量。但是中國的機構投資者對於上市公司的控制及影響並不大。

5.中國上市公司的股權結構

中國股票市場的建立主要是為了解決國有大中型企業的融資問題，在這種指導思想的指導下，經過這十多年的發展，中國的上市公司中國有制股份企業佔了絕大多數。上市公司的股份按所有者性質劃分為國家股、法人股和社會流通股，並且規定國家股、法人股不得上市流通，這導致了中國上市公司的股權結構與世界其他國家具有截然不同的股權特點。

中國的證券市場經過這十多年的發展，已經取得了很大的進步。截至2005年7月，中國一共有境內上市公司（A、B股）1,366家，上市總股本7,414.56億股，市價4萬多億元，但上市公司的股權結構分佈並不合理。可以參見表6-15。

表 6-15　中國上市公司股權結構情況一覽

（截至 2005 年 7 月）　　　　　　　　　　單位：億股

	非流通股股份				流通股股份			
總股份	合計	國家股	國有法人股	其他	合計	A 股	B 股	H 股
7 414.56	4 718.02	1 795.97	1 869.57	1 052.48	2 696.54	2 112.52	170.96	413.06
佔比(%) 100	64.63	24.22	25.21	14.19	35.37	28.49	2.31	4.57

〔資料來源〕參考 WIND 資料，經過作者計算後得出。

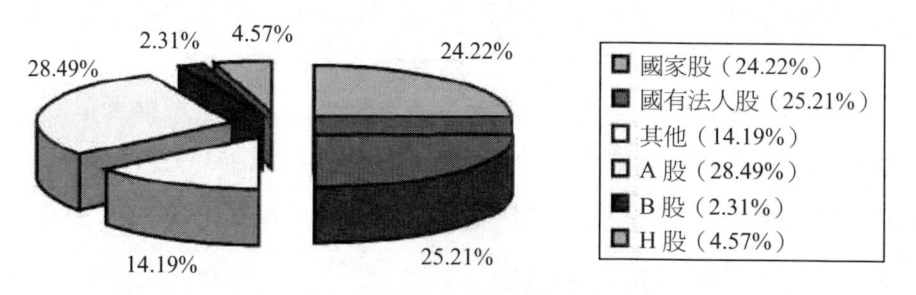

圖 6-3　中國上市公司股權結構分佈情況（截至 2005 年 7 月）

　　從上面表 6-15 和 6-3 中可以看出，中國上市公司股權結構比較複雜，以流通性劃分，分為非流通股和流通股。非流通股包括國家股、國有法人股和其他（內部職工股等），流通股又包括境內上市 A 股、B 股和境外上市 H 股。目前最明顯的特點是：國家股和國有法人股高度集中並且不可以在交易所上市流通，而流通的社會公衆股只佔總股本的 1/3。截至 2005 年 7 月，非流通股股份是 4,718.02 億股，佔總股本的 64.63%，而且以國家股和國有法人股為主；流通股股份是 2,696.54 億股，佔總股本的 35.37%且主要集中在 A 股上。

　　另外一個特點是，國家股佔絕對優勢。從表 6-16 和表 6-17 可以看出，國家控股或者相對控股的上市公司是上市公司的主體。

表 6-16　中國上市公司所有權集中度最大前 10 位（%）

集中度	A1 平均數	A3 平均數	A5 平均數	A10 平均數
持股比例	41.6	55.11	57.26	59.11

〔資料來源〕參考 WIND 資料庫，經過作者計算後得出。

表 6-17　國家股比例排名前 30 位的上市公司

（截至 2005 年 7 月）

證券代碼	證券簡稱	總股本（股）	國家股（股）	國有股比例（%）
600350	山東基建	3,363,800,000	2,858,800,000	84.987 2
000866	揚子石化	2,330,000,000	0	84.978 5
000927	一汽夏利	1,595,174,020	813,224,412	84.967 2
000959	首鋼股份	2,310,028,605	0	84.847 4
600021	上海電力	1,563,505,000	1,323,505,000	84.679 9
600627	上電股份	517,965,452	0	83.752 1
600578	京能熱電	573,360,000	0	82.559
600002	齊魯石化	1,950,000,000	0	82.051 3
000817	遼河油田	1,100,000,000	0	81.818 2
001896	豫能控股	430,000,000	175,000,000	81.395 3
000763	錦州石化	787,500,000	0	80.952 4
600863	內蒙華電	1,981,220,000	149,000,000	80.039 6
000783	石煉化	1,154,444,333	0	79.730 5
600598	北大荒	1,763,952,000	1,403,952,000	79.591 3
600102	萊鋼股份	922,273,092	0	78.010 9
600019	寶鋼股份	17,512,000,000	13,635,000,000	77.860 9
600028	中國石化	86,702,439,000	66,535,191,000	77.416 5
600368	五洲交通	442,000,000	24,800,000	76.923 1
600022	濟南鋼鐵	940,000,000	0	76.595 7
600399	撫順特鋼	520,000,000	0	76.293 2
600809	山西汾酒	432,924,133	0	75.819 3
600005	武鋼股份	7,838,000,000	0	75.810 2
600003	東北高速	1,213,200,000	669,370,000	75.272
600498	烽火通信	410,000,000	0	75.207 3

表 6-17 （續）

證券代碼	證券簡稱	總股本（股）	國家股（股）	國有股比例（%）
600018	上港集箱	1,804,400,000	1,356,800,000	75.194
000798	中水漁業	252,000,000	0	75
000852	江鑽股份	308,000,000	0	75
600278	東方創業	320,000,000	236,890,500	75
600081	東風科技	313,560,000	0	75
600266	北京城建	600,000,000	0	75

〔資料來源〕參考 Wind 資訊，經過作者整理後得出。

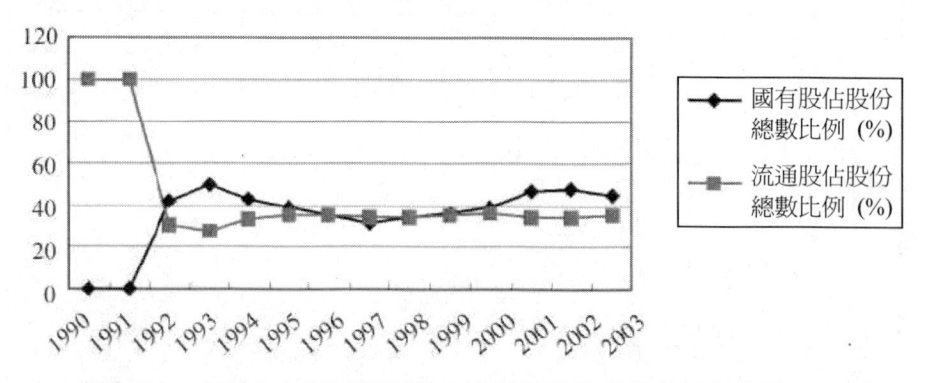

圖 6-4 中國上市公司國家股、流通股佔股份總數的變化情況
（1990～2003）

中國上市公司總體股本結構的年度變動情況值得注意。圖 6-4 和表 6-18 中統計了中國上市公司 1990～2003 年 7 月的股本結構變動情況，我們可以從中看出以下特點：

第一，非流通股比例略有下降。在過去的 15 年中，全國上市公司的股本總額從 1992 年的 68.87 億股擴大到 2005 年 7 月的 7,414.56 億股。與此同時，非流通股股份也從 47.69 億股增長到 4,718.02 億股。雖然非流通股的比例略有下降，從 1992 年的 69%降低到 2005 年 6 月的 64.63%，但是總量卻是初期的近 85 倍，如此龐大的規模已經成為中國證券市場進一步發展的顯著障礙了。

第六章　產權改革的微觀分析：所有權、控制與企業績效

表6-18　中國上市公司歷年年末股本結構情況統計表（1990~2003）

單位：億股

年份	1990	1991	1992	1993	1994	1995	1996	1997	1998	1999	2000	2001	2002	2003
股份總數	2.61	6.29	68.9	387.7	684.5	848.4	1 219.5	1 942.7	2 526.8	3 088.9	3 791.7	5 218.1	5 875.5	6 198.6
國家股 合計			47.7	279.9	458.5	546.9	789.7	1 271.2	1 664.9	2 009.3	2 437.4	3 404.9	3 838.1	4 004.6
發起 國家股			29	190.2	296.5	328.7	432.1	612.3	865.5	1 116.1	1 475.1	2 410.6	2 773.4	2 800.3
發起 募集法人			9.05	34.97	78.87	135.2	224.6	439.9	528.1	590.5	642.5	663.2	664.5	1 182.7
法人股 外資法人			2.8	4.09	7.52	11.84	14.99	26.07	35.77	40.51	46.20	45.8	53.26	
非流通股份 募集法人			6.49	41.06	72.82	91.82	130.5	152.3	189.5	214.2	245.3	299.7		
內部職工股			0.85	9.32	6.72	3.07	14.64	39.62	51.70	36.71	24.29	23.75	15.62	14.25
其他			0.00	0.19	1.10	6.27	11.60	22.87	31.47	37.27	24.74	13.64	30	7.32
流通股份 合計	2.61	6.29	21.18	107.88	226.04	301.5	429.6	671.5	861.9	1 065.7	1 354.3	1 813.2	2 063.8	2193.99
A股	2.61	6.29	10.93	61.34	143.76	179.94	267.3	442.7	608.03	812.89	1 078.2	1 318.1	1 509.1	1 641.7
B股	0	0	10.25	24.7	41.46	56.52	78	117.3	133.96	141.92	151.57	163.09	167.61	174.96
H股	0	0	0	21.84	40.82	65	83.88	111.45	119.95	124.54	124.54	331.94	360.08	377.35
國家股占股份總數比例(%)	0	0	42.11	49.06	43.31	38.74	35.42	31.52	34.25	36.13	38.9	46.2	47.2	45.18
流通股占股份總數比例(%)	100	100	30.90	27.82	33.02	35.53	35.3	34.6	34.11	34.95	35.72	34.75	34.67	35.4

（資料來源：中國證券監督管理委員會編：《中國證券期貨統計年鑑》（1990~2003），北京，中國統計出版社，1990~2003。

第二，國家股仍然佔有絕對優勢地位。在非流通股中，國家股一直在中國上市公司總股本中佔有絕對優勢地位。雖然其比例從 1992 年到 1997 年已經有所下降，由 1992 年佔上市公司總股本的 42.12%下降到 1997 年的 34.52%，但是後來卻不斷增長，到 2005 年 6 月高達 64.63%，在各方的對比中仍然佔有絕對優勢地位。

第三，法人股的比例有所下降。從各類法人股佔總股本的比例變化來看，1992～2002 年均出現了不同程度的下降：發起人法人股從 13.14%下降到 11.31%；外資法人股從 4.07%下降到 0.91%；募集法人股從 9.42%下降到 5.1%。法人股的總量佔公司總股本的比例也從 1992 年的 26.63%下降到 2003 年 7 月末的 19.08%。但從絕對總量上來看，法人股增加的數量較大，其絕對數由 1992 年的 18.34 億股增加到了 2003 年 7 月末的 1,182.72 億股，增加了近 65 倍。

第四，流通股比例略有增加。從 1992 年到 2003 年，流通股佔總股本的比例較為穩定，只是略有增長，從 30.90%增加到 35.40%。其中流通 A 股的增幅最大，流通 A 股佔總股本的比例從 1992 年的 15.87%增加到 2003 年 7 月的 26.48%，絕對數則由 10.93 億股上升到 1,641.68 億股，相當於 1992 年的 150 倍。

經過上面的分析，我們可以看到：中國股票市場流通股的權重有所增加，國家股和法人股的權重有所下降。但是我們也清楚地看到：非流通股的股權集中且十分龐大，流通股的股權則相對分散而難以形成合力。由於國有股權佔有絕對優勢，國有股依然"一股獨大"，中小股東難以在公司的決策中發揮作用，這就使控股股東與非控股股東的利益衝突更加複雜。

6.所有權與控制權的關係

(1)所有權與控制權的非對稱性。一般來說，公司的所有權是獲得控制權的基礎，但是並不是獲得控制權的惟一方式。所有權與控制權往往是不對稱的和不匹配的，也就是說，所有權是大於或小於控制權的。這裡所說的控制權是 Berle 和 Means（1932）所說的用表決權來度量的控制權。根據所有權與控制權的集中、分散與非對稱性關係，可以把它們劃分為以下四種關係，見圖 6-5。

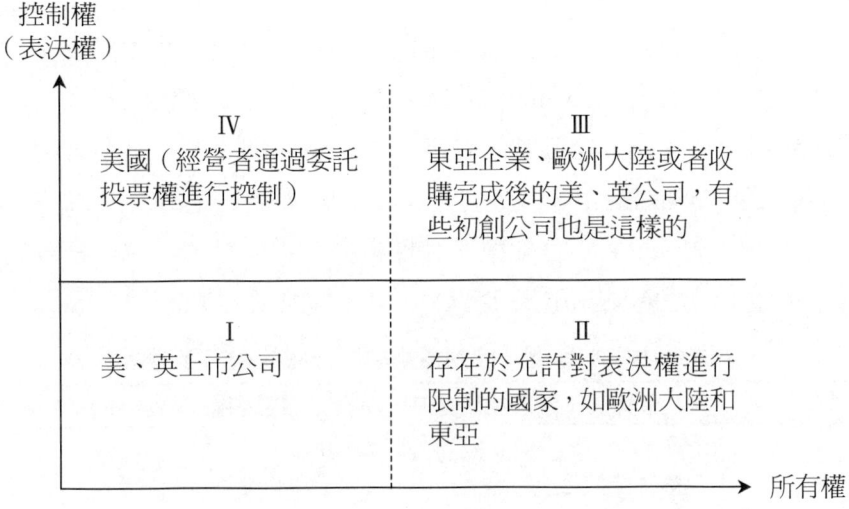

控制權
（表決權）

IV 美國（經營者通過委託投票權進行控制）	III 東亞企業、歐洲大陸或者收購完成後的美、英公司，有些初創公司也是這樣的
I 美、英上市公司	II 存在於允許對表決權進行限制的國家，如歐洲大陸和東亞

所有權

圖 6-5　所有權與控制權（表決權）的四種組合模式

I 類代表所有權分散、控制權（表決權）也分散。此類為 Berle 和 Means（1932）所描述的美國模式。這種模式的優勢在於高流通性、股東可以進行多元化投資以及融資成本低；其劣勢是股東的直接監督激勵不足，控制權市場可以在一定程度上彌補不足，但是控制權市場也具有缺陷。

II 類代表所有權集中、控制權（表決權）分散。此類存在於允許對表決權進行限制的國家，如歐洲大陸。此種模式的優點是有利於保護中小股東利益；其不足是激勵不相容，缺乏對股東直接監督的激勵，股權的流動性差，股東難以分散其投資，公司融資成本較高。

III 類代表所有權集中、控制權（表決權）也集中。此類表現為弱勢經營者、弱勢小股東。這種情況廣泛存在於歐洲大陸，而且在美、英等國也很常見。這種模式的優勢為股東具有直接監督的激勵，激勵相容；其不足在於股權的流動性很低，股東難以分散其投資，大股東具有牟取私利的激勵，融資成本過高。

IV類代表所有權分散、控制權（表決權）集中。表現為弱勢經營者、弱勢所有者、強勢表決權控制者。美歐國家都有此類公司。這種公司的優勢在於股東具有直接監督的激勵，其股份流通性高，股東可以進行多元化投資，公司的融資成本較低；其不足是激勵不相容，控股股東很有可能與公司經營者合謀，牟取私人利益，從而損害中小投資者的信心和利益。

針對上述的四種所有權與控制權組合，可以看出集中與分散的優劣及特徵。具體歸納如下表6-19。

表6-19 所有權、控制權集中與分散的優劣及特徵

	控制權（表決權）集中	控制權（表決權）分散
所有權集中	優勢： ＋直接監督 ＋激勵相容 劣勢： －沒有或低流通性 －難以分散其投資 －大股東具有牟取私人利益激勵 －融資成本高 －監督可能過分，經營者欠積極 －沒有收購 特徵： 大股東反對透明度 弱勢所有者、弱勢經營者、強勢大股東	優勢： ＋限制表決權有利於保護中小股東 劣勢： －激勵不相容 －沒有監督 －沒有流通性 －沒有分散投資之利 －融資成本高 －收購困難 特徵： 強勢經營者、弱勢所有者

表 6-19（續）

	控制權（表決權）集中	控制權（表決權）分散
所有權分散	優勢： ＋ 直接監督 ＋ 有更大的流動性 ＋ 投資更為分散 ＋ 融資成本更低 劣勢： －激勵不相容 －收購可以在一定程度上彌補，但不能替代且收購有負效應 特徵： 優勢股東和經營者反對提高透明度 優勢股東和經營者宣揚其股權分散 弱勢所有者、弱勢經營者、強勢大股東	優勢： ＋ 流通性強 ＋ 分散投資 ＋ 融資成本低 劣勢： －直接監督不足 －弱勢經營者可能與優勢股東串謀 －優勢股東具有牟取私人利益激勵 特徵： 分散的股東要求提高透明度 強勢經營者、弱勢所有者

〔資料來源〕Becht, Marco: Strong Blockholders, Weak Owners and the Need for European Mandatory Disclosure, Executive Report, Volume 1997 (1), pp.11, Brussels, European Corporate Governance Network.

注：參考了朱羿錕：《公司控制權配置論》，50～51 頁，北京，經濟管理出版社，2001。本書作者進行了整理。

(2)非對稱性模式的分佈。一般認為，典型的Ⅰ類模式只是在美、英企業中普遍存在，而典型的Ⅲ類模式在東亞企業中很廣泛存在。實際上，不論是在美、英還是在東亞，上述的四種模式都存在。在美國的公司中，所有權與控制權也有集中的趨勢。Demsetz（1983）、Shleifer 和 Vishny（1986、1988）的研究都說明了上述觀點。La Porta、Lopez-De Silance 和 Shleifer（1998）對 49 個國家和地區最大

10家公司所有權與控制權的研究結果證明，不論是在發達市場還是在發展中的市場，公司控制權集中度都較高。對公司的終極控制者進行的研究還證明，即使在絕大多數發達國家，公司所有權較大程度上也是控制在家族或國家手中的，這些終極控股股東集中所有權的方式通常包括金字塔的股權結構、背離"一股一票"制度、交叉持股、交叉董事或者經營者與控股家族有親緣關係等。因此，四類模式在所有國家都並存，公司往往是在不同的發展階段採用不同的所有權與控制權結構。

  典型的 I 類模式目前仍然是美、英上市公司的主流，即所有權分散、控制權也分散，其特點是強勢經營者、弱勢所有者或弱勢機構投資者；而在歐洲大陸的上市公司中，大部分是所有權集中、控制權更加集中或者是所有權比較分散但控制權仍然很集中，這種模式的特點是強勢大股東、弱勢所有者。在歐洲大陸的許多國家，最大優勢表決權持有者平均持有上市公司 50%以上的表決權，還沒有一個歐洲國家最大股東持有股份中位數低於 50%的披露標準，這表現為大股東控制表決權是主流。但是在美國，有一半以上的公司的最大股東所持有表決權低於 5%，這種情況在歐洲的德國和奧地利是根本不會存在的。如果說美、英國家的公司治理結構主要表現經營者與分散股東之間的利益衝突，則歐洲大陸國家的公司治理結構表現的是大股東與小股東之間的利益衝突。這與 La Porta（1998）對 27 個國家和地區 691 家樣本公司進行實證研究的結論是相吻合的。從總體來說，表決權集中度與公司規模的大小之間呈負相關關係。也就是說，大公司表決權較為分散而小公司表決權集中度高。歐洲各國的表決權集中手段和方式也是不一樣的。如義大利、德國、法國和比利時等國家的公司都傾向於採用金字塔結構的股權，集中表決權。在荷蘭，許多公司則採用信託管理部、信託基金會擁有公司全部或絕大部分表決權，而將無表決權股份發行給普通投資者。

東亞國家和地區的公司所有權與控制權結構與歐洲大陸國家比較相近。其特點都是強勢大股東、弱勢所有者。但不同的是，東亞國家和地區的控制權掌握在國家或者家族手中。據不完全統計，有50%以上的東亞公司被家族所控制。印尼、韓國、馬來西亞、新加坡以及泰國的國家控制十分明顯，印尼、菲律賓以及泰國的最大10個家族分別控制了該國公司的50%以上。中國香港和韓國的最大10個家族分別控制其公司的1/3。而且這些國家或地區的政府與公司之間具有緊密的關係，政府與公司相互利用，公司從政府獲得特權，政府則在經濟上從這些公司中獲取利益。

　　金字塔式股權結構的模式不論是在開發國家還是在未開發國家都是較為常見的股權結構。義大利、法國和比利時等國家的公司都傾向於採用金字塔式股權結構，它只需要集中很少的股權就可以集中公司的控制權。如企業A擁有51%企業B的股份、企業B又擁有51%企業C的股份，那麼企業A對企業C的現金流權為51%乘以51%得到26.01%，而控制權卻是51%，從而完成了所有權與控制權的分離。在亞洲，這種模式更為普遍。據統計，在印尼的上市公司有68%、新加坡的上市公司有56%、中國台灣地區的上市公司有50%都屬於複雜的金字塔式股權結構的模式。在中國內地的上市公司中則形成了一種中國式的金字塔式股權結構模式。

　　從圖6-6中可以看出，在中國內地，上市公司一般處於控制權的底層，控股股東只擁有少量的現金流權，但是控制權卻透過中間的企業鏈金字塔式股權結構模式而擴大了。

216　中國的經濟改革與產權制度創新研究

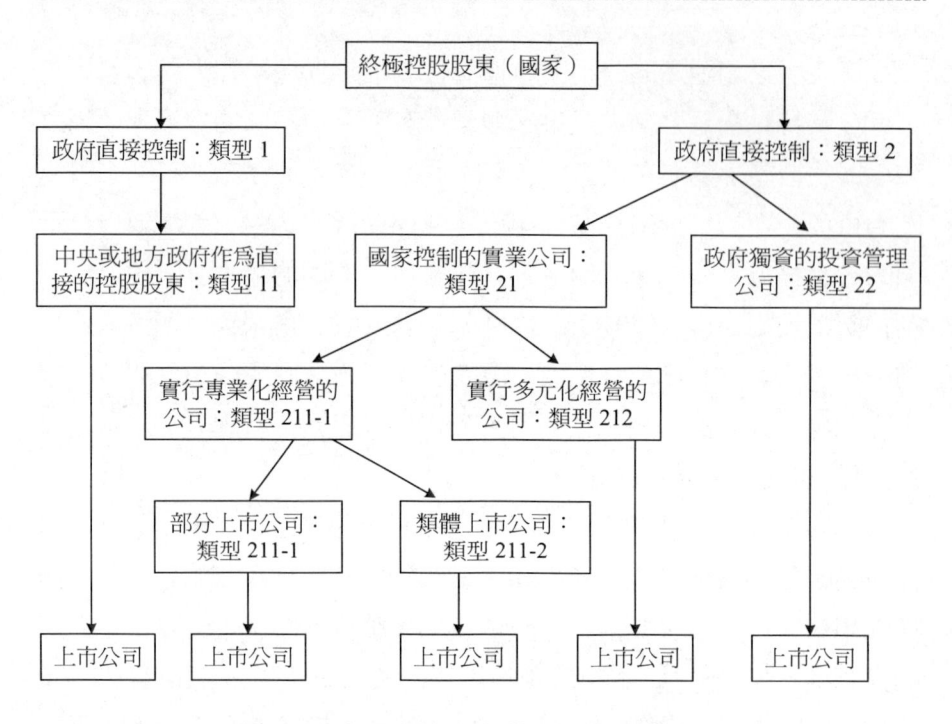

```
                    終極控股股東（國家）
          ┌──────────────────┴──────────────────┐
    政府直接控制：類型 1                    政府直接控制：類型 2
          │                          ┌──────────────┴──────────────┐
  中央或地方政府作為直            國家控制的實業公司：        政府獨資的投資管理
  接的控股股東：類型 11                 類型 21              公司：類型 22
          │                ┌──────────┴──────────┐
          │          實行專業化經營的        實行多元化經營的
          │          公司：類型 211-1        公司：類型 212
          │             ┌────┴────┐
          │        部分上市公司：    類體上市公司：
          │         類型 211-1       類型 211-2
          │             │              │
          ▼             ▼              ▼            ▼            ▼
       上市公司      上市公司        上市公司      上市公司      上市公司
```

圖 6-6　中國式的金字塔式股權結構模式

第七章

自然資源產權制度改革：
制度選擇與績效

從經濟學意義上說，經濟增長與自然資源發生矛盾的問題根源，是自然資源的價格沒有正確地反映自然資源的稀缺程度，而解決問題的辦法就是透過自然資源的合理定價和有償使用來實現其有效配置。本章研究了中國自然資源產權制度改革問題，在對中國自然資源產權制度變遷和改革績效進行分析的基礎上，研究了市場經濟與中國現行自然資源產權制度的不適應性，提出了構建一個多層次、多元化的自然資源產權制度結構的改革路徑。

一、資源稀缺性與產權問題

1.自然資源的稀缺性與產權制度安排

21世紀，中國經濟的快速增長與自然資源的矛盾將更加突出，可持續發展和資源環境的保護及有效使用問題引起了社會各方面的普遍關注。從經濟學意義上說，經濟增長與自然資源發生矛盾的問題根源，是自然資源的價格沒有正確地反映自然資源的稀缺程度，而解決問題的辦法就是透過自然資源的合理定價和有償使用來實現其有效配置。但是，如果沒有建立自然資源的財產權制度，自然資源的市場價格就有可能不等於其相對價格，而且交易成本將非常高或者說交易無法實現。因此，有效的產權制度是實現自然資源的合理定價和有償使用的必要前提。

從實踐意義上看，經過20多年的改革，國有企業產權制度改革已經取得了實質性的進展，混合所有制的格局已經形成。但在國有自然資源領域，產權制度改革相當滯後，甚至還是個空白領域。一方面，由於行政性壟斷致使石油、煤炭、礦產、電信等資源性行業成為"暴利"產業；另一方面，由於國有產權制度本身的弊端，在趨利行為的驅使下，承包形式混亂，致使煤炭、礦產領域形成破壞性、浪費性開採，惡性安全事故頻頻發生；同時，由於資源定價不合理，導致資源利用效率低下等等。政府對自然資源價格的控制，是中國非再生資源的開採和消費偏離最優路線的重要原因。很多自然資源的市場還根本沒有發育起來，或根本不存在，如自然資源開採權轉讓，主要對企業資質進行限制，缺乏合理的市場配置手段。有些自然資源市場雖然存在，但價格不合理，如自然資源價格偏低，因為自然資源價格只反映了勞動和資本的成本，沒有反映經濟活動中自然資源消耗的機會成本，因而造成自然資源的大量耗損和浪費、廢棄物的大量產生和污染物的無度排放。大量事實證明，我們雖然已經初步解決了企業資產和土地產權的改革問題，但還沒有解決自然資源的產權問題。現行的自然資源制度還不能很好地產生合理定價、有償使用、市場配置、鼓勵投資、保護資源的作用。

產權是交易的前提。現代產權理論認為，在一個人們為了使用不充足的資源而相互競爭的社會裡，必須有某種競爭規則或標準來解決這一衝突。這些規則通稱產權，它是由法律、規章、習慣或等級地位予以確定的。與此相對應，使用公共產權的權利是沒有界線和框框的，任何人都無法排斥其他人使用它，大家都可以為使用這一財產而自由地進行競爭。由於缺乏排他性的使用權，人人競相使用某一項公共財產，會使公共財產的租金價值或財富淨值為零。

2.自然資源的不同類型及產權特徵

西方經濟學中，對自然資源的產權結構的描述理論經歷了三個發展階段：

(1)資源產權的私有、共有兩分法。亞當‧斯密以來的主流經濟學家所推崇的最有利於國民財富增長的產權結構，是對應於市場機制的私有產權。在早期的經濟學文獻中，非私有產權都被歸入共有產權（Common Property），共有產權常被用來專指自然資源的產權特徵。1954 年，斯科特・戈登（H. Scott Gorgon）在他開創性的漁業經濟學論文中，按照持有權利的主體性質，將產權結構劃分爲私有產權和共有產權。戈登的研究發現，漁業資源由於具有公共產權特性而導致資源破壞和過度利用。加勒特・哈丁（Garrett Hardin, 1968）將這一現象稱爲 "公地悲劇"。"公地悲劇"不僅發生在海洋漁場和集體牧場，還經常發生在我們周圍，如集體林場的亂砍濫伐、生物資源的濫捕濫殺、酸雨問題、河流污染和河道斷流等等。現代自然資源經濟學對此問題進行標準分析得出的結論是：只要公共資源對一批人開放，資源的總提取量就會大於經濟上的最優提取水準（Dasgupa 和 Heal, 1979）。張五常（2000）將這一現象稱爲 "租金消散"問題。經濟學將自然資源共有所伴隨的 "公地悲劇"、"租金消散"等問題與 "市場失靈"相聯繫，原因是自然資源難以建立起完全的排他性私有產權，因而不能充分利用市場機制進行配置。

(2)產權結構的更精細地劃分。20 世紀 70～80 年代，簡單的兩分法受到了許多批評，許多學者認爲將非排他性產權都歸爲共有產權過於粗糙，不能涵蓋政府擁有的產權、有限群體擁有的集體產權等情形（Ciriacy Wantrup 和 Bishop, 1975；Dahlman, 1980）。這導致了產權結構的進一步細分。比較流行的是產權四分法（Bromley, 1989）：國有產權、私有產權、共有產權和開放利用。

表 7-1　產權四分法

	國有產權	私有產權	共有產權	開放利用
用戶進入限制	由國家代理機構決定	有限的和排他性的團體	個人	對任何人開放
資源利用限制	由國家代理機構決定	由共有協議決定	個人決策	沒有限制

然而，更多的學者（李金昌，1993；張五常，2000）也認識到，現實中的產權結構可能是連續的，而不是 "兩分"或 "四分"這樣離

散的。

(3)接近真實世界的共有產權結構。20 世紀 90 年代以來，學者們對產權結構的複雜性取得了進一步的認識。例如：近海漁業資源一般是當地漁民的共有資源，但是世界各個國家和不同地區的漁民，對當地漁業資源持有權利的特徵差異很大。埃德勒・施拉格（Edella Schlager）和埃利諾・奧斯特羅姆（Elinor Ostrom）對此進行了研究，提出了一度頗流行的共有產權進一步分類的方法，見表 7-2：

表 7-2　共有產權分類法

權利束	產權類型			
	所有者	業主	索取者	授權用戶
進入權和提取權	√	√	√	√
管理權	√	√	√	
排他權	√	√		
轉讓權	√			

施拉格和奧斯特羅姆將權利束劃分為五種權利：進入權、提取權、管理權、排他權和轉讓權。它們的參與者在很多情況下都只擁有權利書的部分內容。施拉格和奧斯特羅姆在對沿海漁業的調查研究中，根據上述框架，找出了對應於五種產權類型的多種實例，說明了產權結構的多樣性和複雜性。在此基礎之上，奧斯特羅姆提出了多層次的分析方法。在 2000 年翻譯出版的名著《公共事務的治理之道》中，奧斯特羅姆對公共池塘資源的使用規則引入多層次分析，她提出決定產權的三個層次的規則：憲法選擇規則、集體選擇規則和操作規則。圍繞公共池塘資源使用的各種行為分別發生在不同層次上，不同層次之間的規則具有"嵌套性"，一個層次行為規則的變動，受制於更高層次的規則，所有的層次一起構成了"嵌套性規則系統"。這對後來的研究者產生了很大的影響，奧斯特羅姆也因此而成為了自然資源制度經濟學的開拓者。

當代自然資源制度經濟學的代表人物查林（Challen, 2000）在奧斯特羅姆的基礎之上提出了自然資源產權制度科層理論，見表7-3。

表7-3　產權科層思想在國際漁業資源中的應用

分配問題的範圍	決策實體	產權類型	分配決策的內容
國家之間分配	跨國政府	共有產權	界定水域
區域社區之間分配	國家政府	國有產權	排他性的捕撈區域
個體漁民之間分配	社區成員或代表	集體產權	賦予漁民可轉讓配額
分配捕撈配額或賣給其他漁民	個體漁民	私有產權	私人生產和投資決策

環境資源經濟學理論是20世紀發展起來的一個新興邊緣學科，其理論基礎仍然是20世紀的新古典主流經濟學。近年來，環境資源經濟學主要研究了自然資源配置中的技術約束和制度約束、主體的行為選擇、市場配置與政府管制的效率問題等，而外部性、產權結構以及政府管制的方式和政策是該學科理論關注的重點。

防止外部性和租金消散是自然資源經濟學的核心內容，而租金消散一定產生於共有產權安排，因此，許多學者都十分關注產權安排與租金消散的理論聯繫，並區分不同類型的自然資源（可耗竭的和可更新的）來說明租金消散的不同途徑，例如可再生或可更新的資源；再生成本過大（例如漁業的竭澤而漁、環境的極度惡化、牧場的沙塵化）；可耗竭的資源；過快或過慢的開採。關於外部性和租金消散問題，Tietenberg認為自然資源在使用中的自由進入制度安排，會導致兩種外部性（Tietenberg, 1992），例如漁業捕撈中的外部性，因為一個企業的生產產量會影響其他企業的生產函數；可耗竭資源的外部性：後開採的企業的生產函數受到先開採的企業的產出的影響；代際之間的外部性。當我們考察租金消散的時候，並沒有考慮儲存問題，而實際上，很多共有資源可以進行私人儲存，這種技術上的可能性對共有資源利用的影響是：它加速了資源的開採速度並導致了更大的浪費。Gerard Gaudet、Michel Moreauxhe 和 Stephen W. Salant（2002）對此進行了深入研究。學者們還研究了資源開採的順序：如果同時存在私人產權和共有產權的資源，那麼開採順序和開採成本將分離，共有資源會迅速耗竭。

關於政府管制問題，Petter Osmundsen（2002）認為，共有產權資源的開採中的管制有兩個目標，一是進入管制或者說產出能力管制以阻止租金消散；二是透過稅收的方式佔有租金。產出能力管制的關鍵是防止過度的投資，但佔有租金又會降低對投資的激勵，二者之間的權衡在資訊不對稱以及投資具有專用性的時候將非常突出。自然資源的管制制度的演變的主要內容包括：自由進入→進入管制→基於個體產權的解決方法（個人配額 IQ）→可轉讓的個體配額（ITQ）。

在各國的管制實踐中，自然資源的政策變化與整體經濟理念的變化一致，在 20 世紀 80 年代開始，放鬆管制成為了重要的經濟事件，人們強調了市場激勵的作用。自然資源的產權創新不再僅僅是理論上的構想，也獲得了豐富的實踐。因此，現有的文獻在討論自然資源的制度安排方面，十分關心產權問題（這也構成現代產權經濟學的主要內容），包括使用權與自由轉讓權、哪些資源的配置具有實際影響的產權內容，以及產權界定的技術性問題。

二、外部性問題及其治理

1. "庇古稅"

自然資源的產權問題來自於外部性。外部性是福利經濟學的一個核心範疇，也是市場經濟中政府干預經濟的理論依據之一。庇古認為可以透過徵稅或補貼來實現外部效應的內部化，這種政策建議被稱為"庇古稅"。庇古認為，在經濟活動中，如果某個廠商給其他廠商或整個社會造成了損失卻不需付出代價，那就是不經濟。這時，廠商的邊際私人成本小於邊際社會成本。當出現這種情況而市場又不能解決時，就是市場失靈了，需要政府進行干預。在存在市場失靈的情況下，依靠自由競爭機制是不能達到社會福利最大化的，因此需要政府採取適當的經濟政策。政府採取的經濟政策包括對邊際私人收益小於邊際社會收益的部門實行獎勵和津貼，即存在外部經濟效應時給企業補貼；對邊際私人成本小於邊際社會成本的部門實施徵稅。庇古認為，經過這種徵稅和補貼，可以實現外部效應的內在化。

2.科斯的產權理論

新制度經濟學產權理論認為，產權的一個主要功能是引導人們實現將外部性較大地內在化的激勵。[1]科斯解決外部性的想法是，把外部性問題轉化為產權問題，然後討論什麼樣的財產權是有效率的。科斯認為，只要產權配置是適當的，市場可以在沒有政府直接干預的情況下解決外部性問題。例如：如果一個魚塘是公共資源，任何人都可以在魚塘內捕魚而不用支付任何費用。如果魚塘的資源是有限的，一個人從中捕到的魚越多，其他人能捕到的魚就越少。在這種情況下經常發生的現象就是過度捕撈。如果政府重新安排產權，例如把捕撈權授予某個人（或個人以競價的方式獲得），就會有足夠的激勵促使他去有效地捕撈，這時就不會存在外部性。如果魚塘的資源是足夠的，他還可以收費的方式（規定每次的捕撈量）來讓別人使用魚塘的資源。科斯定理中的相關案例都說明，外部性的存在是由於產權邊界不清，只要將產權界定清楚並且這種權利是可以交易的，市場就可以透過價格機制來對權利進行合理配置，從而實現外部性的內在化。因此，政府並不需要直接干預市場，政府所需要做的是界定產權，然後由市場去實現資源配置的效率。

---

[1] 德姆塞茨：《關於產權的理論》，見科斯等著，劉守英等譯：《財產權利與制度變遷》，上海，上海三聯書店，1991。

3.政府行政管制

在市場經濟國家對自然資源外部性治理的實踐中,政府除了徵稅、界定產權外,還有一個重要的也是最常用的措施,就是行政管制(也稱社會性管制),即制定各種行政法規來解決外部性問題。如利用行政權力來對產權的行使設置一些限制,例如禁止在有可能污染環境或造成其他外部性的地方限制私人產權行使的方式,如政府制定排汙標準等等。行政法規政策往往被看成是集體行動,具有權威性和強制性,私人產權在它們的面前基本上是沒有談判能力的,只能是服從。

三、改革的必要:市場經濟與中國自然資源產權制度的不適應性

1.中國自然資源及其利用的基本特徵

中國自然資源及其利用的基本特徵是資源總量豐富但人均量少,資源利用率低且浪費嚴重。中國以佔世界 9%的耕地、6%的水資源、4%的森林、1.8%的石油、0.7%的天然氣、不足 9%的鐵礦石、不足 5%的銅礦和不足 2%的鋁土礦,養活著佔世界 22%的人口。大多數礦產資源人均佔有量不到世界平均水準的一半,中國佔有的煤、油、天然氣人均資源只及世界人均水準的 55%、11%和 4%。中國最大的比較優勢是人口眾多,最大的劣勢是資源不足。由於長期沿用以追求增長速度、大量消耗資源為特徵的粗放型發展模式,在由貧窮落後逐漸走向繁榮富強的同時,自然資源的消耗也在大幅度上升,致使非再生資源呈絕對減少趨勢,可再生資源也表現出明顯的衰弱態勢。

從幾種主要的自然資源狀況來看:

(1)土地資源。中國土地資源的特點是"一多三少",即總量多、人均耕地少、高品質的耕地少、可開發後備資源少。根據首次全國土

地資源調查的結果，截至 1996 年 10 月 31 日，中國有耕地 19.51 億畝、園地 1.50 億畝、林地 34.14 億畝、牧草地 39.91 億畝、居民點及工礦用地 3.61 億畝、交通用地 0.82 億畝，其餘為水域和未利用土地。中國現有土地面積居世界第 3 位，但人均資源卻十分有限。人均耕地 1.95 畝，僅為世界人均耕地的 43%，不到美國的 1/6、俄羅斯的 1/8、加拿大的 1/15。中國以不到世界 10%的耕地，養活了世界近 22%的人口。[1]

(2)森林資源。據聯合國糧農組織最新公佈的世界森林資源評估報告的結果，截至 1998 年 3 月，中國森林面積 1.34 億公頃，佔世界森林總面積的 3.9%，居世界第 5 位，中國人均森林面積僅列第 119 位。中國森林總蓄積 97.8 億立方米，佔世界森林總蓄積量的 25%，列世界第 8 位。世界人均擁有森林蓄積量為 71.8 立方米，而中國人均森林蓄積量僅為 8.6 立方米。[2]在如此情況下，中國森林砍伐的步伐卻並沒有因此而減緩，過量採伐、亂砍濫伐、毀林開荒等，正日益使中國僅有的一點森林遭受著前所未有的破壞；而生態環境的改變，使中國多種以森林為棲息地的動物正面臨滅頂之災，脊椎動物受到威脅的有 433 種，滅絕或可能滅絕的有 10 種。由於成熟林面積銳減，林木蓄積量少，採伐有限，中國木材及其他林產品一直供不應求，市場缺口很大，為滿足國內需要，國家每年都要進口一定數量的木材。根據預測，中國木材緊張狀況近期不會緩解，在很長時間內依靠進口木材補充國內需要的局面不會改變。

(3)草地資源。中國擁有草場近 4 億公頃，約佔國土面積 42%；但人均草地只有 0.33 公頃，為世界人均草地 0.64 公頃的 52%；中國草地可利用面積比例較低，優良草地面積小，草地品質偏低；天然草地

---

[1] 資料來自中國新聞網，2002 年 7 月 6 日。
[2] 王立彬：《資料：中國的森林資源》，見人民網（www.people.com.cn），2001.4.3，新華社電。

面積大，人工草地比例過小，天然草地面積逐年縮減，質量不斷下降；草地載畜量減少，普遍超載過牧，草地"三化"不斷擴展，中國90%的草地不同程度地退化，中度退化以上的草地面積佔 50%，全國"三化"草地面積已達 1.35 億公頃，並且每年以 200 萬公頃的速度增加；中國 84.4%的草地分佈在西部，面積約 3.3 億公頃。

(4)礦產資源。中國年產礦石總量 50 多億噸，煤炭、鋼材、水泥、磷礦等 10 種有色金屬、原油總產量居世界前 5 位，採選和相關原材料加工業產值佔全國工業總產值的 31%，已成為世界重要的礦產資源大國和礦業大國。中國已探明的礦產資源總量較大，約佔世界的12%，僅次於美國和前蘇聯，居世界第 3 位；但人均為世界人均佔有量的 58%，居世界第 53 位。從這方面看，中國又是一個資源相對貧乏的國家。目前，中國 20 多種礦產在世界上具有優勢地位。具有世界性優勢的礦產有稀土、鎢、錫、鉬、銻、菱鎂礦、重晶石、膨潤土、石墨、芒硝、石膏等礦產，不僅已探明儲量可觀，居世界前列，人均佔有量已超過世界人均水準，而且資源質量高，開發利用條件好，在國際市場具有明顯的優勢和較強的競爭能力。具有區域性優勢的礦產有煤、鈮、鈹、汞、硫、磷、螢石、滑石、石棉 9 種，其探明儲量居世界前列，但有些質量較差，人均佔有量低於世界人均水準。具有潛在優勢的礦產有鋅、鋁土礦、釩、珍珠岩、高嶺土、耐火粘土等。

中國礦產資源的主要特點是：總量豐富，但人均佔有量不足；支柱性礦產（如石油、天然氣、富鐵礦等）礦源儲量不足，部分用量不大的礦產儲量較多；中小礦床多、大型特大型礦床少，支柱性礦產貧礦和難選礦多、富礦少，開採利用難度很大；資源分佈與生產力佈局不匹配。[1]

---

[1] 見《礦產資源》，載北京礦產地質研究所網站（www.Bigm.com.cn）。

(5)能源資源。中國的能源資源中屬於不可更新資源的主要有煤、石油和天然氣等。總的來看，這些資源還是比較豐富的，但人均佔有量不多，尤其是石油資源更顯得不足，供求關係緊張，滿足迅速發展的國民經濟需要將有一定的困難。煤炭、石油、天然氣這些一次性能源目前是中國最重要的能源。中國能源探明儲量中，煤炭佔 94%、石油佔 5.4%、天然氣佔 0.6%，這種富煤貧油少氣的能源資源特點決定了中國能源生產以煤為主的格局長期不會改變。目前，中國能源利用的現狀是：一次性能源比例巨大，替代能源較少，煤炭在中國一次性能源的消費中佔 70%左右。75%的工業燃料和動力、85%的城市民用燃料都由煤炭提供，在可以預見的未來較長時期內，煤炭在國民經濟中的地位不可替代。[1]

(6)淡水資源。淡水資源儲備是指儲存於地表和地下的可利用水量，也就是所謂的可更新水資源量。據有關部門計算，中國水資源總量每年 28 000 億立方米，其中河川徑流量 27 000 億立方米，在世界上排名第 6 位。地下水資源量 8 200 億立方米，佔中國水資源量的 30%左右。中國水資源總量並不少，但由於人多地廣，人均佔有量很少，只有 2 600 立方米，為世界人均值的 1/4；畝均約 1 800 立方米，為世界畝均值的 3/4，在世界上列 121 位，是全球 13 個人均水資源最貧乏的國家之一。[2]

中國水資源分佈存在的問題是：①水資源量分佈不均，南多北少，長江及其以南地區水資源約佔 4/5，廣大北方地區只佔有水資源總量的 1/5；②中國的降水受季風影響，冬少夏多，夏季降雨佔全年降水量的 60%～80%，並且多水年和少水年連續出現，因此水量的季節和年際變化大。隨著國民經濟迅速發展和人民生活水準不斷提高，淡水資源不足，特別是北方地區缺水問題將日趨嚴重，它必將影響到

---

[1] 資料來自中國能源網（www.china5e.com）。
[2] 資料來自《中國水資源概況》，南方網（southen.com），中國新聞，2002。

國民經濟的持續健康發展。

2.現行自然資源產權制度的弊病

由於自然資源具有公共物品的屬性，各個國家在自然資源領域的初始產權界定，一般都是設置公共產權制度，即以法律形式明確自然資源的所有權由國家（透過代理者）來行使。例如對於不可再生自然資源（礦產資源），世界上絕大多數國家都透過立法來確認其作為社會財富而歸國家所有，個人和社會組織可以透過合法渠道取得礦產資源的探礦權和採礦權，國家依法保護礦業權人的合法權益（周林彬，2004）。但是，在自然資源為公共產權的情況下，所有者無法排除其他人在公共領域的競爭並獲得該項資產的部分產權（使用權和收益權）（巴澤爾，1989）。在實務中，一些國家的解決方案就是部分公共資源所有權的私有化（藍虹，2005）。除私有化外，解決公共產權問題的途徑還有政府管制改革，即引入代理者的競爭機制。

新中國成立以來，中國一直很重視對資源以及資源性土地的利用和保護，並很早就著手從事該領域的立法規範工作，在《共同綱領》和 1954 年《憲法》中都有資源與資源性土地保護的專條規定。1982 年《憲法》明確規範了中國土地、資源性土地和資源的歸屬和保護問題，確定了礦藏、水流的國家所有，森林、山嶺、草原、荒地、灘塗等除了法律規定屬於集體所有的以外，也歸國家所有。1986 年《民法通則》對資源和資源性土地歸屬、利用和保護問題做出了更為詳盡的規範。隨後，一些重要的資源與資源性土地的單行法規也相繼公佈，如《森林法》（1984 年 9 月透過，1998 年 4 月修訂）、《草原法》（1985 年 6 月透過）、《漁業法》（1986 年 1 月透過）、《礦產資源法》（1986 年 3 月透過，1996 年 8 月修訂）、《土地管理法》（1986 年 6 月透過，1988 年 12 月、1998 年 8 月兩次修訂）和《水法》（1988 年 1 月透過）。立法速度之快、數量之多都是前所未有的。

中國雖然建立了自然資源法律體系，但自然資源立法中有相當一部分是 1992 年之前在計畫經濟體制下制定的，這些帶有計畫經濟特徵的法律規定已明顯地與發展社會主義市場經濟的要求不相適應。目前存在的主要問題是：

(1)自然資源產權虛置。中國現行的自然資源產權制度安排不能產生鼓勵節省利用資源、高效利用資源的激勵作用，在某些情況下甚至還成為了破壞資源的動因。根據中國現行的自然資源法律規定，所有的自然資源均歸國家和集體所有。但由於缺乏具體的資源產權主體代表，在制度上沒有明確中央政府、地方政府、部門以及所在地居民的權利和義務，因此，在實際上，國家和集體所有權已被部門所有、地方政府所有、社團所有和個人所有這樣一些非正規的資源所有權體系所取代，結果造成了事實上的上述非正式的佔有現象，形成眾多資源利用與利益分配上的矛盾，從而導致各種開發者，包括部門、地方和個人，都爭奪資源開發權益而不顧自然資源持續利用的嚴峻局面。這種局面則使得資源產權制度的再確立，已成為當前自然資源立法中的一個緊迫問題。

(2)自然資源流轉制度不健全。綜觀中國的自然資源法律規定，大都因自然資源歸屬國家或集體所有，而疏於對資源產權流轉制度的規定，只有《土地管理法》和新修訂的《礦產資源法》對土地使用權和礦產資源的探礦權、採礦權在特定條件下的流轉做了規定。但是，由於對土地使用權的流轉缺乏相應法律措施的有力保障，從而導致了國家土地資產嚴重流失的巨大黑洞。據國家土地管理局的估算，透過土地使用權流轉的各個環節流失的土地資產，每年可達 200 億～300 億元。而礦產資源探礦權、採礦權的流轉制度也處於初創階段，更需要制定具體辦法和實施步驟加以規範、引導與保障。

(3)自然資源有償使用制度、價格制度和核算制度存在缺陷。資源更新的補償機制處於空白或不完善狀態，有許多資源仍留在無價和無償開採階段，同時，由於受傳統觀念的影響，資源價格制度建設未得到高度重視，資源的價值未得到真實全面的反應，"資源無價、原材料低價、產品高價"的價格現象相當突出。再加之資源核算制度尚未建立，爲追求經濟增長，人們加速把資源儲備轉化爲大量有價的消費品以求產值的增長，而在國民生產總值核算中卻沒有一個補償資源耗損的專案。這一切都大大加劇了資源利用效率低下、破壞及浪費嚴重的局面。[1]

四、制度路徑：構建一個多層次、多元化的自然資源產權制度結構

1.中國自然資源產權制度構建目標：可持續發展與資源的有效利用

在中國的經濟增長和發展中，對各種自然資源的需求不斷增加，自然資源會因其絕對稀缺而經濟價值不斷提高，這種趨勢激勵了經濟主體要求界定自然資源的產權，爲自然資源的市場配置提供條件。從不稀缺到稀缺，使各個國家自然資源的產權界定成爲一個普遍問題，而法律即建立財產權制度是界定自然資源產權的最常用的方式。

---

[1] 西藏有各類天然草場 8,040 萬公頃，佔全國天然草場總面積的 1/5 左右，居各省、市、自治區首位。可利用草場達 5,712 萬公頃，佔全區草原面積的 66.3%，其中已利用 4,000 萬公頃。西藏天然草場面積佔西藏總土地面積 1.14 億公頃的 71.15%，是各類林地面積 713 萬公頃的 11.4 倍，是農耕地面積 22.26 萬公頃的 364 倍。然而，西藏草原退化和沙化嚴重，西藏藏族自治區已有 50%以上的草地退化，其中重度退化的草場約佔已退化草地的一半左右。還有近 1/3 左右的草地已明顯沙化。草場的退化及其與此相關的草原生態環境的惡化被人們認爲是當今西藏藏族自治區最大的環境問題。而草原退化的重要原因之一，是草原的產權問題一直沒有解決好，仍沿襲著過去的公有制。由此便產生了兩個問題，其中之一就是牧民忽略對公共草場的保護和建設。在過去 40 年間，由於草場產權不明晰，牧民不願意也不可能對草原的建設和保護有較高的熱情並進行力所能及的投入。參見羅絨佔堆：《西藏草原畜牧業可持續發展問題研究》，見 http://www.tibet-web.com。

確立有效的自然資源產權制度，其最重要的內容就是透過對權利的確認和保護來使外部性內在化；透過對權利的轉讓來達到資源利用的收益最大化。中國自然資源產權的制度選擇應該是在可持續發展的經濟理性指導下的自然資源效率（處理好效率和公平關係的效率），即追求自然資源產權績效大於成本的制度目標。

有效率的產權制度表現爲自然價格能夠準確地反映資源的相對稀缺性，指導人們決策的價格能夠反映全部的經濟後果，從而傳遞正確的資訊及提供正確的激勵。要消除中國現行制度的低效率，有兩個不同的觀念：一是加強政府的管制，二是充分發揮市場的作用。不同的思路需要不同的產權安排作爲其基礎。我們認爲，需要將兩種方式相結合，從而自然資源產權制度必然就是一個混合產權制度。

由於自然資源本身的多樣性、公共性程度的差異和產權界定的難易不同，一個國家的自然資源產權制度應該是一個多層次、多元化的結構，單一的產權結構難以滿足制度設計所要實現的目標。中國自然資源產權制度的變遷總體上是政府主導的強制性制度變遷，從統一的公共產權到所有權與使用權的分離，從無償委託到有償交易，是這場制度變遷的趨勢。而問題的關鍵是制度變遷中是否有效率的改進。

按現行法律框架，中國自然資源所有權理論上歸國家或集體所有，事實上歸地方政府或部門所有。地方不僅具有佔有權、使用權和收益權，而且對一些資源具有事實上的所有權和轉讓權。這種格局必然會形成中央政府和地方政府的博弈關係。一項有效的產權制度的供給，旨在激勵經濟當事人選擇最大化其收入的行爲。自然資源產權制度的設計，應在一些重要資源實行國家專屬所有權情況下確立資源收益多級化的制度，明確劃分中央和地方的利益分配關係。

制度安排中要解決自然資源的資本化問題，只有這樣才能實現資源的價值最大化。資源的流動不是技術層面的物理流動，以科斯爲代表的新制度主義學派的研究證明，交易的實質是產權。自然資源的物理流動通常成本很高，甚至不可能，但自然資源的產權是完全可流動、可交易的。產權的明確界定是實現這種交易的前提，也是市場經濟真正得以建立的制度前提。中國資源優勢不能有效轉化為經濟優勢的關鍵不在於技術約束，而在於制度約束。有關自然資源的一系列制度安排，尤其是產權制度安排和制度環境的變革，是經濟落後但有自然資源稟賦優勢的地區發展經濟的關鍵。

法律是一種公共物品，是集體選擇的行動方案。要保障法律的產生和供給的效率，就要運用效率這一價值標準對法律的制定和實施進行核對總和評價。中國自然資源產權制度的效率的內在邏輯是：以有利於提高效率的方式分配資源，並以權利和義務的規定保障資源的優化配置和使用。

2.自然資源產權結構

(1)水權。水權是產權在水資源利用中的具體體現。人類對水資源的消費，開始並不存在水權，只是隨著人類社會的發展，在水資源從豐沛到短缺及水資源顯現經濟商品秉性的過程中，水權才得以存在與變遷。從人類歷史上看，水權問題的根源在於水資源稀缺的出現和加劇以及相伴隨的相對價格的提高。

經過法律建立明晰的水權制度，不僅能夠使經濟當事人形成合理的預期，有利於經濟當事人明確自己的產權界區和權責範圍，提高水行為的市場效率，而且能夠產生界定產權的規模經濟，減少交易費用，還能夠降低水行為的外部性的影響，在一定程度上遏制水環境惡化與水資源耗竭的加劇，避免"公地悲劇"現象的發生。科斯在其著作中也曾論證了在交易成本非零的情況下，產權的界定對經濟糾紛、經濟效益以及資源配置所起的主導性作用。

世界各國採用了各不相同但符合本國實際的水權制度，比如河岸權制度、優先佔用水權制度、比例水權制度、條件優先權制度等等，但是大多數國家普遍採用的還是河岸權制度和優先權制度。

西方國家的水權制度大體上經歷了共有水權、排他性共有水權和私有水權三個階段。但需要指出的是，各種形式的共有水權在當代西方國家都不同程度地存在，任何國家都從未建立起純粹的私有水權制度，只不過是在逐步從公共水權向私有水權（市場交易水權）不斷演進和變遷。即使是各國普遍採用的優先權制度也並非最佳選擇，不能夠實現水權的最優配置，也應當合理規範政府的約束與限制，存在進一步市場化的趨勢。

從產權制度安排來看水資源的產權結構，中國水資源產權安排整體上屬於國有水權制度，水權被當成公共水權來進行制度安排，堅持水資源的公有制理論，所有者即國家。中國《憲法》第 9 條規定：礦藏、水流、森林、山嶺、草原、荒地、灘塗等自然資源，都屬於國家所有，即全民所有；法律規定屬於集體所有的森林和山嶺、草原、荒地、灘塗除外。中國《水法》第 3 條也明確規定：水資源屬於國家所有。水資源的所有權由國務院代表國家行使。

在水資源使用方面，國家對水資源依法實行取水許可制度和有償使用制度，而且《水法》對水資源的開發利用及其利益關係的調整做出了一些具體規定，包括：開發利用水資源，應當堅持興利與除害相結合的原則，兼顧上下游、左右岸和有關地區之間的利益，充分發揮水資源的綜合效益，並依照防洪的總體安排；開發利用水資源，應當首先滿足城鄉居民生活用水，並兼顧農業、工業、生態環境用水以及航運的需要等等。

在水權交易方面，中國現行法律禁止水權的交易與轉讓。雖然水法（2002）規定了對水資源依法實行取水許可制度和有償使用制度，並由國務院水行政主管部門負責全國取水許可制度和水資源有償使用制度的組織實施，但對取水權也沒有做出交易安排的具體規定。而且，國務院制定的《取水許可制度實施辦法》第 26 條規定：取水許可證不得轉讓。取水期滿，取水許可證自行失效。第 30 條規定：轉讓取水許可證的，由水行政主管部門或者其授權發放取水許可證的部門吊銷其取水許可證，沒收其非法所得。

在水資源所有權、使用權糾紛的處理方面，中國的《行政復議法》做出了明確規定，實行行政處理在先原則。在實踐中，中國對開發利用水資源所涉及的各方利益以及由此而產生的矛盾，也大多是透過政府採取行政手段解決的。[1]

新中國成立之後特別是改革開放 20 多年來的水管理制度的演變，使中國目前已經形成了一套基於行政手段的共有水權制度安排。雖然十幾年來實施的一系列管理制度使水權的排他性有所提高，但是水權的外部性還是較高，水權行使效率還是較低，也就是我們目前所說的"水權模糊"現象還很嚴重：水資源為國家所有的概念十分明確，但水的使用權、配置權和收益權極其模糊。隨著市場經濟體制的健全和完善，以及水資源的日益短缺，按水權理論對水資源的開發和利用進行管理，成了現階段水資源市場的一個重要問題。

水權模糊在一定的歷史條件下是一種合理的經濟現象，主要是由於明晰界定水權的成本較高，採用模糊水權的方法可以節省排他性成本。行政手段正是宏觀環境下節省成本的現實制度選擇，而產權模糊是行政配水制度的基礎。當前的水權制度安排是水權模糊帶來的內部管理費用和用水效率損失，與行政配水所帶來的成本節省之間的均衡。但正是這種共有水權制度安排，在保證中國水資源政府供給實現的同時，嚴重阻礙了中國水資源市場的發育，導致水資源利用長期處於無效率或低效率狀態，成為現行水資源被浪費和破壞的制度根據。[2]

---

[1] 《中國水資源產權制度創新研究》，見中國環境資源法學網（www.kingseer.com），2004.11.11.

[2] 2000 年 11 月 24 日，東陽、義烏兩市政府經過多次協商，簽署了用水權轉讓協議：義烏市一次性出資 2 億元購買東陽橫錦水庫每年 4,999.9 萬立方米水的使用權。轉讓用水權後水庫原所有權不變，水庫運行、工程維護仍由東陽負

(2)礦業權。礦業權是非土地所有權人或非礦產資源所有權人,經政府許可登記在特定的區域或礦區勘探或開採礦產資源,並獲得地質資料(有開採價值或商業價值的資料包及礦物標本等)或礦物及其他伴生礦的權利。《礦產資源法》規定:礦產資源屬於國家所有,由國務院行使國家對礦產資源的所有權。地表或者地下的礦產資源的國家所有權,不因其所依附的土地的所有權或使用權的不同而改變。

《礦產資源法》規定的主體包括國有礦山企業、集體礦山企業和個體採礦業者等,其中,《礦產資源法》第 4 條明確了國有礦山企業是礦產資源的主體,另外專門設置了"集體礦山企業和個體採礦"一章,從形式上彷彿給了二者較為寬鬆的政策,實際上它們與國有礦山企業在法律地位上是不平等的,如第 36 條規定:國務院和國務院有關主管部門批准開辦的礦山企業礦區範圍內已有的集體礦山企業,應當關閉或者到指定的其他地點開採,由礦山建設單位給予合理的補償,並妥善安置群眾生活;也可以按照該礦山企業的統籌安排,實行聯合經營。由此可見,不同類型的礦業權主體所需要滿足的條件是不一樣的。

《礦產資源法》第 10 條規定:勘查許可證有效期最長為 3 年;但是,石油、天然氣勘查許可證有效期最長為 7 年。需要延長勘查工作時間的,探礦權人應當在勘查許可證有效期滿的 30 日前,到登記管理機關辦理延續登記手續,每次延長時間不得超過 2 年。探礦權人有權在劃定的勘查作業區內進行規定的勘查作業,有權優先取得勘查作業區內礦產資源的採礦權。探礦人在完成規定的最低勘查投入後,經依法批准,可以將探礦權轉讓他人。這說明油氣探礦權的期限為 7

責,義烏按當年實際供水量按每立方米 0.1 元標準支付綜合管理費。由於長期以來中國的水權分配主要內容為"指令用水,行政劃撥",在流域管理中,各地區用水通常由上級行政分配,水事糾紛也主要由行政手段協調,因此義烏、東陽間的此種協議,被人們稱為"開創了中國水權制度改革的先河,是水權理論在實踐中的重大突破"。

年,其他類型的探礦權的期限為 3 年。但是因為可以展期,且沒有次數的限制,所以在理論上探礦權可以無限期地延長,很容易導致效率低下。

目前中國礦產資源供需形勢日趨嚴峻,部分支柱性大宗礦產資源對經濟社會發展的保證能力不可持續。從存量看,由於中國經濟增長方式粗放,總體素質不高,多年來,經濟發展主要依賴於投入的增加,過量消耗礦產品。據統計,2003 年中國 GDP 為 1.4 萬億美元,約佔世界的 4%,但消耗的原油、原煤、鐵礦石、氧化鋁、水泥分別為世界消費量的 7.4%、31%、30%、25%、40%。這既有中國經濟發展所處階段的原因,同時也與採礦業本身粗放經營,礦產資源開發、綜合回報、利用水準不高有關,比如煤炭綜合回報率平均不到 40%,金屬和主要非金屬礦產開發利用的綜合回報率僅在 30%左右,遠低於世界發達國家綜合回報率 50%以上的水準。由於礦產資源的大量消耗和勘查嚴重不足,再加上損失浪費驚人,對外依存度自然越來越大。比如鐵礦石,目前 40%都得依賴進口,2006 年國際市場鐵礦石價格上漲了 71.5%,嚴重影響到中國經濟的發展,可以說能源及若干主要礦產品的短缺甚至已經威脅到了國家的經濟安全。[1]

從 1949 年中華人民共和國成立起,中國在很長一段時間內實行的是礦產資源無償開採制度。無償開採制度結束於 1986 年 10 月 1 日

---

[1] 多年來,礦山企業普遍存在重資源開採、輕環境保護的問題。部分國有大中型老礦山歷史包袱過重,礦區土地破壞面積大,地質災害隱患嚴重,恢復治理任務艱巨;眾多小礦只顧採挖資源,不顧環境保護,造成開採區自然生態被嚴重破壞;許多礦山廢石、廢渣、廢水隨意堆積、排放,嚴重污染環境,特別是尾礦未能得到有效的保護利用,既不利於資源二次開發,也容易造成環境污染和地質災害。據調查,中國採礦企業排放的廢水佔工業廢水的 10%,採礦產生的固體廢棄物佔工業固體廢棄物的 80%,採礦佔用和損毀土地近 9 000 萬畝,而複墾率僅為 12%,大量老礦山的塌陷區、排石場、尾礦壩都亟待進行治理。張英華、王淑麗:《礦業發展態勢嚴峻,法律修改緊鑼密鼓》,見《法制日報》,2005.4.26。

《中華人民共和國礦產資源法》生效後。該法第 5 條規定：國家對礦產資源實行有償開採。開採礦產資源，必須按照國家有關規定繳納資源稅和資源補償費。1994 年 4 月 1 日中國頒佈了《礦產資源補償費徵收管理規定》，該規定附錄中列出了中國當時已發現的全部 173 種礦產的補償費率，從此，在事實上結束了中國礦產資源無償開採的歷史。1997 年 1 月 1 日修改後的《中華人民共和國礦產資源法》開始實施，使中國的礦產資源財產權制度朝著市場經濟方向前進了一大步，主要有兩方面的進展：其一，確立了探礦權有償取得的制度，使有償開採制度在結構上趨於完善，強化了國家的所有權；其二，在有限的範圍內放開了探礦權和採礦權的轉讓，標誌著礦業權二級市場雛形的出現。

但是，在礦業權實踐中問題仍較多，存在的主要問題是產權行使的主體不清、大量的行政干預與權力尋租以及價格扭曲。[1]

3.自然資源使用權的物權化

1949 年以來，中國的自然資源使用權制度經歷了很大的變化和調整，以適應不同時期政治和經濟發展的客觀要求，實現不同時期的社會整體目標。在改革開放之前，權利主體的變更基本上是透過行政命令實現的，基本上無排他性可言，也就未能依法確立物權的概念，結果嚴重地阻礙了社會經濟目標的實現。在 20 世紀 80 年代中後期，中

---

[1] 據財政部官員披露，中國目前的資源價格體系完全處於扭曲狀態。目前的礦產品成本中有三個最重要的組成部分沒有被包括進去：礦業權的取得、對環境的治理和生態的恢復成本、安全投入成本。還有一個嚴重問題使礦業權往往無償取得，導致資源浪費和使用效率低下，即透過行政審批發放礦業權，引致了大量的腐敗。目前中國 15 萬個礦山企業中，僅有 2 萬個礦山企業是透過市場機制取得礦業權的，其他均是透過行政方式取得的。就是因為這種無償取得方式，所以現在的礦產品成本中就沒有包含取得礦業權所應支付的費用。目前的礦產資源補償費的費率在 1.18%（按銷售收入計算），這個費率遠遠低於國際水準，根本無法反映資源的真正價值。見《南方周末》，2005.12.15。

國制定了一系列自然資源行政法，到 90 年代後期又對這些法律進行了修訂，這些法律創設了一些性質不同的財產權利，以期完成不同的經濟功能。例如：經過中共中央五個"1 號文件"、《土地管理法》以及《農村土地承包法》等逐步建立的農民土地承包經營權，對於提高農業生產效率發揮了決定性的作用。

物權是一個重要的法律概念，創造物權概念的本來目的是規範人與人之間的經濟關係。從法律的角度看，物權是一套程序和規則，這些規則和程序決定了誰對某物享有權利，誰可以使用、管理和經營資產的一束權利。從經濟學的角度看，資源的稀缺性是產生物權的前提。構成物權的一系列規則讓人們以某種方式利用、經營和處置某物，人們由此而得到回報或者受到損失。物權是幾乎所有經濟活動的必需的條件。目前，中國《物權法》尚未頒佈實施，對自然資源的權利安排，主要的依據是《民法通則》。中國《民法通則》採用了"財產所有權和與財產所有權有關的財產權"的法律形式。除了所有權外，中國的《民法通則》和《自然資源行政法》還規定了一些與自然資源有關的物權類型，主要包括：土地使用權、土地承包經營權、探礦權、採礦權、取水權、捕撈權、養殖權、林權、草原放牧權、馴養繁殖權、狩獵權等等。

《民法通則》第 81 條規定：國家所有的森林、山嶺、草原、荒地、灘塗、水面等自然資源，可以依法由全民所有制單位使用，也可以依法確定由集體所有制單位使用，國家保護它的使用、收益的權利；使用單位有管理、保護、合理利用的義務……公民、集體依法享有的對集體所有的或者國家所有由集體使用的森林、山嶺、草原、荒地、灘塗[1]、水面的承包經營權，受法律保護。承包雙方的權利和義務，依照法律由承包合同規定。國家所有的礦藏、水流，國家所有的

---

[1] 灘塗是海灘、河灘和湖灘的總稱。

和法律規定屬於集體的林地、山嶺、草原、荒地、灘塗不得買賣、出租、抵押或者以其他形式非法轉讓。

《民法通則》把以上規定中對水面、森林等自然資源的使用權以及對水面、森林的承包經營權,稱為"與財產所有權有關的財產權"。而在民法理論中,則將這種使用權和承包經營權稱為"所有權之外的新型的他物權"形式,屬於民法物權制度中的具有限制物權性質的用益物權。

資源的權屬關係和流轉關係是自然資源法基本的和重要的調整物件,法律機制在此領域的運作和發揮效能應以完備的資源物權制度為基礎,然而由於資源自身獨特的自然屬性和法律屬性,使法律制度對其的規制無法與一般的物相提並論,種種原因造成了中國對資源物權理論研究的滯後和資源物權法律制度的長期欠缺,在很大程度上這也是中國自然資源開發利用效率低下,以及資源要素市場難以形成的重要原因之一。中國各種自然資源特別法對自然資源物權的基本屬性也多未做出明確的規定。實踐中,則是由各級地方立法機關、國務院各部委、各級人民政府以及其所屬部門做出規定,這與"物權法定"的原則相距遙遠,表現出了極大的不完善性。其後果是權利人的利益無法得到有效的司法保護,其投資常處於高度風險之中,行政監管機關、司法機關適用法律困難。在不同時期、不同地域的司法實踐中,針對十分類似的權利常常做出非常不同的裁決,自然也就很難實現其立法目的,完成其特定的政策功能。

中國現行自然資源法律安排的結果是:

首先,在理論上國家或集體是自然資源的所有者,但事實上由於國家或集體的虛擬人格在行為能力上的侷限性,不可能真正去行使所有權的佔有、使用、收益、處分等種種權能,這就必然導致國家或集體對自然資源的所有權事實上是一種"虛擬所有權"的現象。制度經濟學認為,在此情況下,產權實際沒有被明晰界定。

其次，資源利用和保護中最重要的是有人行使權利，因此國家或集體必須將其所有的自然資源交由私人來進行具體的開發和利用。但是，事實上，由於中國資源立法體系中的許多限制性規定，導致實際對資源從事實際利用和開發的私人，並不擁有對其正在開發和利用的自然資源的許多基本且核心的權利，即該私人所享有的權利並未物權化，這就最終導致了在自然資源領域中的"所有者缺位"的現象。

再次，非契約化的權利分配使產權的約束功能沒有建立起來。完全物權化的權利應當具備兩個條件，一是權利人有自主、排他的支配權；二是該權利主體不具有身份性。物權或產權的另外一個功能是可以實現資源的流轉和配置，也就是想利用的人可以取得資源利用，不想利用的人可以將手中的資源轉讓給他人利用，即該權利須具有可流轉性，這種流轉的結果是使資源不斷地尋求最能有效利用它的人，使其得到最大化的利用。而中國目前的分散利用機制，使利用人並不能處分其權利，且資源使用權利主體資格受到國家法律規定的所有制的嚴格限制。

再其次，傳統的分散利用是公有制資源內部許可權的劃分或分配，在所有權人和使用權人之間沒有建立明確的權利和義務界線，對資源的使用不僅是無償的，而且使用權人對資源的利用效率與利用者沒有直接關係。因此，分散利用形成的權利既沒有約束機制，也沒有激勵機制，不具備一般物權或產權應當具備的界定權利、義務、風險和責任的功能。

最後，資源和資源性土地利用後果負外部性非常嚴重。資源利用人只獲得資源有用的部分，而將有害部分轉嫁給社會或他人；資源利用人的濫用資源（亂砍濫伐、過度利用等），導致資源退化、環境惡化等嚴重威脅人類的結果。一方面，這種現象的產生，是由於許多資源沒有確定的利用主體，而是處於公用狀態，資源利用人不承擔利用資源後的不良後果。另一方面，由於資源利用權未實現物權化，資源利用人沒有土地使用權或沒有長期的使用權，致使利用人不願付出防止資源利用不良後果外部化及擴大化的成本，因此又加劇了這種資源利用現象。

物權化有一個特殊功能就是將不可直接交易的資源歸屬權轉變爲可交易的民法上的財產權；物權化的目的要求在一定範圍的主體與一定範圍的資源或土地之間，建立起一個一一對應的特定的排他的支配性法律關係。

資源和資源性土地物權化的觀念，就是針對上述弊端提出的，旨在重建中國資源和資源性土地利用秩序，使所有資源與資源性土地都得到充分、合理且有效的利用。

中國的自然資源物權體系安排的基本框架可以是：除了礦藏、水流等重要資源及公共資源的利用由國家直接設定資源利用權外，其他資源利用權可以也應當由資源性土地使用權人來設定。因此，對於草原、林地、荒地、水面等資源性土地而言，核心任務是設定資源性土地使用權，以使所有可再生資源或具有生產能力的土地資源都有確定的使用權人，再賦予資源性土地使用權人設定資源利用權的權利。

有學者提出，中國自然資源使用權的物權制度設計，不應是一個所有權和用益物權簡單相加的民法物權模式，而應當考慮中國自然資源一律由國家或集體所有，但又必須落實到具體的自然人、法人等民事主體才能實現資源利用的物權化的特殊制度背景。[1]我們認爲，這一觀念非常重要。在實踐中，要處理好的也是一個難點的問題就是在自然資源使用權物權化中國家、集體與個人或企業（市場主體）之間的關係。構建以使用權爲核心的資源利用物權體系，並不是忽視國家或農牧民集體所有權的作用，而是使國家、政府或集體組織由過去更多地重視和依賴行政管理和監督，轉變爲透過設定資源性物權並探索出

---

[1] 楊秋生：《自然資源物權制度構築的思考》，載《中國礦業》，2005(5)。

多種方式的授權許可使用、拍賣等分散資源使用權或利用權的途徑，從而合理地分配資源性土地使用權和資源利用權，規範和監督權利的行使，使得物盡其用。因此，必須首先解決的一個問題就是要明確所有權主體、明晰權利邊界。

第八章

公有產權的民間轉移

中國市場化改革中所有制結構的變化趨勢是所有權的分散化，即原來的國有和集體產權向民間化轉移，而推動這一改革的基本動因是追求經濟效率。在產權制度改革的研究中，我們應充分注意產權轉移過程中規則及效率的改變。本章研究公有產權的民間轉移理論與實踐，對中國改革中產權轉移的特徵和主要形式、產權改革的效率與公平，以及政府為什麼放棄公有產權進行了理論分析。

一、產權轉移的理論解釋

1.公有產權組織中的私有財產權問題

從財產權主體的角度，我們可以將財產權按主體對象不同，區分為私人產權、集體產權和國有產權。那麼在這些不同的產權主體共同將屬於自己的產權聯合形成一個經濟組織時，這個組織的產權性質應如何確定呢？應怎樣從理論上加以理解和解釋呢？

以國有企業為例，投入國有企業的生產要素包括國有資本和企業管理人員和工人的勞動。一般情況下，國有資本既然是國家所有，則當然是國有產權；工人等的勞動屬於工人本人所有，因此必須屬於工人私人所有，工人的勞動力產權為工人的私有產權。這樣，從財產權的角度看，國有企業擁有兩類產權主體，即國有產權主體和私人產權主體，是兩類產權主體的混合物。既然如此，那麼為什麼這類企業被稱為國有企業呢？也稱這種組織為國有產權組織呢？

現代經濟學的理論進展可以給我們提供認識這個問題的鑰匙。

現代經濟學將財產所有權和企業所有權相區別："……把財產所有權與企業所有權區別開來對理解企業制度安排是非常重要的。財產所有權與產權是等價概念，指的是對給定財產的佔有權、使用權、收益權和轉讓權；企業所有權指的是企業的剩餘索取權和剩餘控制權。剩餘索取權是相對於合約收益權而言的，指的是對企業收入扣除所有固定的合約支付的餘額的要求權。企業剩餘索取者也即企業的風險承擔者……剩餘控制權指的是在契約中沒有特別規定的流動的決策權……從奈特開始，經濟學家就認識到，效率最大化要求企業剩餘索取權的安排和控制權的安排對應"（張維迎，1996）。

　　上述分析說明企業所有權是指企業的剩餘索取權和剩餘控制權。誰擁有企業的剩餘索取權和剩餘控制權，誰就擁有了企業的所有權。

　　前面的分析指出，國有企業擁有資本和勞動兩種投入要素，資本為國有產權，勞動為個人產權，當資本所有者成為企業的剩餘控制權和剩餘索取權的擁有者時，則企業的所有權即為國家所有，這個企業即為國有企業。對集體企業和私人企業的分析與此相類似。這說明企業之所以區別為國有、集體和私有，根本問題不在於企業的財產權的歸屬問題，而在於企業的不同產權主體中，哪一個產權主體擁有對企業的剩餘控制權和剩餘索取權。

2.企業所有權的分類：國有企業產權組織、集體企業產權組織和私人企業產權組織

　　從這個視角理解產權的屬性，就能區分國有、集體和私有產權組織，也能區別這些不同的產權主體組織內部存在的不同財產權主體類型，如國有產權組織內部的國有產權和個人產權、集體產權組織內部的集體產權和個人產權。

　　國有和集體產權組織得以維持或生存的條件是，國有或集體產權主體擁有剩餘控制權和剩餘索取權。企業剩餘控制權或剩餘索取權為國有產權主體所擁有，這個企業就是國有企業；企業剩餘控制權或剩餘索取權為集體產權主體所擁有，這個企業就是集體企業；企業剩餘控制權或剩餘索取權為私人產權主體所擁有，這個企業就是私人企業。

　　另外，理解國有或集體產權組織還應該注意如下問題：

(1)股權和債權問題。企業的國有或集體產權組織的性質取決於股權的歸屬問題，而與債權沒有關係。換言之，在正常狀況下，只要具有股權性質的資本爲國家或集體組織所擁有，那麼這個企業的所有權即爲國家所有或集體所有。

(2)國有或集體產權組織中私有產權主體分享企業所有權問題。私人產權主體分享企業所有權包括：①私人以股權投資者的身分投資企業。在這種情況下，私有產權就擁有了一部分剩餘控制權和剩餘索取權。但是，只要國家或集體產權主體所擁有的剩餘控制權和剩餘索取權佔有率處於支配地位，那麼這個企業的所有權性質就仍然是國有或集體所有。這的確能夠解釋只要在企業中，國有或集體產權主體仍然具有控股地位時，企業的所有權性質就仍然沒有發生變化的實際問題。②國家或集體產權組織爲了自身利益的最大化，將企業的部分剩餘控制權委託給個人行使，並自願讓渡部分剩餘索取權以作爲對代理人的激勵。在這種情況下，個人雖然行使了企業的部分剩餘索取權和剩餘控制權，但是，這一部分的權利讓渡是國有或集體產權主體基於經濟利益上的考慮而選擇的結果，並且這些讓渡的權利最終要受到國有或集體產權主體的控制。因此，這些企業仍然屬於國有或集體所有產權組織，個人對企業所有權的分享只能當成委託－代理關係來看待。

3.企業所有權是由物質資本所有者還是人力資本所有者所擁有

中國學術界對這個問題是有爭論的。有人認爲企業所有權是由人力資本所有者和資本所有者所共同分享，也有人認爲企業所有權本質上是由資本所有者所擁有。前者稱爲企業的多邊治理理論，後者稱爲企業的單邊治理理論。我們接受企業的單邊治理理論。

爲什麼企業所有權爲物質資本所有者所擁有呢？對這個問題，張維迎已經有非常清楚的解釋。他認爲，企業的本質是"一系列契約的組合,是個人之間交換產權的一種方式"。各要素的所有者之所以要簽訂一系列契約,根本原因在於獲得未來收益,而由於面向未來的收益的不確定性,每一個要素主體都獲得固定收入是不可能的,必須要至少有一方獲得不固定的收益,而獲取不固定收益的產權所有者的這部分權利是剩餘索取權。企業面向未來的一系列契約必然也是不完全的,那些在契約中不能明確界定的權利只能由企業的產權所有者的某一方來行使。這些權利被稱為剩餘控制權。

為什麼企業的剩餘控制權和剩餘索取權必須要由同一產權主體來行使呢?張維迎認為,"一個最大化企業總價值的所有權安排一定是使每個參與人的行動的外部效力最小化的所有權安排。在企業理論裡,這個原則表現為剩餘索取權和剩餘控制權的對應。如果擁有控制權的人沒有剩餘索取權,或無法真正承擔風險,他就不可能有積極性做出好的決策"(張維迎,1996)。這就是對古典企業所有權由同一產權主體——企業物質資本所有者所擁有的理論解釋。但是現代企業的發展似乎證偽了剩餘索取權和剩餘控制權必須對應的理論。現代公司大多為規模巨大的企業,由於必然會產生有資本而無經營能力的資本所有者和有經營能力而無資本的經營者,為了發揮二者的專業分工優勢,產生分工和合作的收益,必然會出現作為企業所有者的資本所有者,將一部分或絕大部分剩餘控制權交由經營者行使,而且將部分剩餘索取權賦予經理人員分享的行為。這樣,經理人員對企業所有權的分享,表面看是違背了剩餘控制權和剩餘索取權必須對應的原則,實際上,這樣的違背會產生更大的分工和合作收益,使企業所有者獲得更多的企業剩餘索取權收益,這實質上是一個雙贏的合作博弈結果。同時,這樣的剩餘控制權和剩餘索取權的不對稱行使,必須以企業所有者獲得更大收益為前提,否則企業所有者將收回屬於自己所擁有的剩餘控制權和剩餘索取權。由此看來,古典企業的剩餘索取權和剩餘控制權的對應是為了減少外部性而導致的企業效率損失。而現代企業的剩餘控制權和剩餘索取權的不對稱配置,雖然會由於外部性而導致企業效率損失,但更會由於人才和資本的結合而產生更大的專業分工收益,從而導致企業不對稱所有權安排的淨收益為正值的結果。

為什麼物質資本所有者是企業所有權的擁有者?如前所述,剩餘索取權是扣除其他要素固定支付後的餘額。由於未來風險和不確定性因素的存在,剩餘索取權收益是一個變動範圍相當大的數值,可正、可負,可以高於平均的要素固定收益水準。這樣理解剩餘索取權收益就能夠與將剩餘索取權理解為組織租金的思維相區別。如果把剩餘索取權理解為是一個好東西,能夠總是為其所有者帶來為正的收益,那麼這樣的理解就是將剩餘索取權理解為組織租金。因此,企業所有權就是企業內各方要素所有者爭奪的對象,至於各方要素所有者能夠爭得多大佔有率的要素所有權,取決於要素所有者各方合作博弈所形成的均衡。這也是有人把企業理解為多邊治理的理論基礎。但是我們認為這樣理解企業剩餘索取權是有問題的:這樣的理解觀念忽視了現實中作為企業所有者的產權主體有相當部分是虧損和破產的現實。這個事實說明企業所有權本身並不總是產生為正的組織租金,這就意味著剩餘索取權對其擁有者而言,是一個變數,它可能是蜜糖,也可能是毒藥。現在的問題是:當企業剩餘索取權收益為負時,剩餘索取權的所有者依據什麼來彌補這個虧損額?我們把企業的投入要素分為人力資本和物質資本。這兩種資本的屬性不同,物質資本容易變現,人力資本變現能力差。並且現實經濟運行中也是如此,如物質資本可以作為企業貸款的抵押品,而人力資本卻不能。正因為如此,如果剩餘索取權的所有者是物質資本所有者,那麼剩餘索取權的虧損額則可以透過部分物質資本的變現來彌補。但是如果剩餘索取權為人力資本所有者所擁有,那麼剩餘索取權收益的虧損額拿什麼來彌補?雖然在這種情況下,人力資本會貶值,但是企業實實在在的貨幣價值虧損額是需要用現金來彌補的,人力資本不具有將部分人力資本進行變現來彌補剩餘索取權虧損額的能力。正因為如此，人力資本在現實中不具備抵押功能，從而也不具備作為企業剩餘索取權所有者的優勢。相反地，由於物質資本的易變現能力和具有抵押功能，能夠實際承擔企業所有權所具有的潛在風險所帶來的收益損失，因此它具備作為企業所有者的潛在優勢。正因為如此，現實中的企業是資本僱傭勞動的邏輯，而不是勞動僱傭資本的邏輯。

　　正是基於這樣的認識觀念，我們認為是企業的物質資本所有者擁有企業所有權，而不是企業的人力資本所有者擁有企業所有權。物質資本所有者主體可以分為私人、集體和國家，因此就可以把企業組織的產權性質分為國有企業產權組織、集體企業產權組織和私人企業產權組織。

　　人力資本所有者雖然不具備擁有企業所有權的屬性，但不等於他們不能分享企業所有權。對這個問題，我們在後面還將論述。同時，人力資本雖不具備承擔風險的能力，但是卻可以憑藉人力資本對企業的貢獻或契約而獲得固定的契約收益，這些收益為企業人力資本要素所有者所擁有，而不是為集體組織或國家所擁有。因此，人力資本收益本質上是私人產權，而擁有企業所有權的物質資本的收益卻要視其資本的屬性而定。如果企業所有權為國有，則其收益為國有產權；如果企業所有權為集體所有，則其收益為集體產權；如果企業所有權為私人所有，則其收益為個人產權。

4.產權主體的轉換

　　從財產權和從企業所有權角度，可以分別將產權劃分為國有財產權、集體財產權和私人財產權，以及國有產權組織、集體產權組織和私人產權組織。從財產權的角度，產權主體的轉換指財產權在國有、集體和私人之間的相互轉換；從企業所有權的角度，產權主體的轉換指企業所有權在國有、集體與私人之間的轉換。

對於私人財產權轉換為政府財產權，理論上說，在自願交換條件下，私人單獨提供公共產品面臨高昂的交易費用，因此眾多的私人自願讓渡一部分私有財產給政府，使讓渡的這部分私有財產轉變為政府財產，以獲得低成本的公共物品，這就是私人財產向政府財產的轉換。但本書研究只侷限於營利性行業的政府財產，即國有財產（資產）。這部分國有財產要自願從私有財產轉換而來非常困難。對於私人財產權轉換為集體財產權，前面的論述中表明，沒有政府的強制性行政權力的干預，私人財產權轉換為集體財產權幾乎不可能。

對於國有財產權、集體財產權轉換為私有財產權，前面的論述說明，為了調動人力資本的積極性，獲取更大的總收益，作為企業所有權的國有財產和集體財產的收益的一部分將被化為私人收益，使國有財產、集體財產轉化為私人財產。

沒有政府行政權力干預，財產權將自動由國家所有、集體所有轉換為私人所有，而不會主動由私人所有轉換為國有或集體所有。在政府行政權力干預下，財產權將可以被迫從私人所有轉換為集體或國家所有。

(1)私人產權轉換為國有產權以及國有產權的形成。在中國，營利性政府產權是歷史形成的。新中國成立後，透過沒收外國在華資本、國民黨及其政府資產、官僚資本和贖買民族資本，形成了國家資本，隨後，過重工業化策略、國家政策的控制，強制將農產品和勞動力的部分收益形成國有資本的高盈利，使得國有資本有足夠高的積累和擴張能力。

當然，在這些龐大的國有資產中，包括了非營利性行業的國有產權。

但無論怎樣，其中很大一部分是屬於營利性行業的國有產權。

無論是透過沒收、贖買還是剝奪其他產權主體，營利性行業的國有資本的原始積累畢竟完成了。這就是改革開放前夕，中國營利性行業國有產權的初始條件。

(2)私人產權轉換爲集體產權以及集體產權的形成。中國的集體產權組織分爲農村集體產權組織和城鎮集體產權組織。農村集體產權組織的核心是農村土地爲集體所有。新中國成立前，舊中國實行土地私有制，並且當時的土地集中程度較高，地主、富農佔有的土地佔有率比較大，存在大量無地而只能租種地主土地的佃農。新中國成立後，實行土地改革，剝奪地主過量的土地分配給無地的農民，實行農民土地私人所有制，只不過這時的土地私有制，透過政府的行政力量，使農民私人擁有土地的規模受到了限制，並且規定超過限制規模的土地要無償地轉交出去，再被政府無償分配給其他農民。當時土地爲農民所有、農民經營的模式。隨後經過互助組、初級社、高級社，而逐步使農村土地農民私有轉向了實行土地農民私人所有、集體經營的模式，私人土地以股份的形式加入集體經營組織。其後，透過人民公社，將農民土地私人所有、集體經營模式再轉變爲農村土地集體所有、集體經營模式。這個模式也就是中國農村在實行家庭聯產承包責任制時的初始條件。

在城鎮，透過對個體工商戶和個體手工業者的改造和引導，成爲了城市集體產權組織。隨後爲解決城鎮的就業壓力，如解決知識青年返城的就業問題，興辦起了一批集體產權組織。這些城鎮集體產權組織就是改革前的情況和初始條件。

(3)企業所有權主體的轉換。前面將企業所有權分爲國家、集體和私人所有三類，因此，企業所有權主體的轉換就是指企業所有權在國家、集體和私人之間的互相轉換。

自願交易條件下的企業所有權將從國有、集體自動轉向私人，而不會從私人轉向集體或國家。

在自願交易條件下，爲了激勵人力資本，防止作爲剩餘控制權和剩餘索取權的國有財產權被濫用或爲了獲得最大利益，需要讓渡一部分爲正的剩餘索取權以激勵人力資本，從而使國有企業的一部分國有財產收益轉換爲私人財產，這種財產權的轉換並不是必然意味著企業所有權的轉換。但是當這部分私人財產權轉換爲擁有企業剩餘控制權和剩餘索取權的股權時，就完成了企業所有權從國有向私有的轉換。企業所有權從集體向私人的轉換同理。

在政府行政干預條件下，企業所有權將可以從私人轉換爲國有或集體所有。

在政府行政干預條件下，政府可以使用超經濟力量將擁有企業剩餘控制權和剩餘索取權的私有財產強行轉換爲國有或集體財產，並使國家或集體透過轉換的財產權控制企業剩餘控制權和剩餘索取權，完成企業所有權從私人轉換爲國有或集體。

5.國有產權主體向非國有產權主體轉換的不可避免性

政府行政權力不介入，主要指政府不運用超經濟力量干預企業的收益分配，如企業的人力資本收入、物質資本收入的確定及其比例。如果由政府確定企業人力資本收入的數量和比例，而不是由企業根據經濟原則來確定，我們就稱存在政府行政權力的介入。

在政府行政權力不介入的情況下，假設初始條件是所有企業均爲國有企業，即整個經濟體的資本金均爲國家所有，同時，如果承認人力資本的私有屬性，人力資本的收益爲個人所有，那麼國有產權主體向非國有產權主體轉換則不可避免。

理論上，國有資本金能夠動員的最大社會總資產爲國有資本金的兩倍。假設國有資本所支配使用的其他社會資產爲人力資本的收益，設定人力資本收益除了個人消費之外均存入銀行。銀行爲了確保資金安全，對貸出資金需要抵押品，國有企業獲得銀行貸款的抵押品就是國有資本金。抵押貸款本金利息之和除以抵押物（這裡爲資本金）的現值，即爲抵押率。抵押率一般均小於 100%，即抵押貸款本息之和與抵押物現值之間往往有一個差額，這個差額一般均是抵押貸款額小於抵押物現值。抵押率小於 100%的原因是貸款的風險和抵押物的處置風險及可能的估價過高。因此，銀行從貸款安全的角度考慮，願意貸給國有企業的以國有資本金作為抵押貸款的最大極限，就是國有資本金的價值（這裡還暗含了貸款的利息為零）。

國有資本金最多只能支配兩倍的社會總資產，本身就是一個苛刻的條件。當國有資本金大於銀行可貸資金的總額時，不存在這個約束條件的限制。可是當國有資本金小於銀行的可貸資金時，由於抵押率的限制，將導致銀行的可貸資金不能完全轉化為國有企業投資，存在投資不足，從而國有資本不能有效吸納全部社會總資產，導致整個社會投資不足。

假設初始條件是所有企業均為國有企業，即所有企業資本金均為國有資本金。銀行的可貸資金剛好為國有資本金的總量，國有企業以全部資本金作為抵押將銀行的可貸資金全部用於企業投資。此時的所有國有企業就是國家、銀行和企業職工組成的一個契約組合。其中，國家以國有企業所有者身分，憑藉國有資本金享有剩餘索取權和剩餘控制權；銀行以債權人的身分，獲得固定的利息收入；企業職工以勞動力等人力資本獲得勞動收入。

因此在初始時，不存在銀行可貸資金不能轉化為企業投資的投資不足的問題。國有企業的增加值主要以利潤、利息和工資三部分被國家、銀行和職工所分享。

要使銀行不存在剩餘可貸資金，就必須使國有企業利潤的增加額等於銀行的可貸資金增加額。如果銀行可貸資金增加額大於國有企業利潤增加額，則存在投資不足的問題。

(1)資本增加額。資本增加額即為投資，或稱為淨投資，因為資本折舊已經扣除。在政府稅收用於公共產品得到嚴格約束條件下，國有資本金的增加主要來源於國有資本金的利潤。這裡假設國有資本金的利潤全部用於投資，國有資本金的利潤是扣除了固定的債權收益和職工收益之後的剩餘。由於未來的不確定性，國有資本金的剩餘索取權也是不確定的，可高、可低、可正、可負。當企業利潤為負時，國有資本金將作為企業承擔虧損的物質基礎，理論上，國有企業虧損的上限是企業的虧損額不得超過國有資本金的數量。正因為國有資本金的剩餘控制權和剩餘索取權的屬性，導致單個國有企業國有資本金收益的不確定，但是從總體上看，國有資本金的平均收益與銀行的債權收益大致相等，但是單個企業的國有資本金收益的風險遠大於債權的風險。因此，如果平均意義上國有資本金的收益率等於銀行貸款的收益率，並且二者將收益全部用於投資，那麼新增國有資本金將剛好消化掉銀行可貸資金的收益所形成的可貸資金，這時，企業職工的工資收入扣除消費後的儲蓄將形成銀行剩餘可貸資金。

(2)企業職工工資形成的銀行可貸資金。理論上講，企業職工可以將當期工資全部用於消費，這時銀行將不存在剩餘可貸資金。但是在正常情況下，職工會將一部分當期收入用於消費，另一部分收入用於儲蓄。因此從平均意義上說，經濟體將存在為正的居民儲蓄，並且這一部分資金將轉化為銀行的剩餘可貸資金。

國有企業存在高昂的交易成本費用，導致國有資本金的收益低下。主要表現為：兩權分離導致的代理費用。假定國有資產追求國有資本金的收益最大化，追求個人利益的國有企業經營層追求個人效用的最大化，國有企業目標函數與國有企業經營層個人效用函數的不一致，必然導致國有企業經營者在追求個人利益時，使國有企業目標利益受損。這種由於經營者和所有者利益目標的不一致而產生的國有資本金收益的損失，稱為國有企業的代理成本。為了降低企業的代理成本，便產生了相應的如何安排公司治理結構的問題。不僅國有企業因降低代理成本而存在治理結構問題，西方的公司制企業同樣因為所有權和經營權的分離，而產生了相關的如何安排公司治理結構的理論。

從斯密到伯利、米恩斯都認識到了兩權分離而產生代理成本的必然性。正因為如此，斯密認為股份公司不可能成為企業的主流形式，只能在工作流程相對簡單、固定的銀行業等行業，才能生存下來。伯利、米恩斯在20世紀30年代透過對美國經濟統計資料的研究發現，到1930年，美國最大200家公司（銀行除外）實際控制了全部財富的49.2%、商業財富的33%、國民財富的22%。這說明在現代社會，存在高昂代理成本的股份公司是企業的有效組織形式。為什麼存在高昂代理費用的股份公司能夠超越沒有代理成本的私人企業呢？原因就在於股份公司能夠快速進行資本集中，發揮規模經濟優勢。如果股份公司的規模經濟優勢和分工與合作產生的經濟效率的增加，能夠大於所產生的代理成本的增加，那麼即使存在代理成本，股份公司的優勢也將優於沒有代理成本的私人公司。現代股份制公司成為主流企業組織形式，還在於一系列降低代理成本的制度基礎，主要有公司的內部治理機制和公司的外部治理機制。公司的內部治理機制包括可降低每個股東均參與直接治理的交易費用的全體股東對董事會的信託制度、為了防止大股東直接參與對小股東的損害而產生的股票自由匿名轉讓的進退機制，以及為了讓有能力的經營者經營好企業而形成的董事會對經營者的監督、制衡以及激勵機制的設計，這些制度都是從公司內部進行的制度安排以降低代理費用。產品市場、股票市場、經營者市場的競爭機制的制度安排則是從股份公司外部降低兩權分離的代理費用。

　　正是股份公司集中資本進行規模經營，和一系列降低交易成本的制度安排，使得股份公司成為了現代企業的主流形式。

　　這一系列降低交易成本的制度安排雖可以減少代理成本，而這一系列制度的進行本身也需要費用，但是只要這些制度的進行費用，加上在這些制度進行條件下產生的交易費用小於沒有這些制度的情況下兩權分離所產生的交易費用，這些制度安排就是有效率的。

與現代股份制企業相比，國有企業缺乏一系列降低兩權分離所形成的代理費用的制度安排。首先，外部治理機制缺乏。在假設所有企業均為國有企業的條件下，產品市場、經營者市場、股票市場均不能形成有效的競爭，沒有有效的競爭，就不能透過這些市場來形成反映企業經營者業績的可觀察指標，和透過這些市場競爭構成對經營者的壓力。沒有競爭性的市場反映經營者能力的可觀察指標，所有者監督、約束經營者的成本就要增加。其次，國有企業內部治理機制欠合理。在外部治理機制缺乏的條件下，國有企業的內部治理機制當然就極為重要了。但在國有企業內部治理結構中，權力不完全來源於所有權，政府部門也是重要的參與國有企業治理的重要力量，同時，職工代表大會也是參與企業治理的重要力量。由於缺乏外部市場定價，企業參與各方的收入分配主要是企業內部各參與方討價還價進行博弈的結果。企業職工工資的確定主要取決於職工談判力量和能力的大小，同質勞動沒有相對趨於均衡的工資率。政府部門參與國有企業的治理結構，會增加企業內部的交易參與者，同時也會增加交易費用；非國有資本所有者的權利來源，也會降低國有資本所有者的談判能力，從而導致國有資本金收益在企業內部參與各方的博弈下下降。因此，外部和內部國有企業治理機制存在的問題，致使國有企業兩權分離產權的代理成本難以透過一系列的制度安排而得到有效降低，因而導致國有企業的國有資本金收益率低於通常意義上成熟市場經濟國家股份公司的資本金收益率。

　　國有資本所有權弱化，將導致國有企業高昂的代理成本，從而導致國有企業的國有資本收益率更低。

　　國有資本從最本源的意義上講，屬於全體國民所有，但由於全體國民是一個極其龐大的群體，全體參與經營管理將產生高得驚人的交易費用，為了節省交易費用，只能將國有資產的所有權委託給一個人數有限的組織來行使所有者職能。將全民所有的資本委託政府代理全民行使所有權，從而由人數有限的政府人員行使國有資本所有者職能，就是節省交易費用的一個具體的制度安排。在全體國民與政府代理所有者的委託關係中，由於全體國民的股權平均、分散，全體國民股東不能透過股權轉讓的退出機制，對政府代理股東形成有效的實際制約作用。

因此，全體國民的股東地位實際上是虛化的，他們不能對國有資產的實施、運營、收益產生有效的具實質性的影響。全體國民的股東地位僅僅是名義上的，而實際上行使國有資本股東職能的是政府部門的相關人員。

政府部門行使龐大的國有資本的所有權會產生兩個問題：①代理所有者的委託－代理問題；②過長的委託－代理鏈所形成的過高的交易費用。

(1)關於代理所有者的委託－代理問題。國家或政府作為全民股東的代表行使股東權利，必然地會產生由於真正股東與代理股東的目標函數的不一致而導致的代理成本，同時由於沒有一套健全的制度來降低代理成本，因此代理股東偏離真正股東的目標函數的可能性就更大了。在市場經濟國家中的股份公司，全體股東與董事會也存在委託－代理關係，但是它有一系列的制度安排可以降低代理費用。大股東進入董事會能夠確保董事的個人目標接近全體股東的目標。因為公司利潤的增加，將使大股東的利潤相對於中小股東而言增加得更多，這能保證董事會盡可能履行好所有者職能，對經營層進行積極而有效的監督。而中國國有企業的所有者是全體國民，全體國民的股份均等化不能產生大股東，因此國有資本代理所有者與真正所有者的目標差距比股份公司大。同時，現代股份公司的中小股東雖不能直接參與公司治理，不能對公司的經營決策發表意見，但是許多中小股東的股票轉手導致的股價大幅度下滑本身就會使代理所有者——董事會成員的股票市值下降，公司被其他更大股東控盤或接管的危險性將大為增加。中小股東的自由退出權及由此而導致的公司代理所有者——董事股票市值的下降和被更大股東排擠出局的潛在威脅，會使代理所有者盡可能地與全體所有者一起追求股權收益的最大化。但是中國國有企業的情況卻不一樣，全體國民股東既沒有直接參與國有企業治理的可能，事實上參與的成本也很高，也不能透過股票轉讓的方式行使自由退出權以表達自己的意見，從而影響企業的經營。退一步講，即使可以透過自由退出權表達自己的意見，也不能使代理所有者的利益蒙受重大損失：①沒有市場能夠將國民股東的退出透過價格顯示出來；②即使能顯示出來，也會由於代理所有者持有的股份極少，而不能使其股票市值即其財產遭受重大損失。

由此看來，國有企業股權結構及保護全體國民股東因制度安排的缺失，而導致了代理所有者與全體國民所有者的目標偏差極大，這會造成國有企業所有者收益受損，直接成為公司利潤的受損。由於國有企業代理所有者利益與全體國民所有者利益的相關性導致公司利潤的受損，也可以被稱為代理成本。具體有：①代理所有者消極監督經營層或不作為導致的經營層的懈怠，或對國有資本所有權收益的侵害。②主動與經營層勾結或被經營層俘虜，而共謀侵吞國有資本及其收益。

(2)關於國有資本過長的委託－代理鏈導致的激勵，和約束機制弱化所產生過高的交易費用。為了節省交易成本，由全體國民擁有的龐大資本只能委託人數有限的機構代理行使所有權。而龐大的國有資本規模必須要把所有權分級委託，直至最後形成基層組織的國有企業。由於龐大的國有資本規模導致過長的委託－代理鏈本身也是一個相當龐大的等級系統，維持這個龐大的等級系統的運轉，就需要從國有企業的最終產出中扣除相當部分進行支付，這筆費用本身也是過長的委託－代理鏈導致的交易費用。

在存在銀行剩餘儲蓄的情況下，如果不透過形成非國有資本金的方式去消化銀行的剩餘儲蓄,那麼另一個辦法就是使用政府力量進行管制,改變銀行或國有企業的自願經濟行為,消化掉銀行的剩餘儲蓄。一般來說,主要有兩條途徑:①透過價格管制,執行工農產品間的價格差距,人為降低國有企業的成本,提高國有企業的利潤水準和總量。②透過干預銀行,迫使銀行下降貸款抵押標準,或者完全不考慮貸款的抵押問題,使銀行的資金安全存在高風險,用增加銀行貸款風險的辦法最終也能消化多餘的銀行儲蓄。

這兩種方法在本質上都假定政府對市場准入進行嚴格管制,只允許國有資本金存在,而不允許非國有資產以資本金的方式存在。

在國有企業獨家完全壟斷的初始條件下,存在著企業投資不足的問題,而解決的辦法有三種:第一種是讓非國有資產所有者變為非國有資本所有者,實現國有企業所有權主體向國有與非國有企業所有權轉變,同時既消化了社會的剩餘資產,又不至於引起不良後果。第二種是對國有企業的產出和投入品進行價格管制,強制實現國有企業的高額利潤,以消化社會的剩餘資產。但是,由於價格管制帶來的巨大成本,在外部強大的競爭壓力下,明智的政府決策者將不得不放鬆控制而取消政府管制,取消政府管制則必然引起剩餘儲蓄,負作用比較低的辦法就是進一步取消對非國有企業的進入管制,這又走向了第一條道路,即國有企業所有權向國有與非國有企業所有權轉化,只不過現在是在嘗試了另外的辦法後,不得不走向企業產權主體轉換的道路。第三種辦法即干預銀行會導致金融危機,必然不可行。不對銀行進行政府管制,又不存在政府價格管制的情況下,銀行必然產生剩餘的儲蓄。在第二、三種辦法不可行的情況下,銀行的剩餘資產必然也將透過國有企業所有權向國有與非國有企業所有權轉換,以解決投資不足的問題。

從三種解決國有企業投資不足的辦法中,中國的分析均證明在初始的國有企業所有權一統天下的條件下,在營利性的競爭性行業,國有企業所有權必然要向國有與非國有企業所有權並存的格局進行轉換。

我們的理論模型能夠預測的現象是：①企業所有權主要由國家所有必然要伴隨政府的全面價格管制。②放鬆或取消政府的價格管制，必然要導致企業所有權逐漸由國有變為國家和個人所有共存的格局。

政府行政權力不介入情況下，非國有企業所有權不可能向國有企業所有權轉換。

假設初始條件：所有的企業均為非公有（國有）企業，非公有企業能夠消化所有的社會資產，企業資本金與債權的最高比例為100%。在這個條件下，不存在社會剩餘資金，即銀行的剩餘儲蓄。原因是個人資本金的增加沒有任何限制。即使初始企業資本金不足以消化所有的社會資金，這部分社會資金也可以透過建立新企業或參股以前的企業，而將這部分社會資金轉化為企業資本金。這時候所有企業能否充分利用整個社會的經濟資源，主要取決於對投資的未來預期收益和投資的機會成本的比較。

在政府的行政權力不介入的情況下，資本金所有者根據自己對各種企業組織形式的判斷，選擇適合自己投資的企業組織形式。

(1)私人業主制企業是"由一個出資者單獨出資並從事經營管理的企業"。私人業主制企業不是法人，不具有獨特的法律人格，它的財產與出資人的個人財產沒有任何區別，出資人就是企業的所有人，他以個人的全部財產對企業債務負責。這種類型的企業，資本金所有者的風險特別大，但是受到的管制與約束相對較少，企業的剩餘索取權收益也完全歸企業所有者個人所有。

(2)合夥企業是"由兩個或兩個以上的合夥人為經營共同的業務，共同投資、共用利潤而組成的企業或者是公司，是依法設立的，以盈利為目的的法人組織"。合夥企業是一種"人合的組織"，合夥人與合夥企業緊密聯繫，合夥人的死亡、退出或破產等都將會導致合夥企業的解散。合夥人對合夥企業的債務承擔無限責任。這種企業組織形式的風險也很大，且企業極不穩定，但它可以透過多人合夥解決個人初始資本金缺乏的困境，且收益在相對有限的投資者中分享。

(3)公司是一種資本的組合，具有獨特的法律人格，有權以自己的名義擁有財產、享有權利和承擔責任。公司的股東只負有限責任。公司能夠分散單個資本所承擔的經濟風險，滿足對大規模資本需求的要求和進行科學管理的要求，公司按照法律形式主要有有限責任公司（"公司股東以其出資額為限，對公司債務負有限清償責任"）、股份有限公司（"由一定人數的股東發起設立，全部股本劃分為等額股份，股東以其所認購的股份為限對公司債務負有限責任"）。由於公司的有限責任性質，為了保護債權人等其他利益相關人，要求對公司特別是股份公司進行嚴格的監管。由於股東的人數很多，需要給全部股東設立表達意見的制度安排，而不是一部分股東壓迫另一部分股東的制度安排。這樣的制度安排主要就是直接參與公司治理的機制和股東匿名自由轉讓股票的制度。

人們之所以在三種企業組織形式中選擇進行資本投資，主要是不同的人對資本金在不同企業組織中的預期收益不同，因而選擇不同的企業組織形式進行投資。這就是為什麼在西方成熟市場經濟國家，上述三種企業組織形式並存的原因。

在三種企業組織形式中，交易費用從低到高分別是私人業主制企業、合夥企業和公司制企業。合夥企業有兩個以上的企業所有者，而私人業主制企業只有一個企業所有者。兩個及以上的企業所有者需要就企業的剩餘控制權和剩餘索取權的安排及分享討價還價、達成協議及對協議實施監督等。這些都是交易成本，而私人業主制企業節約了這部分交易成本。

雖然三種企業的交易費用從低到高分別是私人業主制企業、合夥企業和公司制企業，但是合作收益、規模經濟收益卻從低到高，依然是私人業主制企業、合夥企業和公司制企業。

公司制企業能夠透過自由市場選擇，而成為當今企業的主流形式，本身就說明公司制企業有一套成功地降低交易成本的制度安排，使得交易費用低於公司的合作收益或規模經濟。

資本金所有者能自由地將自己的資本轉讓給國家嗎？

企業的初始資本為個人所有，個人是企業所有權的擁有者。要想使企業的所有權轉變為國家所有，國家可以購買即透過自由交換將企業的個人所有權轉換為國家所有權。但除非國家願意支付高於個人擁有企業所有權的未來預期收益的折現值的價格，否則個人將更願意保留企業的個人企業所有權。假如國家願意支付這樣的高價，國家有這個能力嗎？如前所述，政府的資金主要來源於稅收和國有企業的利潤。稅收主要用於提供一國的公共物品，將稅收用於公共物品以外的用途，在市場經濟國家將會遭到來自納稅人的強烈反對。因此，將稅收用於購買非國有企業的企業所有權將不可行。在市場經濟條件下的國有企業，主要是非營利性的、私人不願意承擔和進入的行業，因此來自於非營利性行業國有企業的利潤有限，也難以支撐如此龐大的購買非國有企業所有權的資金供給。

由此可知，從政府的財力角度考慮，將龐大的非國有企業所有權透過購買的方式，轉換為國有企業所有權缺乏足夠的國家財力。

將非國有企業轉換為國有企業，政府的高價收購還必須要以國有企業的未來預期收益高於非國有企業作為基礎。由於前面所述的國有企業高昂的制度運作成本，包括多層級的委託—代理鏈、企業所有權與經營權分離、初始委託人對最終代理人的監督和激勵的弱化等，證明國有企業的制度安排在與非國有企業的競爭中存在著天然的劣勢。因此，在公平競爭的市場環境下，從平均意義上來說，國有企業的預期利潤將不可能高於非國有企業。

既然如此，政府將沒有經濟上的動力來對非國有企業進行高價收購；而在低價購買時，只要交易是自願行為，那麼非國有企業所有者將不會把自己的企業所有權賣給國家。

行文至此，我們已經證明了在自由交易的自願環境下，非國有企業的所有權不可能轉換為國有企業所有權。這個結論的逆反命題是：非國有企業的所有權轉換為國有企業所有權，必然是在非自願的情況下發生的，也即非自由交易。

6.對企業產權主體轉換理論的檢驗

前面的產權主體轉換理論要預測的現象是：①個人擁有企業所有權轉換為國家擁有企業所有權的產權主體轉換，必然伴隨著國家行政力量的介入，使市場平等、自願交易原則不再發揮作用，否則將不會發生個人擁有的企業所有權轉換為國家擁有的企業所有權的產權轉換。②國家完全壟斷企業所有權，必然伴隨著國家對社會所有的經濟資源進行全面管制，否則國家完全壟斷企業所有權的格局將會被打破，同時國家完全壟斷企業所有權將意味著整個社會經濟資源利用效率低下。③在外部競爭壓力下，必然要求國家放鬆對經濟資源的控制和管制，放鬆政府管制，則必然產生企業所有權從國家完全壟斷到國家和非國家擁有企業所有權的轉換，不排除在充分競爭的環境下，國家完全從競爭性行業退出，即完成從國家擁有企業所有權到非國家擁有企業所有權轉換的可能性。

(1)新中國成立初期，企業所有權由公有經濟完全壟斷主要依靠人民政權的強制力量來形成。新中國成立初期，國有企業主要依靠處理帝國主義的在華財產、沒收國民黨政府的官僚資本以及對民族資本的贖買，而使得企業的所有權主體轉換為國家所有。

國有經濟的形成方式之一：處理帝國主義的在華財產。"1950年6月，朝鮮戰爭爆發後……中國政府針鋒相對，於1950年12月28日發佈《關於管制美國在華財產，凍結美國在華存款的命令》，規定中國境內之美國政府和美國企業的一切財產,應立即由當地人民政府加以管制,並進行清查,中國境內所有銀行的一切美國公私存款應即行凍結。1951 年 5 月 15 日,中華人民共和國政府發出《關於處理美國在華財產的指示》,規定對美國企業財產的處理原則是:對有關中國主權或與國計民生關係較大者,可予徵用;關係較小者,或性質未便徵用者,可予代管;政府認為有需要者,可予徵購;對一般企業,可加強管制,促其自行清理結束。以上四種方式中,應以徵用和加強管理為主,對少數在政治上、經濟上無大妨礙的美國企業,在上海、天津、廣州等地可以保留一些。"[1]

"從全國解放到 1952 年底,外國資本的企業從 1,192 個減少到 563 個,職工由 12.6 萬人減少到 2.3 萬人,資產由 12.1 億元減少到 4.5 億元……經處理的外資企業轉歸人民政府所有,轉變為社會主義性質的國營企業,國營經濟得以壯大。"[2]

國有經濟的形成方式之二:沒收官僚資本。官僚資本"是憑藉地主、買辦資產階級專政的國家政權力量而發展起來的國家壟斷資本"[3],"凡屬國民黨反動政府和大官僚分子所經營的工廠、商店、銀行、倉庫、船舶、碼頭、鐵路、郵政、電報、電燈、電話、自來水和農場、牧場等,均由人民政府接管。"[4] "1951 年 1 月,中央人民政府政務院發佈《關於沒收戰犯、漢奸、官僚資本家及反革命分子財產的指示》,對戰犯、漢奸、官僚資本家及反革命分子的財產也進行沒

---

[1] 董輔礽主編:《中華人民共和國經濟史》,33～34 頁,北京,經濟科學出版社,1999。
[2] 董輔礽主編:《中華人民共和國經濟史》,34 頁,北京,經濟科學出版社,1999。
[3] 董輔礽主編:《中華人民共和國經濟史》,34 頁,北京,經濟科學出版社,1999。
[4] 董輔礽主編:《中華人民共和國經濟史》,35 頁,北京,經濟科學出版社,1999。

收。同年 1 月，中央人民政府又頒佈《企業中公股清理辦法》，對隱匿在私人資本主義企業中的官僚資本股份進行了清理。至此，沒收官僚資本的工作最後完成。被沒收的官僚資本的企業和財產，是新中國成立初期國營經濟最主要的來源。"[1]

國有經濟的形成方式之三：改造資本主義工商業。"新中國成立初期，黨和國家對民族資本主義工商業實行利用、限制和改造政策，經過一個逐步的發展過程，最終透過和平贖買，使資本主義生產資料所有制轉變爲社會主義全民所有制。"[2] "中國共產黨和人民政府通過打擊投機倒把、調整工商業、進行'五反'運動、糧棉統購統銷等一系列措施和步驟，限制民族資本主義工商業不利於國計民生部分的發展。在經營範圍、產品銷售、勞動條件、技術設備、財務政策、金融政策等等方面，既給民族資本主義工商業提供一定條件，又限制其盲目發展，以防止它們破壞社會主義經濟秩序。"[3]

"隨著國民經濟的恢復與發展，對民族資本主義工商業改造的問題提上了日程。"[4]

"這時，中國共產黨內多數領導人的認識還是將來一舉消滅民族資本工商業，而不是逐步改造。但採用和平的、不流血的甚至某些贖買的辦法的認識是明確的、一致的。"[5] "對民族資本主義工商業的社會主義改造，大體上分兩個步驟進行：首先是從資本主義經濟轉變爲

---

[1] 董輔礽主編：《中華人民共和國經濟史》，37 頁，北京，經濟科學出版社，1999。
[2] 董輔礽主編：《中華人民共和國經濟史》，177 頁，北京，經濟科學出版社，1999。
[3] 董輔礽主編：《中華人民共和國經濟史》，179 頁，北京，經濟科學出版社，1999。
[4] 董輔礽主編：《中華人民共和國經濟史》，181 頁，北京，經濟科學出版社，1999。
[5] 董輔礽主編：《中華人民共和國經濟史》，184 頁，北京，經濟科學出版社，1999。

國家資本主義經濟,然後再從國家資本主義經濟轉變爲社會主義經濟。"[1]

"採取透過國家資本主義實現社會主義改造的政策,不是無償地將資本主義工商業收歸國有,而是給予一定的補償,即對資產階級私有的生產資料進行贖買。"[2]

"贖買與購買不同,不是由國家拿出一筆錢給資本家,而是在各種形式的國家資本主義中,讓資本家取得一部分利潤。贖買的形式隨著對資本主義工商業的社會主義改造進程的不同而有所改變。1953年,國家規定私營企業的利潤按國家所得稅、工人福利獎金、企業公積金、資本家的利息、紅利四個方面分配,稱爲'四馬分肥',其中資本家所得可佔利潤的 1/4 左右……1956 年,實現全行業的公私合營,贖買改爲定息的辦法,按照資本家原有的生產資料的價值,每年付給資本家 5%的定息……實行定息制度以後……資本家只領取定息,對企業的生產資料已無所有權,企業的生產資料完全由國家統一使用和支配。實行全行業的公私合營後,在企業中爲資本家安排工作並付給他們較高的薪金,這也是一種贖買……實行全行業公私合營的企業和國營企業沒有實質性差別,惟一的差別就是資本家還拿定息。"[3]

"中國實行的國家資本主義又分爲初級形式和高級形式兩個發展階段。初級形式的國家資本主義,是資本主義經濟同社會主義國營經濟透過訂立合約,在企業外部即流透過程中建立較密切的聯繫。資本主義企業透過初級形式的國家資本主義,在生產和經營方面,流動範圍、剝削程度、產品價格和市場條件都受到一定的限制,在一定程度

---

[1] 董輔礽主編:《中華人民共和國經濟史》,184 頁,北京,經濟科學出版社,1999。
[2] 董輔礽主編:《中華人民共和國經濟史》,184 頁,北京,經濟科學出版社,1999。
[3] 董輔礽主編:《中華人民共和國經濟史》,184~185 頁,北京,經濟科學出版社,1999。

上被納入國家計畫的軌道。"[1] "高級形式的國家資本主義是公私合營。公私合營企業的社會主義經濟成分同資本主義經濟成分的聯繫，由企業外部進入到企業內部，由流通領域進入到生產領域，從而使企業的生產關係發生了根本的變化……在全行業公私合營後，對資本家的贖買由分配利潤改為定息制度。"[2]

"1956年中國資本主義工商業的社會主義改造基本完成……1956年同1952年相比，在國民收入中，全民所有制經濟的比重由19.1%上升到32.2%，集體所有制經濟由1.5%上升到53.44%，公私合營經濟由0.7%上升到7.3%，私營經濟由6.9%下降到0.1%以下，個體經濟由71.8%下降到7.1%。"[3]

上述史料證明：在中國國有企業建立初期，國家政權力量的介入是國有企業能夠形成的堅強後盾，國家主要透過處理外國財產、沒收官僚資本和贖買民族資本主義工商業，而形成初始條件的國有企業資本金存量。可以說，沒有國家政權力量的強有力介入，國有資本金將很難形成，特別是民族資本主義工商業的企業所有權將很難自願地從私有轉換為國家所有。

(2)政府的經濟管制：國家壟斷企業所有權與經濟績效。

第一，國家對經濟的全面管制。主要包括：①計畫管理。"國家對企業下達的指令性生產指標有12項：總產值、主要產品、產量、新產品試制、重要的技術經濟定額、成本降低率、職工總數、年底工人到達數、工資總額、平均工資、勞動生產率和利潤。"[4] "1953

---

[1] 董輔礽主編：《中華人民共和國經濟史》，185頁，北京，經濟科學出版社，1999。

[2] 董輔礽主編：《中華人民共和國經濟史》，190～191頁，北京，經濟科學出版社，1999。

[3] 董輔礽主編：《中華人民共和國經濟史》，199頁，北京，經濟科學出版社，1999。

[4] 董輔礽主編：《中華人民共和國經濟史》，248頁，北京，經濟科學出版

年，國家計委統一管理，直接下達計畫指標的產品是 115 種，1956 年增加到 380 種，涵蓋了工業生產的主要品種，其產值佔到工業總產值的 80%左右。"[1]②國有企業利潤的支配。"國家對國營企業實行統收統支的管理制度。為了發揮企業超額完成國家計畫的積極性，財政部於 1956 年 10 月 11 日發出《關於 1956 年國營企業超計畫利潤的分成和使用的規定》，規定國營企業超計畫利潤分成的計算以年度為準，以主管部為單位。主管部全年實現的利潤數額超過國家批准的年度計畫利潤部分，扣除應提的超計畫利潤企業獎勵基金和基層企業競賽獎金後，40%留歸各主管部使用，60%解繳國庫……超計畫利潤的計算，提取在主管部，其使用的支配權也在主管部。"[2]③企業信貸資金的獲取。"從 1953 年起開始實行統存統貸的信貸管理體制。這種管理體制的基本特徵有兩點：一是信貸業務高度集中在人民銀行系統；二是各級銀行吸收的存款全部上交總行，各級銀行發放的貸款由總行統一核定指標，嚴格按照計畫發放，基層銀行不能擅自動用組織的存款，不能自行決定對企業的貸款。這種管理體制實行到 1980 年。"[3]④企業投資。"企業進行固定資產更新和技術改造需要的資金由國家統一撥款……'一五'期間……國家投資約佔基本建設投資的 90%，這證明基本建設撥款大部分集中在國家預算內和中央手中。"[4]⑤企業原材料等生產資料、產品的買賣。"隨著社會主義改造的完成，資本主義工商業從商品流通中被排擠出去，形成了社會主義的統

社，1999。
[1] 董輔礽主編：《中華人民共和國經濟史》，249 頁，北京，經濟科學出版社，1999。
[2] 董輔礽主編：《中華人民共和國經濟史》，249～250 頁，北京，經濟科學出版社，1999。
[3] 董輔礽主編：《中華人民共和國經濟史》，250 頁，北京，經濟科學出版社，1999。
[4] 董輔礽主編：《中華人民共和國經濟史》，251 頁，北京，經濟科學出版社，1999。

一市場，國營商業在商品收購方面實行統購統銷、派購、預購等形式，掌握了工農業產品的主要貨源。"[1] "根據物資的性質和產量特點分為三大類：國家統一分配物資和地方管理物資。" "國家統一分配物資……生產企業和其他部門都無權支配。"[2] "屬於部管的物資……由工業主管部門在全國範圍內統一分配。"[3] "地管物資，除少數品種由地方計畫或物資部門平衡分配外，大部分透過商業渠道和生產企業自銷流入市場。"[4] "對生產資料需求單位計畫為'申請單位'，按計畫分配、供應，享受國家調撥價待遇。大量的規模較小的企業作為'非申請單位'，採取的是間接計畫的方式，即商業部門提供物資需求計畫，國家從資源總量中劃撥一個市場供應量，透過商業部門的網點，按市場價格銷售供應。"[5] "全行業公私合營以後，公私合營企業和中小型地方國營企業紛紛要求加入統配、統供生產資料的行列。自1957年開始，對原'非申請單位'供應的物資，分別納入各省、市所屬有關廳、局的計畫，以計畫分配方式取代了商業網點供應。自此，集中統一的物資管理體制最終形成。"[6] ⑥企業勞動力的獲得。"1955年4月中共中央在《第二次全國省市計畫會議總結報告》上批示：一切部門的勞動調配必須納入計畫，增加人員必須透過勞動部門統一調配，不准隨便招收人員，更不准從農村招收人員……勞動力統一調配

---

[1] 董輔礽主編：《中華人民共和國經濟史》，251頁，北京，經濟科學出版社，1999。
[2] 董輔礽主編：《中華人民共和國經濟史》，251頁，北京，經濟科學出版社，1999。
[3] 董輔礽主編：《中華人民共和國經濟史》，251頁，北京，經濟科學出版社，1999。
[4] 董輔礽主編：《中華人民共和國經濟史》，252頁，北京，經濟科學出版社，1999。
[5] 董輔礽主編：《中華人民共和國經濟史》，252頁，北京，經濟科學出版社，1999。
[6] 董輔礽主編：《中華人民共和國經濟史》，252頁，北京，經濟科學出版社，1999。

制度開始建立。"[1]⑦統購統銷政策。"除糧、油、棉統購外,烤煙、黃麻、芝麻、大蒜、甘蔗、茶葉、蠶繭、生豬、羊毛、牛皮、土糖、土紙、廢銅、廢鋁、廢錫、若干中藥材、供應出口的水果和水產品、棉必須由國營商業或供銷社統一收購。"[2]⑧糧食的計畫供應。"計畫供應的範圍主要是縣以上的城市,還包括集鎮、缺糧的經濟作物區。對一般市民,發放購糧憑證按戶口名簿供應。對其他的缺糧戶,採取由上級控制數字和群眾民主協議的辦法。"[3]對食用油、棉布、豬肉等也逐漸實行計畫供應。

政府的全面經濟管制,主要是壓低企業的生產成本以提高國營企業的盈利能力。主要包括:①低利率政策。"我們以 1950 年 5 月份工業信貸利率月息 3.0%為一個比較正常的起點或作為比較用的參照標準,就可以發現,利率在很短的時間裡進行了多次調整,利率水準大幅度降低。同樣以國營工業信用貸款月利率為例,1950 年 7 月 31 日被調到 2.0%,1951 年 4 月被調到 1.5%~1.6%,1953 年 1 月調至 0.6%~0.9%,1954 年調至 0.456%,並維持了很長時間。1960 年 6 月曾將利率調回到 0.6%,但到 1971 年 8 月,該種利率又被壓低到 0.42%的水準。"[4]②低匯率政策。"從 1950 年 3 月召開全國財經工作會議到 1951 年 5 月的一年多時間裡,連續 15 次壓低人民幣與美元的匯率,匯率由 1950 年 3 月 13 日 420 元人民幣(由舊幣折算成人民幣新幣)兌換 100 美元壓到 1951 年 5 月 23 日 223 元兌換 100 美元。

---

[1] 董輔礽主編:《中華人民共和國經濟史》,252~253 頁,北京,經濟科學出版社,1999。

[2] 董輔礽主編:《中華人民共和國經濟史》,257 頁,北京,經濟科學出版社,1999。

[3] 董輔礽主編:《中華人民共和國經濟史》,255 頁,北京,經濟科學出版社,1999。

[4] 林毅夫等:《中國的奇蹟:發展策略與中國奇蹟》,30 頁,上海,上海三聯書店,1994。

1952 年到 1972 年,中國的匯率不再掛牌,僅為內部掌握且匯率一直穩定在很低水準上。1955 年 3 月 1 日至 1971 年 12 月,匯率始終保持為 246.18 元人民幣折合 100 美元,沒有發生變化。1971 年 12 月美元貶值 7.89%後,人民幣匯率也開始發生變化,到 1978 年時,匯率為 172 元人民幣折合 100 美元。"[1]③低工資和低能源、原材料價格政策。"從 1956 年起,全國實行統一的國家機關、企事業工資……這種統一規定的工資水準是十分低下的,一直到 1978 年,大多數年份的職工平均貨幣工資都在 600 元以下。即使按扭曲的官方匯率 246.18 元人民幣折 100 美元來換算,這些年份全國職工年平均工資水準也僅為 200 餘美元。"[2] "實行農產品和其他生活必需品、服務的低價政策……這類生活必需品包括食品、日用品、住房、醫療、生活用能源及各種生活服務等……這種低生活費用的優惠政策是按地區而有所區別的,農村人口不享受在農產品價格、醫療、教育、住房以及城市公用設施收費方面的這種優惠待遇。事實上,透過這種機制……成本的很大部分仍然被移到農業等傳統經濟部門中了。"[3]

透過工農業產品價格"剪刀差",可以從一個側面看出國家全面管制經濟後透過提高國有企業產出的價格和壓低國有企業成本,以增加國有企業利潤的實質。1979 年以前,工農業產品綜合比價比值指數逐年擴大。1952 年,工農業產品綜合比價比值指數為 237.57,1957 年上升到 279.42,證明"剪刀差"擴大了 17.02%。1978 年又增至 344.30,"剪刀差"又比 1957 年擴大了 23.22%。此外,就"剪刀

---

[1] 林毅夫等:《中國的奇蹟:發展策略與中國奇蹟》,30~31 頁,上海,上海三聯書店,1994。
[2] 林毅夫等:《中國的奇蹟:發展策略與中國奇蹟》,30~31 頁,上海,上海三聯書店,1994。
[3] 林毅夫等:《中國的奇蹟:發展策略與中國奇蹟》,31 頁,上海,上海三聯書店,1994。

差"差幅、"剪刀差"絕對量及相對量來看，也是逐年擴大的。[1]

上面對中國經濟管制的分析說明國家對經濟的全面管制主要是排除競爭對手、壓低企業成本、提高企業利潤以實現國有企業的高投資率。

第二，國有企業的壟斷格局。實現社會主義改造以後的 1957 年，工業總產值中各種所有制經濟類型的比重：全民所有制工業為 53.8%，集體所有制工業為 19.0%，公私合營工業為 26.3%，私營企業為 0.1%，個體工業為 0.8%。[2]公私合營實際上是國家控制企業所有權。因此全民所有制工業與公私合營工業的比重達到 80.1%，國有企業在整個工業中處於壟斷地位。1978 年工業總產值中各所有制經濟類型的比重：全民所有制工業佔 80.3%，集體所有制工業佔 19.2%。其他的所有制工業，如公私合營工業、私營工業、個體工業及其他類型工業已基本被消滅了。[3]

第三，國家經濟管制時期的經濟績效。該時期的經濟績效的特徵是高經濟增長率與低人均國民生產總值並存。"在 20 世紀 50 年代初期，中國內地與韓國、中國台灣等國家和地區的經濟發展條件大致相同，在 50 年代至 70 年代，經濟增長速度也非常接近。然而中國人均國民生產總值仍然很低……1952 年的人均國民生產總值為 52 美元，1978 年為 210 美元，一直未突破 265 美元這一低收入發展中國家的界線。"[4] "中國經濟效率很低，其中按單位國內生產總值計算的能源、

---

[1] 嚴瑞珍、龔道廣：《中國工業產品價格"剪刀差"》，77 頁，北京，中國人民大學出版社，1988。

[2] 張亞斌：《中國所有制結構與產業結構的耦合研究》，101 頁，北京，人民出版社，2001。

[3] 張亞斌：《中國所有制結構與產業結構的耦合研究》，106 頁，北京，人民出版社，2001。

[4] 林毅夫等：《中國的奇蹟：發展策略與中國奇蹟》，59 頁，上海，上海三聯書店，1994。

鋼材消耗和所需運輸量，分別超過其他發展中國家的 63.8%～229.5%、11.9%～122.9%和 85.6%～559.6%；按主要產品的單位工業產值計算，除印度的鋼材消耗高於中國外，其他情況大致相同；同發達國家相比，差距就更大了。在資產總量構成中，中國流動資金佔全部資產總量的份額最大，高出其他國家 4.8～25.7 個百分點，這意味著中國投入品與產出品的庫存量比其他國家多，庫存時間比其他國家長。反映經濟增長代價高昂最重要的指標——總要素生產率增長太慢。在 1952～1981 年間，即使採取最有利的假設，中國的總要素生產率年均增長也僅為 0.5%……據世界銀行的估計，在 1957～1982 年間，中國國營企業的總要素生產率處於停滯或負增長狀態。"[1]

(3)放鬆政府管制，企業所有權由國家向國家、個人轉換，經濟效率有所提高。

第一，放鬆對農村的管制。從 1978 年開始，中國農村逐步出現了包工到組、包產到戶、包乾到戶等形式，到 1983 年以包產到戶、包乾到戶為主要形式的家庭聯產承包責任，製成為農村的基本經營制度。家庭聯產承包責任制的本質是"交夠國家的、留足集體的、剩下的是自己的。"也就是說，農民將自己的勞動與承包的土地相結合，獲得的產出是國家與集體獲得固定的收益，農民獲取剩餘索取權。這在本質上使農民將自己的勞動力的使用與收入結合，農民勞動力的投入多少及努力程度成為農民獲取剩餘收益多少的重要變數，同時農民也獲得了對投入要素特別是自己勞動力的自由支配權。農村勞動力從高度管制的狀況下解放出來。

第二，城市放鬆管制的改革。從 1978 年開始初步擴大了企業自主權，實行經濟責任制。"劃分了國家與企業之間在計畫、財政、物質、勞動和企業管理等方面的許可權，初步明確了企業作為相對獨立

---

[1] 林毅夫等：《中國的奇蹟：發展策略與中國奇蹟》，75～78 頁，上海，上海三聯書店，1994。

的商品生產者和經營者所應該具有的責任、許可權和利益。在擴大企業許可權方面，主要是在保證完成國家計畫任務的前提下，企業可以根據市場需求制定補充生產經營計畫，按國家規定的價格自行銷售補充計畫生產的產品；有權按定員定額要求，決定自己的機構設置、任免中層及中層以下幹部；提高固定資產折舊率及由企業留成的比例，企業有權將基本折舊、大額修理費和利潤留成中的生產發展基金等結合起來，用於挖潛、革新、改造；有權申請出口自己的產品並按國家規定取得外匯分成，進口必要的技術設備。"[1]

經濟責任制是放鬆管制的繼續和深化。"在國家對企業的責任制中，從分配方面看，主要有三種類型：一是利潤留成，二是盈虧包乾，三是以稅代利、自負盈虧。"[2]

第三，進一步放鬆管制的改革。①改革計畫管理體制。1978 年起，開始按照發展商品經濟的需要，改善計畫管理，縮小指令性計畫，積極推行計畫承包制，加強對國民經濟的平衡和實行間接的宏觀調控。②投資體制的改革。包括增加投資渠道、資金來源多樣化，投資建設的管理開始運用經濟方法，初步引入競爭機制與責任制。③改革商業流通體制。包括取消農副產品統購、派購任務，變國有企業壟斷商業為建立多渠道、多種經濟形式、多種經營方式和減少環節、開放的流通體制以增強競爭活力，生產資料有步驟地削減了指令性計畫分配指標。④改革價格體系。包括調整糧食收購價格、放開生豬和鮮活食品價格、放開部分工業消費品價格，對工業生產資料價格實行雙軌制。⑤在工資制度改革方面實行與企業績效掛鉤的總額工資浮動辦法，同時擴大了企業工資與獎金分配的自主權。

---

[1] 董輔礽主編：《中華人民共和國經濟史》，842 頁，北京，經濟科學出版社，1999。

[2] 董輔礽主編：《中華人民共和國經濟史》，844 頁，北京，經濟科學出版社，1999。

(4)以建立社會主義市場經濟體制為目標的放鬆管制的改革。1992年以後，明確了社會主義市場經濟體制為改革的目標模式。放鬆管制的改革主要有：①進一步推進價格改革。全面建設市場價格機制和管理機制，包括大幅放開具有競爭性的商業價格，大幅調整基礎產品價格，建立健全價格的宏觀調控機制。②改革流通體系，發展商品市場。包括發展現貨批發市場、期貨交易和城市集貿市場，減少政府的行政干預。③積極培育金融、勞動力、房地產等要素市場。④建立以間接調控為主的宏觀經濟調控機制，包括適應市場經濟的財政體制，建立中央銀行和商業銀行體系，政策性銀行與商業銀行分離、銀行業與證券業分離，改革投融資體制，明確投資主體和投資責任，建立專案法人責任制度、投資專案資本金制度，計畫管理從偏重於用行政手段直接管理微觀經濟活動，轉向研究發展策略、重大方針政策，制定中長期規劃，轉向引導和調控全社會經濟活動。重視生產、分配、流通、消費全過程，面向市場，調節供求。經過這些改革，企業所有權不斷從國家向國家和非國家轉換，非國家企業所有權份額逐漸上升。

"到 1985 年，在農業總產值中……全民所有制經濟只佔 2.3%；在工業總產值中，全民所有制經濟由 1978 年的 80%下降到 70.4%……個體和其他經濟從無到有，達到 1.9%；在社會商品零售額中，全民所有制的比重從 1978 年的 90.5%下降到 40.4%。"到"1997 年，國有經濟在 GNP 中的比重為 42%，非國有經濟佔 58%。"[1] 1996 年，全國非國有經濟工業總產值高達 7,123 億元，佔全國工業總產值的 71.5%；創利稅總額 2,410.5 億元，佔全國工業利稅的 46.8%……私人企業……"八五"期間全國註冊資本總額淨增 2,365 億元，相當於"七五"末期的 25.8 倍。[2]

---

[1] 董輔礽主編：《中華人民共和國經濟史》，190 頁，北京，經濟科學出版社，1999。
[2] 萬東鋮著：《所有制結構大重組——中國國有經濟和非國有經濟的和

二、市場化改革中的產權轉移路徑及效率評價

1.國有企業公有產權的轉移

在傳統體制下，國有企業的產權制度安排是企業與政府之間的一種非市場型契約。企業的剩餘控制權和剩餘索取權基本上對稱地集中於政府主管部門。企業短期經營績效和成員個人收入增長、企業成員福利保障（就業、醫療、養老、住房等）、企業資產價值最大（資產價值的保全和增值）都由政府負責。企業實際上只是一個負責生產的實體（"工廠"的概念），沒有資產經營的責任，也沒有努力工作使資產增值的動力。

20 世紀 80 年代以來的國有企業改革，在經歷了讓利放權、利潤留成、利改稅、承包制等一系列措施之後，與企業經營相關的一部分決策權被分散化，轉移到了企業內部（主要是企業經營者手中），但是由於政府與企業之間的產權關係仍然沒有明確界定，企業成員在已經掌握一部分控制權的情況下，並沒有相應成為企業剩餘的索取者並承擔企業資產經營的責任，這種情況實際上就是不少學者所講的"剩餘控制權與剩餘索取權嚴重不對稱的產權安排"。顯然，這種改革是剩餘索取權向企業成員轉移落後於剩餘控制權的轉移。這種產權安排的最大弊病是無法克服資訊不靈和激勵不足問題，企業成員沒有謀求盈利的動力和手段，而上級主管部門的計畫控制又無法適應多變的市場需求，由此便造成了國有經濟的低效率。

進入 20 世紀 90 年代後，隨著建立社會主義市場經濟和國有企業改革的深化，政府承擔國有企業短期經營績效、職工收入增長和福利保障等這方面責任的能力顯著減弱，這方面的責任開始向企業轉移。90 年代中後期，在國有大中型企業中普遍推行了股份制改造，國有資產所有權向非國有的主體分散化，一部分產權以職工持股的方式向企

諧》，191 頁，北京，中國經濟出版社，1999。

業成員轉移；國有資產以國家股的方式進入企業，但是卻造成了所有者缺位的問題。

隨著中國市場化改革的推進，國有企業的產權契約關係有了更多的市場化因素，大中型國有企業與政府的關係大都已採取了國有資產授權經營的契約型方式，透過授權經營，企業成員已獲得事實上的產權，企業主要領導人一般都在企業擁有個人股權。雖然各個企業在這方面的進展程度不一致，但無論如何，國有企業的經營責任和風險向經營者轉移是可以肯定的。經營者以較高的年薪、獎勵、期權或個人持有的股份，參與企業剩餘利潤的分配。剩餘索取權與剩餘控制權對稱性地向經營者轉移。

國有企業改革的實踐說明，使企業的剩餘控制權和剩餘索取權對稱地界定於同一主體（對產出增長最有影響的主體），能產生產權的最大激勵。追求經濟效率的基本動因推動著中國企業的產權不可逆轉地從政府轉向民間。

2.國有中小企業產權轉移的特徵和主要形式

國有中小企業改制和產權轉移的過程基本上可以說是一個民營化的過程，因為這些改革從實質上講，都是推動企業從"官營"變為"民營"，都是使政府對企業擁有的控制權和所有權逐步轉移到非國有的或非政府的經濟實體擁有控制權和所有權的過程。民營化成為國有中小企業改制的一個大方向。

國有中小企業的一個最大的問題，就是它的產權關係混亂，缺乏激勵和約束機制。由於歷史的和現實的種種原因，形成不了合理的企業治理結構及委託－代理關係。傳統體制中激勵與約束的不對稱，使得國有中小企業普遍呈現出體制效率下降的趨勢。國有經濟的策略性調整的主要任務之一，就是完成國有中小企業的產權退出。在實踐中，中小國有企業改革採取了多種形式，包括改組、聯合、兼併、租賃、承包經營、股份合作制和出售等，而國有資本退出國有序列、職工退出全民所有制身分這兩個"徹底退出"，已成為國有中小企業民營化改制的基本取向。透過在這些企業中的國有產權改革，產權改革的績效除了直接的經濟效益變化外，主要是政企關係向良性方向發展，企業治理結構向現代公司制靠近，企業激勵機制變成以產權激勵為主，國有資本退出機制形成。[1]

在各地地方中小國有企業改革中，取得了一些值得研究的經驗。如山東諸城的國有中小企業的改革經歷了兩個大的階段：1992 年 10 月～1994 年 7 月，把原來的國有企業透過出售給職工而主要改造為股份合作制。其主要形式就是全體職工以企業內部股權證形式集資，買下企業的淨資產；企業不設國家股和集體股；企業內部的高層領導、中層管理者、職工均有股份，但持股數有差距（有的企業平均一些，有些企業高低形成 30 多倍的差距）。改制後企業形成了股東大會、董事會、監事會的治理結構，董事會聘任總經理經營。股東大會實行一股一票制。1997～1998 年，推進了以調整企業股權結構為核心的"二次改制"，主要內容包括：內部職工增資擴股，即發動職工認購公司新股，向公司注資，以解決企業資金短缺困難；將改制以來形成的資本積累和勞動積累形成的新增資產，明晰量化到職工個人，以進一步調動積極性。在這次改制中，進一步拉開了經營者持股與一般職工的持股差距。針對諸城改革的經驗，黃少安提出了"同一軌跡上制度變革的邊際效益速減假說"，來解釋不同階段上中小國有企業改革模式選擇的績效問題。[2]

---

[1] 黃少安：《山東諸城國有中小企業改革案例》，載《經濟研究》，2000(10)。

[2] 黃少安：《山東諸城國有中小企業改革案例》，載《經濟研究》，2000(10)。

3.鄉鎮、集體企業的產權改革

進入 20 世紀 90 年代以後,中國在兩個方面發生了顯著變化:①短缺經濟時代結束,經濟市場化水準進一步提高;②政治上對私有財產的看法較之以前寬容多了,甚至在形式上開始承認其合法性。在此背景下,一個被普遍觀察到的現象是鄉鎮企業增速減緩,以及緊接著的大範圍改制。此時,國內外許多學者開始把研究轉向鄉鎮企業改制的原因。

中國的鄉鎮企業產權轉移的趨勢是在進入 20 世紀 90 年代後,市場化改革進程加快以及市場環境變化的背景下出現的。

背景之一是市場總格局由賣方市場轉為買方市場,競爭日趨激烈;同時國有企業在經過承包制、股份制改造後成為有自身利益的市場主體,並以其傳統體制下形成的管理基礎(管理、技術、人才上的積累)、企業家素質以及政治地位、公關能力(與政府談判能力)和政府在制度和政策上的扶持、趨勢等體現出競爭中的組織優勢。

背景之二是鄉鎮政府在市場經濟中的職能擴大後希望切斷與企業之間的債務鏈,並要尋找新的融資渠道。

背景之三是企業家的市場能力增強,在經營才能和資訊上的優勢,使他們在與政府的談判中從不利地位轉向有利地位,政府感到繼續干預企業的經營已力不從心。

背景之四是人力資本所有權要求得到了合理合法的承認。

鄉鎮企業的產權改革最初為什麼要重點選擇股份合作制?可以從兩個基本假定出發:如果改革前鄉鎮企業的產權是不清楚的,則是為了選擇更清楚的產權制度安排;如果改革前鄉鎮企業的產權是清楚的,則這種選擇是產權交易,即產權向更有效率的主體配置的結果。

鄉鎮企業的股份合作制改造,在各地大都經歷了一個由職工人人平均持股,到經營者、經營層持大股的過程。這種股權集中化現象,一方面是鄉鎮企業在融資對象選擇上從"普遍撒網"逐步轉到"重點突破"；另一方面，與鄉鎮企業經營者內部人控制地位的強化和經營者人力資本產權資化要求的增強有關。哪些因素使得鄉鎮政府和企業經營者把股份合作制作爲一個選擇的重點？姜長雲的研究[1]指出，主要有四個因素：①意識形態的作用。當時，如果把鄉鎮企業產權完全賣出還有障礙，而股份合作制被看成是公有制的一種實現形式。②知識供給狀況，一方面對 20 世紀 50 年代合作化運動有知識和經驗；另一方面，對股份制的知識相對貧乏。③鄉村政府的一些實際考慮，如鄉村公共事業支出對資金的需要。④制度選擇交易費用的大小。股份合作制由於其制度特點，包容性很強。

1997 年 8 月國家體改委制訂了《關於股份合作制企業的指導意見》，明確提出股份合作制，既不是股份制企業，也不是合夥制企業，與一般的合作制企業也不同，而是採取了股份制一些做法的合作經濟，是社會主義市場經濟中集體經濟的一種新的組織形式。在股份合作制企業中，勞動合作與資本合作有機結合。鄉鎮企業（特別是蘇南鄉鎮企業）是利用特定地區公共資源（集體積累、土地房屋等），靠集體原始積累創辦起來的，其發展壯大可看成是全鄉農村集體積累的增值，使它的集體性、區域性特徵非常明顯，這就成爲它改制成股份合作制企業的重要依據。

在蘇南地區，鄉鎮企業改制在 1999 年以後，一些規模較大的企業大都選擇股份公司制而較少選擇股份合作制（包括在前一段已選擇了股份合作制的）。這是因爲從企業財產組織形式看，股份合作制存在著一定的缺陷：①股份合作制是勞動組合與資本組合的統一，以勞動合作爲基礎，在權利分配上實行一人一票制，企業規模擴大後難以形成有效的決策機制；②股份合作制成員退出自願，退出時的價格難以確定，如按進入時的價格，退出者會吃虧（在企業的勞動貢獻拿不

---

[1] 姜長雲：《鄉鎮企業產權改革的邏輯》，載《經濟研究》，2000(10)。

走）；如按資產重估的價格退出，則可能會引起更多人退出；③企業中的公共積累部分是不可分割的，是一個產權不清的部分，這部分歸屬不清的所有權常常是企業內部矛盾的根源，"一年合夥，二年紅火，三年散夥"是股份合作制的普遍現象。[1]

在鄉鎮企業的改革中，一個值得關注的問題是產權轉移中的效率與公平問題。關於這個問題，理論界和實際工作部門有不同的認識。因為即使一個改革在結果上是有效的，我們也有理由審視它在過程中是否體現了公平原則。

一些學者認為，鄉鎮企業產權改革的結果是形成了"經營者持大股"，這是一個有效率的改革，解決了激勵問題。但是在鄉企改制中，種種操作缺乏公正、公開，缺乏民主監督機制：①強制職工出錢購買企業資產（特別是效益差的企業）；②存量資產劃撥或指定購買，形成經營者和一般職工在持股上的較大差距（特別是效益好的企業）；③轉制收入（存量資產拍賣、集體積累）的使用缺乏監督，部分人用賣廠的錢來擴大自身消費。而且，鄉鎮集體企業改革過程中並沒有出現企業職工大量購買股權的現象。經營者持大股的普遍出現，說明人人持股的職工所有制最終沒有被實踐選擇，在經營者持大股的企業中，集體企業原來的經營者擁有明顯優勢，他有購買企業資產的優先權，價格也相對優惠，甚至還可以延期支付。為此，鄉鎮企業改革受到了多方面的指責，認為它成了鄉村政府和經營者的台下交易，完全忽視了社區農民和企業職工的利益，偏離了公正的軌道。[2]

也有學者認為，形成經營者持大股是一個有效率的改革。市場的發展最終要導致企業內部產權結構發生變化，有能力的經營者將取代依靠政治勢力的政府而成為企業的所有者。市場並沒有透過充分競爭

---

[1] 范從來等：《鄉鎮企業產權制度改革模式與股權結構的研究》，載《經濟研究》，2001(1)。

[2] 鄒宜民等：《蘇南鄉鎮企業改制的思考》，載《經濟研究》，1999(3)。

形成一個平均利潤率,來給委託人提供一個監督代理人的信號(即經營者作為代理人無產權,需要激勵),市場完善的意義就在於,它使支配財產權利的規則發生作用,引起權利朝更能利用者的手中集中。[1]

關於產權轉移中的效率與公平問題,涉及到了產權理論的一個問題,即在產權安排上沒有絕對的標準。學界經常引用的是巴澤爾的理論。他強調,最有效率的產權安排是將所有權(即剩餘控制權和剩餘索取權)分配給對企業產出影響最大的主體。在企業經營中,對產出影響最大的主體實際上不是固定不變的,這要根據企業的發展階段、狀態和內外環境而定。在資本十分稀缺的時候,物質資本的所有者掌握剩餘控制權和剩餘索取權;在企業發展需要外力支援如政府時,政府掌握著企業的剩餘控制權和剩餘索取權;在企業家才能成為企業產出增長的關鍵性資源時,產權配置就要向企業成員主要是經營者轉移。因為在這時,產權激勵對於經營者的作用是很重要的。鄉鎮企業改制後產權結構的變化與績效的提高是正相關的,這在大部分企業實踐中可以得到證明。但是,即使一個改革在結果上是有效率的,我們也有理由審視它在過程中是否體現了公平原則。在鄉鎮企業改制實踐中,這個公平原則並不是要體現為平均持股,而是產權轉移的規則。只有按照一種公平的產權轉移規則,特別是在過程中的民主、公開、透明(分割集體資產時)和對弱勢群體利益訴求的關注,產權改革的結果才能是為大多數人接受的,也才能持久地成為企業增長和發展的動力。

4.中國農村土地制度變遷

自 20 世紀 50 年代中後期以來,中國在土改中確立起來的農民土地私有制發生了一系列制度變遷。

---

[1] 譚秋成:《鄉鎮集體企業中經營者持大股特徵及解釋》,載《經濟研究》,1999(4)。

中國農村土地制度變遷從 1952 年互助組開始。互助組是在個體經濟基礎之上形成的，基本經濟關係為：農戶擁有土地和耕畜、農具的私人財產權，按自願原則進行換工互助。制度變遷的績效在於：雖然出現了集體產權的萌芽，但仍明確財產為個人所有，產權比較明晰，勞動報酬、資本（土地）報酬與個人勞動密切相關。

1955 年起，農村進入初級合作社。當時中央認為互助組仍然是以個體經濟的私有制為基礎的，使生產發展受到了限制，不適應工業化對商品化農產品的需要，因此，從 1953 年下半年開始，互助合作運動的中心由互助組轉向初級化。這一制度的基本經濟關係為：土地、農具等主要生產資料折價入股成為全體社員的共同財產，共同勞動，按股和按勞參與分配。初級社的主要特點是：農民擁有土地所有權，但使用權歸農業生產合作社，在年終分配時，農民憑土地分紅。這種制度安排採取了誘致性與強制性相結合的制度變遷方式。

到 1956 年春，中國農業生產的初級合作化基本完成，並立即跨入了社會主義的"高潮"，初級社變成了高級農業生產合作社。高級社的特點：取消土地的報酬，將農民私有的大牲畜、大農具也通通折價歸合作社集體所有。這就是所謂的"農業生產合作社由半社會主義的經濟過渡到了完全的社會主義集體所有制經濟"，而中國的農村土地制度就從此由農民私有變成了集體所有。高級社完全取消了個人財產權，實際上是一種強制性的制度安排，農民只有名義上的生產資料，農民的退出權大受限制。集體產權的模糊開始帶來分配的不合理和激勵嚴重不足，公有產權這時已暴露出一些問題。

從 1958 年至 1960 年，中央大力推行"大躍進"和"人民公社"運動，盲目地追求生產資料所有制結構的"一大二公"，企圖超越現實儘快地過渡到共產主義社會。1958 年 8 月，中共中央政治局北戴河會議透過了《中共中央關於在農村建立人民公社問題的決議》，《決議》認為："人民公社是形勢發展的必然趨勢"，"在目前形勢下，建立農林牧漁全面發展、工農商學兵相結合的人民公社,是指導農民加速社會主義建設,提前建成社會主義並逐步過渡到共產主義所必須採取的基本方針"。《決議》下達後,全國農村掀起了建立人民公社的聲勢浩大的運動。到 1958 年 11 月初,經過短短的三個月時間,全國農村就實現了人民公社化。人民公社的特點是"一大二公"。所謂"大",就是規模大,公社規模一般為一鄉一社,甚至數鄉一社;所謂"公",就是公有化程度高,在公社範圍內實行土地和農民私有財產一律無償地收歸公社所有,消滅私有制殘餘,貧富拉平,平均分配。人民公社的產權關係特徵是:集體成員對財產佔有的平均性、平等性,成員之間的非排他性;在理論上,集體成員都有共用資源和獲取利益的權利,但誰都無法界定哪一部分資源屬於自己(僅對自留地有排他的使用權和收益權)。集體生產("生產隊")普遍的"搭便車"行為使這種制度的組織成本非常高昂,而激勵功能很低。

20 世紀中國農村土地產權制度變遷的最大事件就是推行家庭聯產承包責任制和人民公社制度的改革。家庭聯產承包責任制從 1978 年安徽鳳陽縣小崗村開始。從人民公社制到家庭聯產承包制的變遷是誘致性制度變遷的一個典型例子,這一制度從部分農民的自發誘致性開始,在逐漸受到決策層的普遍認同後,才在全國大範圍展開。家庭聯產承包責任制又稱包產到戶。人民公社體制改革的核心是農村土地經營制度的改革,即從過去的土地集體所有、集中勞動、統一經營,變為土地集體所有、農戶承包經營。為了保障農民的土地經營權,國家以法律的形式固定下來,從 1993 年起,在原承包 15 年不變的基礎上,再延長 30 年。家庭聯產承包責任制使部分產權由集體回歸個人,農民獲得了經營權和收益權上的個人產權形式,家庭這種基本的組織形式也有利於使受損和受益效應內在化,激勵機制變得有效,農民的勞動績效開始與貢獻結合起來,執行約定的合約成本降低,極大地調動了農民的生產積極性。這些改革幾乎是在沒有利益受損者的情況下推進的，因此可以作爲帕累托改進的典型例子。

在家庭聯產承包責任制實行近 30 年後的今天，農村土地制度又面臨著新的改革。中國現行的土地產權制度有幾個方面的缺陷：①集體所有的土地產權的各項權能界限不明晰，主體對自己的責、權、利界模糊，產權的排他性弱；②土地被分割得越來越碎，難以形成規模經濟；③使用權沒有物權化，不具有繼承性，農民的權益得不到充分保障；④土地的不可轉讓性使資源配置難以優化。

農村土地產權制度的下一步改革應是：從農業生產力的可持續發展和現代化及農民利益（生存和發展）的保障出發，我們需要選擇什麼樣的制度安排？

土地問題一直是中國"三農"問題的核心。不管過去、現在，還是將來，土地的生存或保障、收入、就業等三大功能是始終存在的。目前在農民收入多元化的情況下，土地收入仍然佔 60%；農村勞動力儘管有 1 億流動人口，有 1.3 億在鄉鎭企業，但是仍有 1.7 億在經營土地，還有 3,000 萬從事畜牧業、漁業生產的也要依靠土地。2002 年，國家確定了農民對土地的使用、收益、流轉、出租等許可權，過去這些許可權絕大部分是歸集體即村委會的。《農村土地承包法》公佈實施了，相關法律規定也出來了，但近年出現的農村土地問題卻越來越多。原因何在？許多學者認爲，農村土地制度安排不合理，已經成爲農村一切矛盾的重要根源。有學者認爲，出現這些問題，可能是我們在改革和現代化進程中要付出的一種成本。如果是這樣，關鍵是誰在承擔這種成本？

目前關於中國農村土地制度的討論，首先集中在"土地集體所有制"這個問題上。2002 年《農村土地承包法》最根本的特徵是將對土地使用權的流轉權或轉讓權的權利界定給了農民。這一權利的明確法律歸屬，使農民在長達 30 年的承包期內擁了土地的私有產權（使用權、經營權、收益權、收益處置權和使用權的轉讓權）。原來這裡面的大多數權利是界定給集體經濟組織（村集體）的，2002法案將原來界定給村集體的權利界定給了農民。根據科斯定理，在交易費用爲零的條件下，無論產權的最初界定如何，與資源配置的效率無關。如果假設權利界定給村集體和界定給農民所產生的交易費用是一樣的，那麼實際上土地資源的配置效率就沒有什麼不同。土地產權的初始界定即使是低效的，只要產權能夠流通（交易），最終也會配置到使它產出效率最高的主體手上。因此，很多人都提出要建立土地使用權的流轉制度。

也有一些學者認爲，現行土地集體所有制不是一個適應市場經濟要求的土地制度。它既不能塑造出產權明晰、責權明確、行爲合理，能夠擔負起土地保值增值、合理利用責任的市場主體，又不是能刺激投入、促進流轉、提高效率的制度安排，因此必須徹底拋棄，而重新構建適應市場經濟要求的土地制度。這種觀念在做法上又具體化爲"國有個人制"模式和"國有租佃制"模式。所謂國有個人制模式，就是將土地所有權分解爲社會所有權和個人所有權兩個部分，前者歸國家擁有，後者由農戶掌握，從而取消了農民集體所有權。這種制度，不僅確保了國家擁有從宏觀上調控土地資源的開發和利用的權利，同時，它更是堅持了以農戶爲基本經營組織的制度安排。它以法律的形式賦予農戶對土地擁有永佃權或所有權，農民可以自由地經營、出租、轉讓、入股甚至在國家政策允許的範圍內出售土地，所以它實質上是一種"準私有制"。[1]

---

[1] 石霞、張燕喜：《中國農村土地制度改革思路的評析與思考》，載《中央黨校學報》，2004(3)。

三、政府產權爲什麼要退出：理論解釋

1.政府為什麼要放棄國有企業產權

許多學者從國有經濟的產權結構中，風險承擔機制和激勵機制的低效、退出國有企業的低效率來解釋政府的產權退出問題，也就是說，國有企業的退出是爲了改善企業的效率。樊綱（2000）從動態的角度指出了體制轉移的根本問題，就是非國有經濟比重的不斷提高和經濟的所有制結構的轉變。這個結論是建立在他對非國有經濟的增長率高於國有經濟的增長率這一"基本假定"之上的。[1]也有學者認爲，既然非國有經濟的發展爲國有經濟的改革創造了條件，那麼在經濟轉型的過程中，國有企業的低效率狀態是否是始終不變的呢？也就是說，在國有企業的效率狀況得到改善後是不是就不需要退出了呢？問題在於在轉型的動態過程中，這個假定是不是始終不變的？[2]而且，國有企業的低效率是企業的產權性質的必然結果，還是計畫體制的歷史遺留問題造成的呢？這也是需要解釋的。

有的學者從所有制結構的內生決定性來解釋國有產權的低效率原因問題。他認爲，改革以來國有經濟的比重下降，是國有企業放棄純粹的社會福利最大化，而部分地追求利潤目標之後導致非國有企業進入的結果。他認爲，作爲國有經濟的規範經濟學研究，需要解釋如果國有企業的存在是必要的，那麼它在什麼樣的產業部門必須存在？其存在所依賴的條件又是什麼？作爲國有經濟的實證經濟學研究，需要解釋國有企業是如何運行的？隨著國有產權的退出，國有企業在國民經濟中會處於一個什麼樣的地位？是否在所有產業中國有企業產值的

---

[1] 樊綱：《論體制轉軌的動態過程》，載《經濟研究》，2000(1)。
[2] 陳釗：《中國轉型中的所有制結構調整：一個動態類比》，載《世界經濟文彙》，2002(1)。

比重都會下降？會降至一個什麼樣的均衡值？國有企業的產業相對優勢在什麼樣的條件下才能繼續得以保持？[1]這些問題的提出，無疑給我們研究國有企業的改革提供了新的視角。

關於國有企業的效率問題，近年來有不少的討論。劉元春把學界對中國國有企業效率的各種解釋大致分爲三種：國有企業非效率論、國有企業效率論、國有企業效率悖論。這些解釋至少給我們的研究提出了這樣的啓示：依據一些微觀效率指標判斷國有企業的效率時，應關注或考慮中國國有企業的外部經濟所產生的宏觀經濟效應，和國有企業制度安排在宏觀上的策略意義。[2]的確，中國經濟轉型期在宏觀經濟上的穩定和保持了多年的經濟高增長，使我們需要研究宏觀效率的微觀基礎問題。在我們的國民經濟結構中，國有經濟佔主導及控制主要部門時，我們需要研究國有企業微觀指標對宏觀經濟的影響，研究國有企業的各種行爲包括對財政金融資源的佔用對宏觀經濟穩定的影響，研究國有企業透過投資和技術擴散對經濟增長的影響。對國有企業的宏觀和微觀效率的錯誤判斷，將會得出錯誤的政策建議來指導改革，從而使改革失誤。

在國有企業的效率問題上，有的學者強調國有企業的相對生產效率。長期以來，國有企業一直在吸納城鎮勞動力、提供社會保障等方面，發揮著社會穩定器的作用。分析證明，無論是從社會總福利的角度還是政府政策目標的角度，最優的國有股份比重的選擇都取決於各類企業的生產成本，與它們產出之間的邊際替代效應，以及整個社會的就業壓力等因素之間的相互關係。在國企的相對生產效率極低的情況下，必須對其進行私有化改革；但是，如果國企的相對效率不太低，則完全的私有化並不能最大化社會總體福利或政府支付。

---

[1] 平新喬：《論國有經濟比重的內生決定》，載《經濟研究》，2000(7)。
[2] 劉元春：《國有企業宏觀效率論——理論及其驗證》，載《中國社會科學》，2001(5)。

從政府角度看，在目前社會保障系統尚不健全的情況下，國企仍然是承擔社會性負擔的主要載體。因此，對於那些具有一定生產效率的國企，完全的私有化改革並不可行。[1]

有學者認爲，是地方分權化改革使地方政府讓渡國有企業產權。張維迎認爲，20世紀80年代以來的地方分權政策，使地方政府成爲其管轄區域內公有經濟真正的剩餘索取者和控制者，同時導致了地區間的競爭。由於公有經濟並不能很好地解決對經營者的激勵問題，因此地方政府在自身利益最大化目標的驅使下，爲了對企業經理形成有效激勵以擴大市佔率，就必須向經理讓渡國有企業的剩餘索取權，這就導致了民營化的出現。[2]

還有一些學者從產業定位上對國有企業民營化做了研究。如楊燦明運用新制度經濟學的方法，認爲不同的產權結構應有不同的產業定位，中國國企面臨的主要問題是產權結構與產業結構錯位，把許多應採用私有產權結構的競爭性、營利性產業安排到了公有產權的舞臺上。因此國企應從相關領域退出。[3]

2.鄉鎮企業改制和政府退出的原因

在中國的經濟轉型過程中，鄉鎮企業在經濟學上是一個值得研究的現象，它的出現、擴大以及產權的模糊性和企業治理的非標準性，引起了不少學者的關注。20世紀90年代後期，鄉鎮集體企業的代表即蘇南鄉鎮企業進行了一場引人注目的產權改革，改革的特徵就是鄉鎮政府的產權的退出，企業的實際控制權從鄉鎮政府黨政領導人手中，轉移到了企業家手中。

---

[1] 孫群燕等：《寡頭競爭情形下的國企改革——國有股份比率的最優選擇》，載《經濟研究》，2004(1)。

[2] 張維迎、栗樹和：《地區間競爭與中國國有企業的民營化》，載《經濟研究》，1998(12)。

[3] 楊燦明：《產權特性與產業定位——關於國有企業的另一個分析框架》，載《經濟研究》，2001(9)。

鄉鎮政府的產權爲什麼要從企業退出？國內許多學者做出了經濟學的解釋。值得注意的是，這些經濟學的解釋大多基於新古典經濟學的成本－收益分析，和"經濟人"理性選擇，並把這種分析放入政府與企業家的經濟博弈之中。

　　蔡昉（1995）用一個委託—代理理論的分析框架，探討了鄉鎮企業改制的動因。他假設地方政府是委託人，鄉鎮企業經理是代理人，企業績效取決於對經理的激勵和約束。在早期，企業面臨的委託－代理問題尙不嚴重（企業個數少、規模小、經理外在的就業機會不多、政府監督能力較強）。隨著鄉鎮企業的發展，監督效果逐漸變差，地方政府只得默許經理人員以灰色收入的形式獲取部分剩餘索取權，以達到激勵效果。經理所獲得的灰色收入對集體資產利益是一種侵蝕，結果使企業運作成本日益提高，這樣就提出了以明確地方政府與經理之間，所有權重新配置爲核心內容的改制。[1]

　　有學者把鄉鎮企業的改制原因，解釋爲企業激勵契約的變化。在地方政府掌握企業所有權的情況下，政府向鄉鎮企業經理提供的激勵契約經歷了固定工資制→利潤分成制→定額上繳制的變化過程。在1985～1990年間，定額上繳契約在鄉鎮企業中快速擴散，而同時卻使企業利潤水準逐年下降。這裡面的原因有定額上繳（政府所得）與企業利潤無關，降低了政府爲便利企業經營活動而做出的努力。而這時企業也發現，以往需要依靠政府才能獲得的東西，現在以較低的成本就能在市場上直接取得，在這種情況下不再需要以產權來換取政府的保護。這樣，政府和企業雙方都有了改制的動力。[2]

　　有的學者認爲，企業資本結構變化對改制有推動作用。在 20 世

---

[1] 蔡昉：《鄉鎮企業產權制度改革的邏輯與成功的條件》，載《經濟研究》，1995(10)。
[2] 張軍、馮曲：《集體所有制鄉鎮企業改制的一個分析框架》，載《經濟研究》，2000(8)。

紀 90 年代以前，以高負債方式快速擴張的鄉鎮企業，隨著短缺時代的結束、過剩經濟帶來的激勵，市場競爭使不少企業面臨著嚴重的債務風險，對於地方政府來說，繼續控制鄉鎮企業已經不合算。在企業融資負擔和上級要求加速經濟發展的雙重壓力下，出於向企業家提供激勵以期改善企業經營績效的考慮，地方政府最終成了這場產權變革的推動者，並且積極地放棄了在企業中的產權。[1]

我們認為，在鄉鎮企業的產權關係上，地方政府與企業（企業家）之間實際上進行著一種交易。中國的鄉鎮企業（也包括改革過程中新成立的城鎮集體企業），在產權的初始安排上具有三個共同特徵：一是企業的創建由政府發動，是企業家創業的結果，按公有的性質註冊；二是政府基本上沒有出資，但政策上的支援是明顯的；三是企業的實際控制權由政府主管部門掌握著。在企業發展的初期，企業與政府間的產權交易如果是一種理性選擇的話，到了企業發展的後期，企業與政府間的再次產權交易則仍然是必然的。鄉鎮政府的產權退出和企業控制權的重新配置，是在新的市場環境及發展階段上經過雙方博弈得到的利益均衡。

---

[1] 鄒宜民：《蘇南鄉鎮企業改制的思考》，載《經濟研究》，1999(3)； 薑長雲：《鄉鎮企業改革的邏輯》，載《經濟研究》，2000(1)。

第九章

構建社會主義市場經濟的財產權制度

在社會主義市場經濟條件下,作爲規範和協調主體在財產佔有行爲及利益關係方面的規則和準則的產權制度及其構建,是社會主義經濟理論與實踐中重大理論與實踐的問題。本章對與社會主義市場經濟相適應的財產權制度及其構建相關的問題,做了簡要的梳理,研究效率與公平視角中的產權制度及其均衡、公有制的內在矛盾以及市場經濟中的多種實現形式,從主體產權論角度提出了社會主義市場經濟的財產權基礎。

一、產權制度:對公平與效率問題的重新審視

1.公平和效率的經濟學分析

公平和效率都是多維度的概念和範疇,並且又是歷史的概念和範疇。因此,在不同的歷史時期,公平和效率都具有不同的內涵。本部分首先對公平和效率的概念內涵做一個簡要的歷史演變的分析考察,並在此基礎上,探討兩者的相互關係。

第一,關於公平。人們對公平問題的探討,可以追溯到很早以前。從古希臘的卡克利斯、柏拉圖和亞里斯多德,到中世紀的西歐思想家,乃至資產階級革命時期的伏爾泰、孟德斯鳩、盧梭等人及其以後的馬克思、恩格斯等人,都對公平問題做了許多闡述,形成了豐富的有關公平的思想。

古希臘的柏拉圖將公平等同於正義;亞里斯多德認爲遵守法律就是公正,違法則是不公正;伊比鳩魯則重視由約定而產生的公平與正義。在中世紀,西歐的基督教教義提出了在上帝面前人人平等的思想,並且爲了達到平等就必須按上帝的意志接受考驗,救贖自己的靈魂。在 17~18 世紀歐洲的資產階級革命時期,資產階級思想家格里秀斯認爲,基於人類共有的理性,人們所擁有的符合人性要求的自然權利是公正的、公平的;霍布斯認爲,人類在自然法支配之下,人人

都是平等的，遵守自然法就是實現正義、公平、公道；伏爾泰認為，人生來就是平等的，一切享有各種天賦能力的人，都是平等的——他認為平等的真諦就在於自然法面前的平等，而不是在財產所有權和社會地位上的平等；孟德斯鳩認為，公平的法律不能犧牲公民的個性，在公平的社會中，人民的安全就是最高的法律；盧梭認為，公平很重要的內容就是平等，但它不是絕對的、事實上的平等，而是能夠縮小貧富差別、實現法律面前人人平等的平等。19世紀時，不少資產階級思想家提出了與自然法思想相異的公平思想。邊沁認為，公平的要求在於為社會謀福利；奧斯丁認為法律往往與公平、正義相分離；黑格爾則認為公平理性的東西是自在自為的法的東西；馬克思和恩格斯則將公平理解為人們對社會事物進行價值評價時表現出來的觀念，是現存經濟關係的表現。

在現代經濟學學科領域內，形成了功利主義的公平觀、古典自由主義公平觀和羅爾斯主義公平觀三大類。[1]

(1)功利主義在經濟倫理思想方面發展成為以庇古為代表的福利經濟學，對國民收入極大化和收入均等化的重要命題做出了開創性的研究。庇古認為，社會經濟福利在很大程度上受影響於國民收入的大小，以及國民收入如何在社會成員間分配。在他看來，國民收入總量越大，社會經濟福利就越大；國民收入分配越均等化，社會經濟福利就越大。[2]因此，從某種意義上講，福利經濟學的公平觀著眼於分配結果，具有很強的平均主義色彩。總之，功利主義分配公平觀和福利經濟學將"公平"引入經濟分析，彌補了實證經濟學迴避公平問題的不足，使公平作為具有社會價值判斷色彩的規範經濟學範疇，而區別於純經濟學範疇。但是，由於這種公平觀是以唯心主義方法論、個人主

---

[1] 劉斌：《西方經濟學中收入分配公平觀述評》，載《山西大學學報》（哲學社會科學版），2004(4)。
[2] 庇古：《福利經濟學》，北京，商務印書館，2002。

觀效用爲基礎的，遭到了其他經濟學理論流派的質疑。

(2)古典自由主義者從起點入手，認爲公平的實質就是法律面前的平等和機會公平，也就是說，只要能充分尊重市場經濟中經濟主體的自由，保證其基本權利不受侵犯，不管分配結果如何，都是公平的。哈耶克和弗里德曼都批評福利國家爲促進收入公平而干預社會再分配。他們認爲，市場分配是一個自發過程，它的後果是個人所無法預見的，競爭性市場分配並非人們有意安排的結果。如果"分配公平的原則，一旦被採用，那麼，只有當整個社會都據此原則加以組織的時候，才會實現，這就會產生一種在各方面都與自由社會相反的社會——在這個社會中，權力機構將決定個人所應當做的事情以及個人做這種事情所應當採取的方式"[1]，這樣會破壞市場的資源配置和分配效率。因此，把法律上平等對待原則運用到分配領域，是一種錯誤。弗里德曼還指出："把平等——即所謂的結果均等——放在自由之上，其結果將是既得不到平等，也得不到自由。""另一方面，一個把自由放在首位的國家，最終作爲可喜的副產品，將會得到更大的自由和更大的平等。"[2]所以，超越自由主義者邏輯的機會公平原則，去追求社會再分配領域的公平，不僅不能實現公平，而且還會威脅到自由制度本身。

(3)羅爾斯主義的公平思想同時重視了分配起點和分配結果，但首先強調的是結果公平，並重視社會最少受惠成員的公平。羅爾斯強調社會有責任透過教育、稅收和其他途徑來改變機會不平等，以排除自然和社會的偶然因素對公平分配的影響。羅爾斯其次還批判了"效率至上"原則，堅持"公平優先於效率"的觀點。"如果社會基本結構

---

[1] 哈耶克著，鄧正來譯：《自由秩序原理》（上卷），121～122 頁，北京，生活・讀書・新知三聯書店，1997。
[2] 弗里德曼著，胡奇等譯：《自由選擇》，152 頁，北京，商務印書館，1998。

是不公平的,這些原則將允許做一些可能降低狀況較好者的預期的變更,因此,如果效率原則意味著只有改善所有人前景的改變才是允許的,那麼民主原則就和效率原則不一致了。公平和正義是優先於效率的,要求某些在這種意義上並非有效率的改變。"[1]

由此我們可以看出,在不同的歷史時期,不同的個人從不同的角度賦予了公平範疇以不同的內涵,因此,公平範疇本身是歷史性的。正如馬克思所指出的,公平始終只是現存經濟關係的觀念化表現,是隨著社會經濟關係的發展變化而發展變化的。不同的時代、不同的階級、不同的學派,各有不同的公平觀,抽象的、超時代的永恒公平是不存在的。公平的標準也隨著歷史的演進而不斷地更新,隨著時代的變遷而不斷地補充新的內容,所以沒有永恒的公平。恩格斯指出:希臘人和羅馬人的公平觀認為奴隸制度是公平的;1789年資產階級的公平觀則要求廢除被宣佈為不公平的封建制度;在普魯士的容克看來,甚至可憐的專區法也是破壞永恒公平的。[2]

本書認為,經濟學意義上的公平,是指有關經濟活動的制度、權利、機會和結果等方面的平等和合理。它是隨著經濟發展而變化的、相對的、客觀的、歷史性的範疇,並反映出了人們對一定的社會歷史條件下人與人之間利益關係的主觀價值判斷。公平的終極意義在於不同的人具有不同的個體自身利益,從而可以滿足個人效用函數中的物質利益和非物質利益等變數,實現個人滿足感,提高個人積極性、主動性和創造性,最終促進經濟效率的提高。[3]

第二,關於效率。在人類的實踐活動中,無論是經濟活動還是非經濟活動,都存在著效率問題。其中經濟活動的效率是其他非經濟活

---

[1] 羅爾斯著,何懷宏等譯:《正義論》,302~303頁,北京,中國社會科學出版社,1988。
[2] 《馬克思恩格斯全集》,第2卷,539頁,北京,人民出版社,1957。
[3] 殷文偉、魏廣森:《公平和效率的有限相關分析》,載《集團經濟研究》,2005(3)。

動效率的基礎和前提，非經濟活動的效率直接或間接服務於和影響著經濟活動的效率。從學術源流來看，不論是馬克思主義經濟學，還是西方經濟學，都偏重或立足於分析經濟效率問題。在現實實踐中，我們經常說的"效率優先，兼顧公平"中的"效率"，其實就主要是指經濟效率。

恩格斯曾經指出："價值是生產費用對效用的關係。價值首先被用來解決某種物品是否應該生產的問題，即這種物品的效用是否能抵償生產費用的問題。只有在這個問題解決之後才談得上運用價值來進行交換的問題。如果兩種物品的生產費用相等，那麼效用就是確定它們的比較價值的決定性因素。"[1] 其中，生產費用指生產某個物品所必須花費的勞動時間，由活勞動和物化勞動消耗構成；效用則是指使用價值，即社會需要的產品。如果能夠以盡可能少的生產費用取得盡可能多的效用，這就是經濟效率。由此可以看出，恩格斯提出的"價值是生產費用對效用的關係"，實際上講的就是經濟效率概念。

在主流的新古典經濟學傳統分析中，數理經濟學家帕累托將效率定義爲：對於某種經濟的資源配置，如果不存在其他可行的配置，使得該經濟中的所有個人至少和他們在初始時情況一樣良好，而且至少有一個人的情況比初始時變得更好，那麼，這個資源配置就是最優的，也是有效率的。帕累托最優條件包括：①交換的最優條件：任何兩種產品的邊際替代率對所有的消費者都相等；②生產的最優條件：任何兩種要素替代率對所有生產者都相等；③生產與交換的最優條件：任何兩種產品的邊際轉換率等於它們的邊際替代率。當上述三個邊際條件均得到滿足時，就稱爲整個經濟達到帕累托最優狀態。因此，帕累托效率實質上就是指經濟效率。

本書認爲，效率範疇作爲人們活動的屬性，表達了人類實現其目

---

[1] 《馬克思恩格斯全集》，第1卷，605頁，北京，人民出版社，1956

的的程度。按此邏輯,從經濟學的視角看,經濟活動領域中的效率主要是指人類經濟活動實現經濟目的的程度。由於資源的稀缺性和人類需求的無限性的內在衝突,使得人類在實現其目的的過程中,必須儘量減少投入而提高產出。這就對效率提出了要求。為了實現某種目的,用較少投入獲得了較多產出,這就是高效率;反之,就是低效率。由於效率反映了人類活動創造社會財富以及實現其自身目的的程度,因此,它從屬於生產力範疇。正如馬克思所說:"生產力當然始終是有用的具體的勞動的生產力,它事實上只決定有目的的生產活動在一定時間內的效率"[1],由此可見,效率體現的是生產力水準的高低,反映的是人與物的技術結合和組織形式,呈現的是客觀事實而不是人們的主觀評價。

第三,關於公平與效率的關係。從某種角度看,公平與效率是人類經濟生活中的基本矛盾,從而成為了經濟學爭論的主題。這是因為,一方面,人類經濟活動首先要追求資源配置效率;另一方面,經濟主體在社會生產中的起點、機會、過程和結果的公平,也是人類經濟活動追求的目標。因此,如何協調這兩大目標之間的內在關聯和衝突,成為了經濟學說史上的"哥德巴赫猜想"。

西方經濟學界關於公平與效率的相互關係問題,大致有三種主要的觀點:

(1)效率優先論。以經濟自由主義流派為代表,強調市場機制在經濟增長中配置資源的重要性,把與市場作用相聯繫的效率作為優先的政策目標,反對政府透過行政干預再分配來保持收入均等化的政策。著名的自由主義經濟學家弗里德曼指出:"一個社會把平等——即所謂的結果平等——放在自由之上,其結果將是既得不到平等,也得不到自由。使用強力來達到平等將毀掉自由,而這種本來用於良好目的

---

[1] 《馬克思、恩格斯全集》,第 23 卷,59 頁,北京,人民出版社,1972。

的強力，最終將落到那些用它來增進自身利益的人們的手中。另一方面，一個把自由放在首位的國家，最終作為可喜的副產品，將會得到更大的自由和更大的平等。"[1]這種觀點實際上是強調市場機制對配置資源的重要作用。哈耶克認為只有私有經濟才能實現真正的平等，既不能靠不平等來換取平等，也不能靠犧牲效率來取得平等。

(2)公平優先論。國家干預學派強調效率不僅不代表公平，而且是來自於不公平的。因此，需要國家或政府干預以縮小市場機制造成的貧富懸殊，促進收入公平分配。

(3)公平與效率相互作用論。福利經濟學首創提出了重視"公平與效率關係"的命題。在他們看來，分配的公平與生產的效率之間有一種互為代價的替代關係，難以兩全，必須有所側重。但是，福利經濟學就如何處理兩者的相互關係問題沒有做出明確的回答。美國經濟學家阿瑟·奧肯認為，公平與效率這兩個政策目標同等重要，沒有先後次序之分，必須兼顧，即如何以最小的不平等獲取最大的效率，或以最小的效率損失獲得最大的公平。為此，他提出了著名的"漏桶理論"[2]。他認為，社會福利制度把收入從高收入人的手中再分配給低收入人的過程，就像用漏桶把水從一個大桶轉移到另一個大桶一樣。在轉移過程中，會造成水（收入）不停損失。因此，社會必須在公平和效率中權衡，"在它們衝突的方面，就應該達到妥協，這時為了效率就要犧牲某些平等，或者為平等就要犧牲某些效率"。所以對市場機制要加以限制，但是不能限制過分；收入均等化措施必須要有，但是也不能過度平均。這也正是社會的現實狀況："在平等中注入一些合理性，在效率中注入一些人道"[3]。

---

[1] 弗里德曼著，胡奇等譯：《自由選擇》，152 頁，北京，商務印書館，1998。

[2] 奧肯著，王奔洲等譯：《平等與效率——重大的抉擇》，北京，華夏出版社，1987。

[3] 殷文偉、魏廣森：《公平和效率的有限相關分析》，載《集團經濟研

結合前面對公平和效率的論述，可以看出，公平和效率之間絕不是簡單的替代關係，而是具有正相關關係，兩者呈現出此長彼長、此消彼消的正反同向的相互促進關係和互補關係。當我們把公平與效率置於生產力與生產關係系統中時，就能夠很清晰地把握兩者的相互關係。主要表現為：第一，經濟效率是公平的基礎和前提。公平問題是在經濟效率提高到剩餘產品出現以後才產生的。在經濟效率極其低下，沒有剩餘產品，人們共同勞動、共同消費的原始社會中，不存在社會公平與否的問題。不僅公平問題的產生以一定的經濟效率為前提，而且經濟效率可以使公平建立在更加雄厚的物質基礎之上，公平的最終實現也要以經濟效率的極大提高為基礎。公平的最終實現就是達到全體勞動者的共同富裕，但這如果沒有生產力的高度發達、經濟效率的極大提高是不可想像的。第二，公平反過來會促進經濟效率。公平有利於減少人們之間的矛盾衝突，能夠有效地調動各方面的生產積極性，極大地促進經濟效率的提高。當然，只有適度的公平，才有利於經濟效率的提高。這是因為，當社會存在著極度的不公平時，會造成兩極分化等現象，就必然削弱勞動者的積極性，降低經濟效率，甚至可能最後導致整個社會處於一種無效率狀態。而如果社會絕對公平，也同樣會影響經濟效率。在傳統的計畫經濟體制中的絕對平均主義，就嚴重挫傷了勞動者的生產積極性，使得整個社會經濟出現了低效率的現象。

2.產權制度安排中的效率與公平：一個簡要的理論回顧[1]

一個社會的產權制度安排，透過界定不同資源中物的要素和人們的產權關係，構成了對人們不同的激勵機制，成為實現效率與公平協調的關鍵性制度安排。因此，要建立符合規律的產權制度，就必須正

究》，2005(3)。

[1] 相關文獻綜述參閱李松齡：《制度安排與公平效率的辯證關係及其產權分析》，載《財經理論與實踐》，2004(9)。

確認識和恰當處理好公平與效率的關係。同時，一定的產權制度安排有它相應的公平效率觀，公平效率觀的改變又會引起產權制度創新。為了對它們之間的辯證關係有一個系統性的把握，本部分的任務就是討論不同經濟學流派對不同產權制度安排下的公平與效率互動關係的觀點，並揭示其意義之所在。

　　古典經濟學家斯密強調"看不見的手"的價格機制的交換規則公平，其前提是排他性的所有權。在市場經濟條件下，排他性的所有權是一種對等的權利，即財產所有者不能運用他的排他性所有權對另一個財產所有者的權益進行損害。事實上，排他性的所有權暗含著交換規則公平和權利對等，並構成了市場經濟制度安排不可或缺的對立統一的兩個方面。沒有交換規則上的公平，就不可能有交換意義上的權利對等；沒有交換意義上的權利對等，也不可能有交換意義上的規則公平。因此，在古典經濟學派看來，排他性的所有權制度安排決定了經濟活動的交換性，它是交換的制度基礎。

　　但是，排他性的所有權制度安排並不能保證所有者不會運用他的排他性所有權對他人的所有權權益造成損害。事實上，社會經濟生活領域存在著大量的起因於權利不對等和交換不公平的現象，使得交易雙方的生產經營積極性、主動性和創造性不可能被同時調動起來。因此，被古典經濟學派認為最有效率的排他性所有權和交換規則公平的制度安排，不一定就是最有效率的。

　　排他性的所有權制度安排，不能保證交換意義上的權利對等和交換規則公平，關鍵在於排他性的所有權有可能失效。在經濟學傳統分析中，排他性的所有權失效會造成外部性，即交易雙方無法對相關損益界定明晰，產權失去了其激勵和約束功能，由此而導致資源不能得到有效配置，經濟效率難以提高。如果重新界定產權，則涉及到交易費用問題。這是因為，資訊是不對稱的，也是不充分的，再加上人的機會主義行為和資產專用性等因素，會極大地影響資源配置。

新古典經濟學派發展了古典經濟學的分析，提出均衡規則公平、效率優先的起點意義上的公平效率觀。他們認為，只有自由競爭的市場均衡價格體系，才是資源有效配置的制度安排。但是，市場均衡並不能避免所有權排他性的失效，也就是不能完全保證交換雙方權利上的對等。即使在市場均衡狀態下，交換一方對另一方的侵權行為依然會存在。為界定交換雙方的權、責、利關係，同樣會產生交易費用。新古典經濟學派雖然發展了古典經濟學派的公平效率觀，但並沒有改變交換規則公平、效率優先的起點公平下的產權關係，從而不可能使社會經濟達到最有效率的狀態。

　　馬克思主義堅持生產資料佔有意義上的平等，主張透過無產階級革命和建立公有制與按勞分配的制度安排，實現社會主義社會的人人平等。但是，這些制度安排不是建立在所有權排他性的產權基礎之上的，而是建立在所有權缺乏排他性的產權基礎之上的。缺乏排他性的所有權安排，使得人們使用公有制的生產資料，既不需要付出成本，也不能獲得增值收益；既無成本約束，也沒有收益激勵，缺乏有效配置生產資料的積極性，導致經濟效率低下。需要指出的是，並不是馬克思主義的結果公平不對，而是傳統的公有制在實現生產資料佔有和使用上的權利平等的時候，未能保證財產所有權排他性的激勵與約束的功能。社會主義計畫經濟和財產公有制的實踐已經證實了這一點。

　　自由主義學派堅持和維護了古典經濟學派和新古典經濟學派的自由主義傳統。羅賓斯強調市場機制在分配領域內的效率作用。在他看來，價格體系能夠使市場出清和均衡。可是，自由主義學派所主張的排他性所有權制度安排，同樣面臨著所有權排他性和非排他性的兩難選擇，即一方面，市場價格體系建立在所有權排他性制度安排的基礎之上；另一方面，機會平等又需要缺乏排他性所有權的制度安排。為了解決這個矛盾問題，羅賓斯首先對機會平等和財富平等進行了區分。他認為，機會平等建立在排他性所有權制度安排的基礎之上，而財富平等需要的缺乏排他性所有權的制度安排，則是政府干預的範圍。這樣，羅賓斯透過把財富平等排除在機會平等的範圍之外，來解決上述產權矛盾。哈耶克強調機會平等的經濟自由主義思想。他認為機會平等的充分條件只能是自由競爭的市場價格體系，其產權基礎只能是排他性的所有權制度安排。如果政府採用行政手段干預經濟活動以糾正市場自由競爭中的不公正現象，其結果可能是導致更大的不公正。

　　凱因斯主義主張運用宏觀經濟政策，如所得稅、遺產稅等稅收政策和轉移支付政策，以國家干預的方式對高收入者和低收入者之間的權、責、利關係做出強制性的調整，企圖實現收入均等化意義上的公平，體現出來的是一種權利平等的產權關係。但是，凱因斯主義的結果公平建立在排他性的所有權制度安排基礎之上，它同市場經濟需要的權利對等意義上的起點公平相矛盾。儘管凱因斯主義結果公平的政策主張能夠提高收入均等化意義上的公平程度，但是因為高收入者繳納所得稅和遺產稅與低收入者獲得轉移性收入，不是透過等價交換的方式，而是在一方受益和另一方受損的前提下實現的，從而有悖於建立在所有權排他性基礎上權利對等的產權關係，難以調動權益受損方的積極性，不利於提高經濟效率。

　　供給學派否定凱因斯主義收入均等化意義上的公平，主張減稅和強化市場調節，放鬆政府管制；理性預期學派否定了凱因斯主義宏觀經濟政策的有效性，提倡政策規則長期不變、公開透明，都是認為收入均等化意義上的結果公平損害了市場經濟固有的權利對等的產權關係，有損效率。

　　實際上，自由主義學派、貨幣主義學派、供給學派和理性預期學派都是堅持經濟自由主義思想和機會平等、規則公平、效率優先的起點公平意義上的公平效率觀。以排他性所有權為基礎的權利對等，是該公平效率觀的產權特點。但是，所有權的排他性在社會經濟活動中有可能失效,所以,權利對等並不能保證交換不會出現侵權行為以及效率提高。實際上,起點公平只是一種規則公平、機會平等,它在促進效率的同時,會產生收入分配上的貧富不均。

透過對不同經濟學流派產權制度安排中所包含的公平與效率觀點的分析,我們發現,權利對等的起點公平和權利對等的結果公平的產權基礎是排他性所有權的制度安排;權利平等的結果公平的產權基礎是缺乏排他性所有權的制度安排。資本主義市場經濟的產權基礎是排他性所有權的制度安排,它堅持的是規則公平、機會平等、效率優先的權利對等的公平效率觀;傳統的社會主義計畫經濟的產權基礎是缺乏排他性所有權的制度安排,它堅持的是生產資料公有意義上的平等和等量勞動獲得等量收入意義上的平等的公平效率觀。[1]

3.產權制度均衡:公平和效率的博弈

(1)制度均衡的一般理論:公平與效率的博弈視角。新制度經濟學將制度均衡理解為制度需求與制度供給相互作用的一種穩定狀態。國內有些學者指出,由於制度相關性,制度均衡意味著任何兩種現存的具體制度之間都不存在互斥關係,而是處於相互適應的協調狀態。同時,由於制度的單件性,制度均衡不是數量均衡而是行為均衡,即任何個人或群眾都不再有變動現存制度的動機和行為,因為他們不能透過變動而獲取更多的利益。這說明制度均衡狀態是適合各群體意願的狀態。[2]還有的學者指出,制度均衡是一種行為均衡,就是人們對既定制度安排和制度結構的一種滿足狀態或滿意狀態,因而無意也無力改變現行制度。具體來說,制度均衡是指現行制度結構所構成的潛在收入大於另外一種制度安排所需的成本。[3]

---

[1] 李松齡:《制度安排與公平效率的辯證關係及其產權分析》,載《財經理論與實踐》,2004(9)。
[2] 張旭昆:《論制度的均衡與演化》,載《經濟研究》,1993(9)。
[3] 張曙光:《論制度均衡和制度變革》,載《經濟研究》,1992(6)。

本書認為，由於制度是不斷演化的，且制度本身受到很多複雜因素的影響，使其均衡時並不像新古典經濟學中所描述的產品的供給與需求均衡時，所處的一個靜止點，而是一種穩定狀態，一種相對普適的狀態；制度的均衡所追求的不只是靜態的均衡，而是動態的穩定。由於它受到來自於正式制度（政治規則、經濟規則、一般性契約）與非正式制度（行為規範、慣例、風俗）的供給與需求，及各複雜因素的絕對影響，因此，制度均衡不是一種常態。制度在變遷過程中，會經過不均衡到均衡、再由均衡到不均衡這樣一種螺旋上升的過程，而達到每一次均衡都是動態演化的，儘管各種制度變遷的最終目的是為了達到另外的制度均衡。也就是說，達到制度均衡的過程是動態演化的，制度均衡只是這個動態中的相對穩定解。

　　具體到本書所指的產權制度安排，它透過界定不同資源中物的要素和人們的產權關係，構成了對人們不同的激勵機制，成為實現效率與公平協調的關鍵性制度安排，其最終均衡是在動態中公平與效率博弈的結果。因此，要建立符合規律的產權制度，必須正確認識和恰當處理好公平與效率的關係。同時，一定的產權制度安排有它相應的公平效率觀，公平效率觀的改變又會引起產權制度創新。那麼，在社會主義市場經濟實踐中，我們在構建產權制度時，應如何處理好公平與效率的關係呢？本書認為，社會主義市場經濟的產權基礎應該是排他性所有權的制度安排，它既需要堅持規則公平、機會平等、效率優先的權利對等的起點公平，同樣需要收入均等化意義上的結果公平。只有這樣，才有可能實現效率與公平的統一。

　　(2)公有制和市場經濟結合所形成的公有產權制度，是實現社會主義公平和效率的制度基礎。[1]實際上，中國在傳統的計畫經濟體制下建立起來的公有產權制度，在一定歷史條件下是必需的。但是，隨著生

---

[1] 區別於傳統計畫經濟體制下的公有制，市場經濟背景下的公有產權制度是個重大的理論問題。限於篇幅，本部分沒有詳細展開。

產力水平提高，其侷限性越來越凸顯出來。因爲指令性計畫體制下公有產權制度委托－代理關係中的"代理人障礙"，忽視了個人利益，企業和個人都缺少積極性，造成平均主義，導致效率低下。所以，公有產權制度總的來說是一個既缺乏效率，又很難實現公平的制度。

在社會主義市場經濟體制條件下，把公有制和市場經濟結合起來，爲社會主義公平和效率的實現奠定了基礎。社會主義公有制避免了私有制條件下少數人憑藉生產資料所有權，而佔有社會剩餘產品的絕大部分，在收入分配上產生兩極分化的情況，可以實現真正的平等。市場經濟的效率原則能夠激發個人和企業爲了自身利益最大化而展開競爭，能夠促使人們更加努力工作，技術不斷進步，管理水平不斷提高，各種資源的使用效率不斷提高。因此，透過公有制和市場經濟結合形成的公有產權制度，能夠最大限度地發揮市場經濟在提高效率方面的作用，發揮公有制在維護社會公平方面的作用，能夠實現社會主義追求比資本主義更好的社會公平和更高效率的目標。中國改革開放所取得的巨大成就已經充分地說明二者是能夠很好地結合的。[1]

二、公有制的內在矛盾

1.公有制主體的產權殘缺問題

(1)關於產權殘缺的一般論述。產權概念產生於 20 世紀 60 年代以科斯、威廉姆森、阿爾欽、德姆塞茨、諾斯等人爲代表的現代產權理論學派。什麼是產權呢？阿爾欽在《新帕爾格雷夫經濟學大詞典》中對產權的概念做了精確的表述。他認爲，"產權是一種社會強制實現的對某種經濟物品的多種用途進行選擇的權利"（A property right is a socially enforced right to select uses of an economic good），並進一步詳

---

[1] 程傳興：《社會主義公平與效率的實現條件》，載《河南大學學報》（社科版），2004(6)。

細地闡釋了各種產權尤其是私有產權的性質及結構。

從經濟學的角度分析，產權本質上是指人們對物的使用所引起的相互認可的行爲關係。產權作爲一種行爲關係，它的功能在於界定人們在經濟活動中如何受益、如何受損，以及他們之間如何進行補償的規則。產權不是一種單一的權利，而是一系列權利的集合體，是一個一切財產在歸屬意義上產生的多方面權利關係權利束，包括所有權、佔有權、使用權、處置權和收益權等權能，且這些權能是動態的、有時效的主客體關係，這種關係不只是人與物的關係，更是體現了人與人之間的物質利益關係。

廣義地講，產權就是受制度保護的利益，與社會主義經濟學中的物質資料所有權有所不同，它既包括物質資產，也包括人力資本；既包括有形資產，也包括無形資產。產權制度是一種基礎性的經濟制度，不僅獨自對經濟效率有重要的影響，而且也構成了市場制度及其他許多制度的基礎。

產權要有效發揮作用，激勵並約束行爲主體，必須具有：①界定的明確性與法律性。首先要明確產權主體，即資產歸誰所有、歸誰佔有，同時，還要明確產權客體，即歸某個所有者佔用、使用的是哪些資產和哪類權利。②權益的獨立性和轉讓性。產權關係一經確立，不同利益主體就可以在合法的範圍內自主地擁有對資產的各種法定權益，而不受同一財產上其他利益主體的隨意干擾。權益的獨立性或排他性爲產權轉讓奠定了基礎。產權轉讓有兩種形式：一是包括財產所有權各項權能在內的整個所有權體系的轉讓；二是保留終極所有權而將財產的佔有權、使用權、收益權與處分權等權能轉讓，形成法人財產權。產權轉讓體現了資產交易中的動態性財產關係。③權、責、利的對應性。產權權益是產權主體憑藉自己對財產的所有權、使用權而獲取收益的權利。相對應地，產權主體也要對其佔有、使用資產的權益承擔風險與責任，包括兩種：一是資產所有者的責任，二是資產經營者的責任。責任又會透過一定的機制反作用於產權主體的收益。

　　西方產權經濟學家（如阿爾欽、德姆塞茨、哈特等）對產權的權利束劃分得比較簡單，他們大多只關注控制權和收益權兩項，因而他們把對一種經濟資源的控制權和收益權相分離的狀況稱爲"產權殘缺"。相關研究也有其他的劃分方法，相對於僅僅關注控制權和收益權兩項，從契約和權能兩個角度來看權利束，可以把產權分割爲四個部分：合約性控制權、剩餘控制權、合約性收益權和剩餘收益權。合約性收益權是締約各方分享合約中規定的運作一定經濟資源的收益的權利；合約性控制權表現爲透過契約授予經理的經營權，包括日常的生產、銷售、僱傭等權利；所謂剩餘收益權（即剩餘索取權）指的是對企業收入在扣除所有固定的合約支付後的餘額的要求權；剩餘控制權指的是在契約中沒有特別規定的活動的決策權，往往包括策略性的重大決策，如任命和解僱經理、決定重大投資等。從這個維度上分析，可以更爲仔細地觀察出現實情況下的產權缺失的現象。具體來看，由資訊、不確定性、人的有限理性等因素所導致的契約的不完全性以及履行契約成本、監督成本等導致的違約行爲，契約方式也並非總是盡善盡美的，合約性控制權和合約性收益權並不能完全得到保證。需要指出的是，單純考慮控制權和收益權分離導致的產權殘缺，僅僅指契約範圍內一方侵害了契約另一方的權利而另一主體受到侵害的情況，即沒有切實履約或過度履約的情況，這種情形下產生的問題主要是監督技術問題而較少涉及權利結構，在這種模式下研究產權殘缺實際上很難觸及問題的本質。這就使人們的注意力轉向了對剩餘權利的研究，因爲在這一部分更容易出現產權的殘缺。影響因素主要有：剩餘權利不容易界定、監督和度量技術和成本、資訊不對稱、達成契約的成本等。在諸多環節中，只要有一個環節出現問題，就會導致剩餘權利發生分離，即出現產權殘缺的現象。

　　德姆塞茨認爲，權利束的內容具有兩個重要成分：排他性和可讓渡性。有人提出衡量產權是否完整，主要是從所有者的權利是否完整來判斷。判斷的標準主要有兩條：一是權利的排他性，二是權利的可讓渡性。這就是說，如果一個權利的所有者對他自己所擁有的權利具有排他的使用權、收益的獨享權和自由的轉讓權，那麼他所擁有的產權就是完整的。相反，如果產權的上述權能受到限制或者遭到禁止，那就叫做產權殘缺，即產權權利束中一些重要的權能被刪除或受到限制，表現為產權不可分、產權受到限制、產權不能交換、產權模糊、產權配置不當等方面。[1]

(2)公有產權主體的產權殘缺問題。在私有產權制度下，剩餘控制權和剩餘收益權在很大程度上是融合在一起的，並且為同一個人所有。這一融合不僅僅給私有制帶來了巨大的生產力，而且使私有產權更容易轉讓。這種巨大的生產力來源於這樣一種基本激勵機制：當人們承擔努力的全部費用和收益時，他們就會不辭勞苦並富有創新地勞動。私有產權的低交易費用也與激勵機制有關。當剩餘控制權和剩餘收益權沒有分離時，就沒有偷懶的條件和刺激。但是，如果產權的任一部分在個人之間轉讓，就具備了投機行為的條件和刺激。在私有產權條件下，剩餘權利沒有分離，節約了資訊成本因而有利於產權的交易。[2]私有產權在商品經濟時代有利於增強資源的流動性，有利於分工和交易的發展，進而促進生產力的發展。阿爾欽認為："根據著名的比較利益原則，在一個資訊擴散的社會裡，要使生產專業化的分散協調得以順利進行，人們就必須得到有保障的可轉讓的私有產權，即以雙方同意的價格，用較低的交易成本對生產資源和可交易產品進行轉讓的權利。"

公有產權制度與私有產權制度是截然相反的兩種制度安排，是產

---

[1] 李風聖、陳獻廣：《論產權的殘缺》，載《天津社會科學》，1995(1)。
[2] 肖耿：《產權與中國的經濟改革》，5 頁，北京，中國社會科學出版社，1997。

權制度中完全對立的兩極。產權本質上是指人們對物的使用所引起的相互認可的行為關係，即體現了人對物的佔有關係，又體現了人與人之間的本質關係。所以，可以從這兩個方面來區分公有產權與私有產權：從人對物的佔有關係來看，公有產權是由多人同等享有的同一財產權，這裡包括三重含義：①產權主體不是一個人，而是由多人組成；②產權客體的統一和不可分；③公有成員間財產權利的等同和無差異性。從人與人之間的本質關係來看，這是一種勞動者共同擁有生產資料前提下的勞動平等的經濟關係，它也包含三重含義：①以勞動能力為依據的分工平等；②以勞動貢獻為標准的分配平等；③全體成員共同享有平等的決策權利。[1]

　　剩餘權利分離導致的產權不完整，在公有產權制度下更為普遍。首先，公有產權主體的非單一性必然導致剩餘控制權和剩餘收益權的分離。剩餘收益權理所當然地被最終所有者（所有的產權主體）所掌握，剩餘控制權則往往被實際經營者所佔有，實際經營者又不可能是所有的財產所有人，兩者的分離就是必然的。在這種兩權分離的狀態下，所有者總是希望享有剩餘控制權的經營者能夠充分發揮資產效率，賺取更多的資本收益。而實際控制資產的經營者對資產的使用與轉讓以及最後成果的分配都不具有充分的權能，就使他對經濟績效和其他成員的監督的激勵減低，即存在激勵不足。管理者的效用函數偏離了所有者所期盼的模式，他們更偏好於企業利潤之外的額外收益。在公有制環境下，國家代替行使國有資產所有權。在計畫經濟時代，國有資產的收益權和控制權均掌握在各級政府的手中，它們對千萬家國有企業進行直接管理。事實已經證明，由於知識、資訊等方面因素的影響，這種體制是低效的。經營者擁有了所有者的一切權利後，企業內部的控制者（如廠長、經理等）就可以名正言順地操縱整個企

---

[1] 榮兆梓：《論公有產權的內在矛盾》，載《經濟研究》，1996(9)。

業，從而為他們基於個人利益或小集團利益而損害所有者權益的行為披上合法的外衣。因此，正是這種不能分割、不可量化、只能以整體面目出現的單一公有產權模式，使公有產權屬於國家而不是個人，在行政權代替產權的情況下，出現了公有產權殘缺和產權失靈並進而導致委託－代理問題及相應的激勵機制等問題：

第一，所有權歸屬不明，所有權主體缺位。在微觀經濟領域，由於受資訊、知識等方面的約束，政府作為行政單位透過層級關係無法直接代表並行使國家對公有資產的所有權。因此，在傳統的計畫經濟體制下，國家代替全體人民行使國有企業的所有者的權利，實行"國家所有，分級管理"的辦法，出現了所有者缺位現象，或者所有權主體雖已確定，但事實上難以行使所有者的職能，而對財產的支配仍是由政府各部門行使。由於公有制企業內部產權主體不到位或缺位，名義上是全民財產，實際上誰都不負責任，致使資產所有權得不到保障，公有資產實際上成為無主資產，受到各種形式的機會主義行為的侵犯。同時，從法律意義上看，關於財產歸屬的規定並不是產權關係的全部內容，即法律意義上的產權與實際的產權有明顯的區別。儘管在中國的法律條文中，對企業資產屬於作為全民代表的國家所有確實有明確的規定（從這個意義上看，可以說公有制企業從來就不存在什麼"所有權主體缺位"、"虛置"的問題），但並不意味著圍繞企業資產的所有權、佔有權、收益權和處置權等關係做出的權利與責任的配置，即產權關係的規定與明確。而產權關係的不明確或不合理，會使得各主要經濟關係當事人在自身利益支配下發生行為扭曲，最終在資源配置效率上造成不利後果。

第二，公有制企業缺乏獨立產權，法人產權界定不清。在原有計畫經濟體制下，傳統的公有制企業作為國家行政機關的附屬物，不享有任何獨立的所有權權利。政府既是經營主體，又是所有權主體，企業沒有獨立的產權，從而缺乏獨立的企業決策權和獨立的利益。儘管深化公有制企業改革確立了把企業建成為自主經營、自負盈虧、自我發展、自我約束的經濟實體的目標，但是，許多公有制企業僅從形式上脫離了政府的行政隸屬關係，實質上還沒有真正具有獨立的法人產權，仍然不是能夠以自身財產承擔市場後果的獨立的經濟實體，從而國家或政府實際上充當了公有制企業市場行為的終極責任人。在市場狀況複雜、企業經營行為具有較大程度的不可證實性的情況下，企業很容易以政策性虧損為由而解脫其經營性虧損的責任。這是目前相當一部分公有制企業虧損的體制性原因。

在企業缺乏獨立產權或法人產權界定不清的情況下，各級政府事實上成為經濟活動的主體，透過行政系統和行政手段組織經濟活動，具體行使社會經濟職能。這樣，國家與作為微觀主體的企業的關係只能是行政隸屬關係，產權邊界無法界定，也沒必要界定。因為資產的所有權和實物形態上的支配權統統歸國家，企業是非市場行為者，企業的創辦、轉讓、合併由政府決定。企業在生產活動中，不是決策的主體，不存在企業資產的市場交易活動，企業之間的產權邊界不可能也沒必要嚴格加以劃分。但是，僅靠中央政府對龐大的生產體系進行統一的組織協調，是難以實現的，因而也就自然要求用行政的分級和許可權範圍的界定來代替財產經濟權力本身的界定，於是以特定的行政集權為前提，進行行政權限分割代替了產權界定，而這實際上是對企業自主權、企業產權的否定。

第三，產權不能自由轉讓，資源配置低效率。在傳統計畫經濟體制下，高度集中的公有制經濟幾乎使得所有的財產都屬於國家所有，政府的偏好決定了經濟變數的取值。具體而言，公有制企業的非經濟目標，決定了企業一經創辦，無論其是否有效益、是否符合國家產業政策的需要，都得維持、生存下去，不能破產、不能出售、不能兼併，由此而造成那些效益低下的企業長期佔用著大量資產而無法流動，社會資源得不到合理利用。同時，由於公有制企業缺乏獨立的利益要求權利,再加上分配領域內的平均主義,導致企業既缺少經營的動力,又缺少經營的約束,促使企業形成了一種與市場競爭主體完全相反的行為方式,即對上級隱瞞生產能力以爭取所謂"鬆弛計畫"(較低而容易完成的計畫指標),並盡可能多地佔用公有資產而不問效益如何。

2.公有制委託－代理關係中的"代理人障礙"

委託－代理理論(Princepal-Agent Theory)是現代產權理論的一個重要分支,其核心是設計一種合理的激勵機制,向代理人提供各種激勵和動力,使代理人願意按照委託人的預期目標努力工作,使委託人與代理人在相互博弈的過程中實現雙贏的格局。

委託－代理理論認為,企業股東是代理關係的委託人,企業經營者是代理人。出資者追求自身收益最大化,但在代理關係中,受許多因素影響,經營者有時並不以出資者收益最大化作為決策的出發點。這些主要因素包括:①經營者作為"社會人"而非純粹"經濟人"有自身最大合理的效用追求;②經營者的報酬與有效決策所增加的淨收益毫無關聯或相關性不大;③代理雙方所掌握的資訊結構不對稱,導致經營者會選擇有利於自身利益而有害於出資者的行動。因此,代理關係潛藏著代理雙方的利益矛盾。

公有產權的展開過程就是委託－代理鏈條的建立過程。在社會主義公有制的委託－代理鏈條中,除了存在一般現代企業由於代理人與委託人的目標函數不一致,而產生的代理人不以委託人利益最大化為目標的問題外,還存在由於公有制企業性質的特殊性而產生的特有的公有制企業委託－代理問題。

公有制的最終所有權屬於全體公民,但這種產權又不能具體到每個公民,只能由非人格化的國家或政府來代表全體公民來擁有和行使所有權,中央和地方政府具體行使所有權和監督權。企業經理人員不是採取市場化機制選擇的,而是採取了任命的方式。實際上,由於股東與經營者之間的委託－代理關係完全缺乏市場選擇的餘地,使二者權利界定困難。公有制企業特殊的產權和經理人員的非市場選擇,使公有制企業委託－代理關係的形成具有明顯的特殊性。

　　首先,作為"全民"的公共財產的共同所有者,將自己的所有權委託給國家、政府加以代理。由於"國家"、"政府"只是一種抽象的概念,產權權能的行使只能透過各個具體的政府管理部門來實現。在中國,長期以來,中央大型企業工委、國家財政部、國有資產管理局及國家計委等政府部門,由於對國有企業的人事任免、資產管理及技改專案投資等企業活動擁有最終決定權,從而代替國家成為國有企業事實上的所有者代表,中央的行政部門又將委託權的實現部分地委託給地方各行政部門,進而導致從中央到地方國有企業存在多個事實上的委託人,即,在全體公民→政府→政府國有資產管理部門及其他有關主管部門→國有資產經營部門→國有企業→企業經理人員(最終代理人)之間形成了複雜而冗長的委託－代理鏈條。公有制企業委託－代理關係多層次性特點,使得對代理人的監督相當困難,造成了嚴重的作為出資者的委託人缺位現象。

　　同時,公有企業中委託－代理關係還存在委託人越位現象,政府或國家將其財產的使用、管理權委託給廠長、經理加以代理,使得委託人同代理人之間存在著極強的行政關係。在這樣的代理人制度下,作為代理人的企業管理官員沒有經營自主權,不負盈虧責任,不承擔任何風險。而且代理人對自己的身分也不明確,無法辨明自己究竟是經理人,還是國家的公職人員,還是企業的勞動者?由於身分不清,導致企業代理人的權、責、利不明確,對國有企業的經營者的有效激勵和制約機制難以形成。

　　由於委託－代理關係的存在,特別是當有多層次的委託－代理關係存在時,不僅存在委託人越位,代理人也有可能產生越位。比如中國的國有企業中,企業的經營權就顯得似乎與企業的產權沒有聯繫。企業的經營管理者是政府的官員,其經營權的獲得是透過行政任命。只要能得到主管部門或主管官員的認可,即可獲得經營權。在缺乏有效監督的情況下,它更是一種無所不包的經營權。國有企業廠長、經理自認為是所有者,有隨意處置企業財產的權利。當然這只是一種表像,其背後的原因就是因為公有制的存在,是公有產權的產權權能賦予了他們這樣的權利。

其次,在成熟的市場經濟條件下,由於產品市場、資本市場和經理市場等各類市場體系的充分競爭,使得委託－代理關係的基本矛盾得到了較大程度的克服。特別是經理市場提供了諸如企業盈利能力等關於經理人員個人能力的資訊,因而對經營管理者形成了強大的激勵與約束。但是,在公有制企業的委託－代理關係中,代理人產生的行政化和非市場化機制,使委託人和代理人之間資訊不對稱的問題更加突出,對代理人經營成果的評價和監督約束的困難加大。由於資本市場和經理市場發展緩慢,許多公有制企業無法透過市場信號來反映經理人員的真實資訊和行動,對代理人的真實評價困難重重,從而使公有制企業委託－代理關係的矛盾難以像成熟市場經濟條件下那樣,透過市場競爭而得到較大程度的解決。

最後,在公有制企業委託－代理關係中,對代理人的監督存在企業出資者,即政府作為委託人具有非人格化的特徵,不能直接對代理人實施監督和管理,只能由相應的監管人員來實行,但監管人員作為"經濟人",有其自身的利益要求,他可能與企業經理人員合謀侵吞公有資產,形成"內部人控制"局面。更為重要的是,監管人員雖然擁有特定的控制權,但並沒有剩餘索取權,從而無法將權、責、利有機地統一起來,使得其沒有足夠的動力去對經營人員進行選擇、評判、約束和監督。

3.公有制關係中的企業家和激勵問題[1]

對企業經營者或企業家的激勵和約束來源於現代股份制企業中的委託－代理關係。早在 1932 年，美國經濟學家伯利和米恩斯在《現代公司與私有財產》中就提出了著名的"所有權和控制權分離"的命題。到 20 世紀五六十年代，威廉姆森等人從不同角度揭示了掌握控制權的管理者與擁有所有權的股東之間的利益目標差異，從而提出了現代公司企業中如何激勵與約束管理者（企業家）的問題。

前面已經指出，在中國傳統體制下，由於公有制委託－代理鏈條存在缺陷，使得公有產權無法形成對企業家的有效激勵和約束機制。

對於如何建立有效的企業家激勵與約束機制至今仍未達成共識，理論界形成了"產權論"、"外部環境論"以及後來的"超產權論"的觀點。這些理論從不同側面強調了對企業家的激勵與約束機制對企業效率改進的決定性作用。那麼，建立對企業家激勵與約束機制到底應該依據產權、超產權還是外部環境？或者說，我們應該如何權衡不同因素，以建立對國有企業經營者（企業家）的激勵與約束機制呢？

(1)建立和完善企業內部報酬激勵機制。由於資訊不對稱、契約不完全等原因，企業經營者（企業家）往往會採取"道德風險"和"逆向選擇"等機會主義行為，導致企業所有者和經營者目標衝突。為了解決這種矛盾衝突，企業所有權安排賦予具有人力資本優勢的職業企業家，憑藉其人力資本產權取得企業剩餘索取權，參與企業利潤分配。企業所有者為了激勵職業企業家，不僅要按期給高層管理者固定的工薪收入，還要透過多種形式讓渡一部分企業利潤，以相應地分散一定的企業風險。因此，要建立對國有企業經營者的激勵與約束機

---

[1] 本部分探討的企業家是國有企業的決策者和管理者，包括廠長、經理或者董事長和總經理等，雖然這有別於經濟學意義上的企業家，但從激勵與約束角度分析，國有企業和一般企業的主要區別正在於激勵與約束的主體不同和制度環境的差異。

制,首先要明確國有企業代理人的獨立地位和獨立利益,使國有企業經營者擁有部分的剩餘索取權,並圍繞代理人的利益要求設立激勵機制。針對國企經理目標利益多樣化的特點,除了給予其固定的工資報酬外,還應提供必要的在職消費,對其在工作中取得的成績和貢獻給予充分承認,進而滿足其精神需要。同時,激勵機制要體現長期性。可供選擇的方案為:

第一,實行年薪制。在企業家的報酬制度中,年薪制是一種世界各國較普遍採用的收入分配制度。美、英等國的企業家的報酬主要由基本薪金、年度獎金、長期激勵計畫和津貼組成,長期激勵專案(即股票、股票期權等收入)在企業家的總報酬中,佔有相當大的比重。德、日等國則以投資者對企業家的直接約束為主導,內部治理結構能有效制衡企業家行為,幾乎不存在所謂的長期激勵專案。近年來,中國許多國有企業也開始借鑒西方企業的做法,實行年薪制。年薪制是一種風險化的企業家報酬模式,可以體現對國企經營者一定程度上較長時期的激勵。

第二,引入股票期權、企業家持股計畫以及高額退休金等長期激勵機制。這樣就可以使企業經理的報酬與企業的長遠利益相一致,從而可以激勵經理人員的長期行為,促使其努力工作。高額退休金計畫可以在很大程度上免除企業經理的後顧之憂,從而可以大大減少國企經理人員"59歲現象"的發生,促使其在在職期間安分守己地努力工作。

(2)健全經營人員內部控制權機制。影響企業家經營管理行為的另一個重要因素,則是企業家的控制權及其收益。從一般意義上來說,控制權是指當一個信號被顯示時決定選擇行動的權威,包括特定控制權和剩餘控制權,其中特定控制權透過契約授權給了職業企業家,這種特定控制權就是高層經理人員的經營控制權,包括日常的生產、銷售、僱用等權力;剩餘控制權由所有者代表即董事會擁有,如任命和解雇總經理、重大投資、合併和拍賣等策略性決策的權力。從現代企業理論來看，企業內部法人治理結構是企業所有權安排的具體化，企業所有權由企業的剩餘索取權和剩餘控制權來定義，最有效的企業所有權安排是剩餘索取權和剩餘控制權相對應。因此，為了激勵企業家，企業所有者在給予企業家部分剩餘索取權時，相應地，企業家也應該擁有部分剩餘控制權，在現實社會中擔任雙重身分的經理董事。控制權機制對企業家的激勵與約束作用主要取決於控制權收益，這實際上是對企業家人力資本進行權利定價的一種形式，其收益主要是指難以測量的非貨幣收益，包括在職消費、滿足感以及榮譽感等。

中國國有企業改革在企業家控制權機制上面臨著兩難選擇：授予企業家充分的經營控制權，可以提高國有企業效率，但可能產生"內部人控制"等問題，導致所有者利益損失；國家作為國有企業的大股東，對企業家的控制權進行監督約束是必要的，但國家及各級政府主管部門的特殊角色，使這種監督約束無法避免行政干預色彩，影響了國有企業效率的提高。

(3)取消行政任命制，建立經理人員市場競爭機制和聲譽機制。為解決經營者選擇及其激勵問題，必須取消政府對企業經營者的行政性任命，減少國有企業代理層次，由真正承擔風險的出資人選擇經營者。為此，要加快改革傳統的國有企業幹部人事管理制度，引入市場競爭機制，加快建立和完善有效的經理市場，彌補國有企業代理階層市場方面的激勵空缺，形成有競爭的管理人才市場；要完善國有企業經營管理者業績指標考核體系建設，客觀評價其真實業績。經過制定科學、完善、透明和可操作的業績考核評價制度體系，並嚴格、公正地執行，對董事及經理人員形成競爭壓力和優勝劣汰的局面。

在市場經濟中，職業聲譽也是職業企業家注重的目標。這是因為企業家在長期的企業經營中形成的企業家聲譽，是企業家人力資本價值的測量尺度。經濟學從追求利益最大化的理性假設出發，認為企業家追求良好聲譽是爲了獲得長期利益,是長期動態重複博弈的結果。聲譽機制的作用機理,在於沒有一定的職業聲譽將會導致其職業生涯的結束,從而使企業家人力資本貶值甚至收益完全喪失,而良好的職業聲譽則可作爲企業家人力資本的一個重要尺度,增加了其在企業家市場上討價還價的能力,從而激勵企業家重視自己的聲譽,積極努力工作,自覺約束機會主義行爲。

在中國,要建立國有企業家聲譽機制,首先,應改革國有企業的幹部人事管理制度,增強企業家職業化傾向,保證企業家具有長遠預期。其次,企業家聲譽的形成依賴於充分競爭的經理市場。由於中國國有企業家主要是由行政任命的,並非市場競爭選聘的結果,這直接妨礙了企業家聲譽的形成機制。因爲只有透過市場生存競爭檢驗的企業家才是合格的企業家。因此,要廢除國有企業家行政任命制,給予那些在市場競爭中產生的、並非政府樹立的"優秀企業家"以社會地位和榮譽,有效地發揮聲譽機制的作用。

三、尋找社會主義市場經濟中公有制的多種實現形式

1.社會主義市場經濟中公有制的本質特徵

(1)馬克思、恩格斯關於公有制本質規定性的論述。要弄清社會主義初級階段公有制的本來含義,首先就必須把握住馬克思主義公有制的本質特徵。1847年,馬克思、恩格斯在《共產黨宣言》中,首次提出社會主義社會所有制的性質是"生產資料社會主義公有制"。此後,他們多次提到"財產共有"、"公有"、"社會所有"、"集體所有"、"公共佔有"等概念與範疇。在他們看來,生產資料社會主義公有制的本質特徵在於"把資產階級掌握的社會化生產資料變爲公共財產……在這種產權社會化的條件下,社會成員將組織成爲自由人

聯合體，他們用公共的生產資料進行勞動，並且自覺地把他們許多的個人勞動力當成一個社會勞動力來使用"，主要有三個方面的規定性：

其一，社會主義社會所有制是以勞動者為主體的所有制，勞動者與生產資料直接結合。馬克思指出，由於生產力發展水平的限制，在資本主義私有制普遍建立之前，廣泛地存在著勞動者的個體所有制，並成為發展社會生產和勞動者本人的自由個性的必要條件。而建立資本主義生產方式，必須透過資本原始積累來剝奪廣大勞動者的財產，"從而多數人的小財產轉化為少數人的大財產，廣大人民群眾被剝奪土地、生活資料、勞動工具——人民群眾遭受的這種可怕的殘酷的剝奪，形成了資本的前史"。建立社會主義公有制，就是廣大勞動者起來剝奪剝奪者，重新成為生產資料的所有者，在協作勞動和生產資料社會佔有的基礎上，實現勞動者與生產資料的直接結合。這是對資本主義所有制的"否定之否定"過程。

其二，社會主義社會所有制是勞動者的聯合所有制。馬克思早就在《1861－1863年經濟學手稿》中指出，"資本主義所有制只有透過將其改造為非孤立的單個人的所有制，也就是聯合起來的社會個人所有制，才能消失"[1]。如果沒有勞動者聯合佔有生產資料，而是孤立、分散的個人佔有生產資料，就會成為私有制。

其三，社會主義社會所有制是勞動者的個人所有制，並且要"重新建立個人所有制"。馬克思指出，"從資本主義生產方式產生的資本主義佔有方式，從而資本主義的私有制，是對個人的、以自己勞動為基礎的私有制的第一個否定。但資本主義生產由於自然過程的必然性，造成了對自身的否定。這是否定的否定。這種否定不是重新建立私有制，而是在資本主義時代成就的基礎上，也就是說，在協作和對

---

[1] 馬克思恩格斯全集》，第48卷，21頁，北京，人民出版社，1975。

土地及靠勞動本身生產的生產資料的共同佔有的基礎上,重新建立個人所有制。"[1] 在此,"個人所有制"應該是生產資料個人所有制,即把勞動者個人的重要性放在首要位置。因而,我們說,"重新建立個人所有制"就是重新建立勞動者所有制,實現勞動者的個人所有權。

總之,馬克思、恩格斯社會主義社會所有制是聯合的勞動者共同佔有生產資料的所有制,即聯合的、社會的個人所有制或個人的社會所有制。也就是說,社會所有制是由全體社會成員組成自由人聯合體來共同佔有全部生產資料、共同勞動來實現的。這就是馬克思關於未來社會主義生產資料公有制的本來含義。

(2)社會主義初級階段公有制的本質特徵。如前所述,馬克思認為未來共產主義社會的經濟制度必然是公有制,這是人類社會的發展規律。但是,必須指出,馬克思、恩格斯關於社會所有制的思想是建立在生產力高度發達基礎之上的,是對資本主義社會剖析而得出的科學推測與假設。它只是給人們提供了一個思想指南,並要求人們在社會主義實踐中去修改、補充和發展,而不是當成"一堆應當熟識和背誦的教條,像魔術師的咒語或天主教的禱詞一樣"的教條主義[2]。實際上,馬克思關於實現未來社會主義公有制,是有條件的:①生產力和生產資料都處於全社會有計畫的分配體系中;②不存在貨幣、資本和商品交換關係;③全社會按勞分配,且這種分配方式不是透過商品、貨幣與市場進行的。恩格斯在 1886 年致愛德華·皮斯的信中曾指出:"我所在的黨沒有提出任何一勞永逸的現成方案,我們對未來非資本主義社會區別於現代社會特徵的看法,是從歷史事實和發展過程中得出的確切結論。脫離這些事實和過程,將沒有任何理論價值和實

---

[1] 馬克思:《資本論》,第 1 卷,95 頁,北京,人民出版社,1975。
[2] 《馬克思恩格斯全集》,第 37 卷,446 頁,北京,人民出版社,1959。

際價值。"[1] 因此，忽視實現未來社會主義公有制的條件而去研究與實施公有制，並作為社會主義實踐的先驗模式和惟一標準，只會嚴重扭曲馬克思的公有制理論，從而根本違背馬克思的公有制理論的精神實質，並在實踐中損害社會主義，阻礙公有制經濟的發展。

中國還處於社會主義初級階段，即不發達的階段，由於生產力的落後，無法實現馬克思、恩格斯設想的全體社會成員共同佔有全部生產資料。但是，馬克思、恩格斯關於社會主義公有制的本質特徵應該成為貫徹社會主義公有制原則的指導思想。因此，由部分勞動者共同佔有部分生產資料、共同勞動，就應該是社會主義初級階段公有制的本質特徵。

2.社會主義市場經濟中公有制的多種實現形式

公有制的實現形式，是指公有制的經營方式或組織形式。任何一種公有制形式都要採取相應的實現形式，甚至是多種實現形式，而一種實現形式也可應用於多種形式的公有制。

(1)馬克思、恩格斯關於社會主義社會所有制實現形式的理論。馬克思根據高度發達的生產力水準提出了社會主義公有制的具體形式，這就是生產資料歸全社會勞動者共同佔有的公有制形式。他指出："設想有一個自由人聯合體，他們用公共的生產資料進行勞動；並且自覺地把他們的許多個人勞動力當成一個勞動力來使用……這個聯合體的總產品，是社會的產品。這些產品一部分重新用於生產資料。這一部分依舊是社會的。而另一部分則作為生活資料由聯合體成員消費。"[2] 恩格斯指出："首先將根本剝奪相互競爭的個人對工業和一切生產部門的管理權。一切生產部門將由整個社會來管理，也就是說，為了公共的利益按照總的計畫和在社會全體成員的參加下來經營。這

---

[1] 《馬克思恩格斯全集》，第 36 卷，419～420 頁，北京，人民出版社，1959。

[2] 馬克思：《資本論》，第 1 卷，95 頁，北京，人民出版社，1975。

樣，競爭將被新的社會制度消滅，而為聯合所代替。因為個人管理工業的必然後果就是私有制，因為競爭不過是個別私有者管理工業的一種方式，所以私有制是同工業的個體經營和競爭密切聯繫著的。因此，私有制也必須廢除，代替它的是共同使用全部生產工具和按共同協定來分配產品，即所謂財產共有。"[1] 很顯然，這裡的"共同使用全部生產工具"、"財產共有"就是指"生產資料社會佔有"。社會所有制的主要特徵有二：其一，社會所有制的主體是社會即聯合的勞動者而不是某個集體或某個人，這裡不可能存在其他組織或個人佔有生產資料的情況。

其二，社會所有制的客體是全部生產資料，而不是部分或大部分生產資料。根據馬克思、恩格斯的設想，無產階級在取得革命勝利以後，將"利用自己的政治統治，一步一步地奪取資產階級的全部資本，把一切生產工具集中在國家即組織成為統治階級的無產階級手裡，並且盡可能快地增加生產力的總量"[2]，"國家真正作為整個社會的代表所採取的第一個行動，

即以社會的名義佔有生產資料，同時也是它作為國家所採取的最後一個獨立行動"。[3]很明顯，透過無產階級革命、無產階級國家所有制途徑建立的社會所有制，是社會佔有全部生產資料，而不是佔有部分或大部分生產資料。

總之，馬克思、恩格斯關於社會所有制實現形式的原理，描述了社會主義公有制在高度發達社會生產力基礎之上的特定形式，即單一的社會所有制形式。在社會主義實踐中，最為關鍵的是正確把握和牢牢堅持社會主義公有制的本質規定性，來探索嶄新的公有制實現形

---

[1] 《馬克思恩格斯選集》，第 1 卷，25、26、217、272 頁，北京，人民出版社，1972。

[2] 《馬克思恩格斯選集》，第 1 卷，25、26、217、272 頁，北京，人民出版社，1972。

[3] 《馬克思恩格斯選集》，第 1 卷，320 頁，北京，人民出版社，1972。

式，而不必拘泥於馬克思、恩格斯在特定歷史條件下提出的公有制的具體形式，以更好地體現公有制性質，並提高其運行質量和效率。

(2)社會主義市場經濟中公有制的多種實現形式。著名新制度經濟學家張五常指出，一個社會不可能實行純粹的私有產權制度，也不可能實行純粹的公有產權制度，產權結構可以採用多種多樣的形式：從一個極端的私有產權到另一個極端的公有產權，大多數處於兩者之間。[1]但是，在傳統的計畫經濟體制下，由於受教條主義影響，中國按照馬克思所設想的未來社會，是個人在全面發展基礎上對生產資料的共同佔有來安排所有制結構，形成了比較純粹的公有制實現形式，即全民所有制和集體所有制。這兩種實現形式，其實質都是由中央和地方各級政府或相關主管部門來對生產資料所行使的所有權、支配權、使用權和收益權，因而並沒有反映出社會主義公有制的本質特徵，即由勞動者共同平等地佔有生產資料。勞動者只是作為抽象的生產資料的所有者，他們幾乎無法對生產資料行使支配、使用、轉讓和收益等權利，既沒有與生產資料形成休戚與共的直接關聯，也無法履行對作為生產資料代理人的政府的有效監督。[2]

社會主義實踐證明，無論公有化程度是高是低，純粹的公有制實現形式都既缺乏效率，又無法實現真正意義上的公平（公平不是平均主義）；它排斥了人們的利益訴求，混淆了個人利益和集體利益；特別是由於公有產權缺乏人格化代表，作為終極產權所有者的委託人缺位，從而在委託－代理鏈條中，必然發生遠甚於私有產權中的道德風險和逆向選擇，從而導致公有產權下的"代理人障礙"等問題。

正是由於公有制經濟在實踐中暴露出了越來越多的弊端，才推動

---

[1] 伊特韋爾等編，陳岱孫主編譯：《新帕爾格雷夫經濟學大辭典》，第3卷，北京，經濟科學出版社，2001。

[2] 劉綿勇、毛日清：《關於社會主義公有制含義創新的思考》，載《求實》，2003(10)。

了所有制改革和結構調整，出現了社會主義市場經濟條件下多種所有制並存和共同發展的局面。從公有資本的進入範圍看社會主義市場經濟中的公有制實現形式，主要可以分爲三類：一類是傳統的公有制實現形式，包括國有企業、集體企業和這兩類企業的聯營形式；二類是國有企業和集體企業的改革形式，如國有獨資公司、股份合作企業、其他有限責任公司等；三類是混合所有制形式，如股份有限公司、與港澳臺商合資合作企業、與外商合資合作企業等。

實際上，公有制的多種實現形式從根本上取決於生產力發展水準的多層次性和不平衡性。馬克思主義認爲，特定的所有制及其結構作爲一定生產力發展水準上的形式，歸根究柢是生產力水準發展的結果，是生產力的一種自然選擇。所以，在現階段，中國的現實生產力水準決定了我們不能脫離這一實際而片面地追求"一大二公三純"的公有制。換言之，中國生產力水準的多層次性特點決定了所有制形式的多樣性，因而在中國的所有制結構中，必須存在多種所有制形式；在公有制結構中，必然存在多種公有制實現形式，而不是只存在一種或兩種公有制形式；生產力水平的不平衡性決定了不同地區的所有制結構，以及公有制結構必然有不同內容，即所有制形式及公有制實現形式的多樣性。同時，市場經濟的發展依賴於明晰的、多元的產權關係。但是，國家所有制和集體所有制等傳統公有制形式由於產權關係模糊，因而無法形成獨立的市場主體和市場競爭機制，難以形成真正的商品交換關係。[1]因此，我們必須從中國實際國情和發展要求出發，正確地選擇和積極地探索在中國現階段能夠促進生產力發展的多種公有制實現形式，在保證公有制主體地位的前提下，大力發展股份制企業，使公有性質的股份制企業成爲公有制的主要實現形式，並鼓勵多種所有制經濟共同發展。

---

[1] 于金富、安帥領：《馬克思的社會所有制理論與中國現階段公有制的基本形式》，載《當代經濟研究》，2005(4)。

必須指出，公有制實現形式的多樣化，首先必須堅持公有制的主體地位。當前，有些國有經濟缺乏效率，但這並不是放棄公有制的理由。本書認為，提高效率的出路是努力探索公有制的實現形式，使公有制的優越性真正地體現出來。馬克思主義認為，公有制在本質上優越於私有制，因而能夠創造出比資本主義更高的生產力。第一，它消除了私有制由財產歸屬造成的對生產發展的限制，適應了社會化大生產的客觀要求，因而能夠極大地促進生產力的發展。第二，它造成了勞動者自由擇業、平等競爭的條件，有利於勞動者個人才幹的充分發揮，符合人類自身解放的客觀趨勢。第三，它在根本上剷除了剝削的基礎，有利於社會公平問題的解決，確保共同富裕的最終實現。第四，它擁有勞動者主人翁的地位，能有效地激發人們自覺勞動的積極性，從而形成良好的微觀經濟效益。第五，它包含的共同利益及社會經濟的計畫性，能夠產生良好的宏觀經濟效益。因此，公有制的主體地位絕對不可動搖。

3.作為產權制度創新的股份制：對公有制實現形式的有益探索

(1)對社會主義市場經濟中股份制的重新認識。馬克思以自由競爭資本主義進入現代資本主義為時代背景，詳細考察了作為現代企業組織形式和資本組織形式的股份制，並對股份制做出了深刻的理論剖析。他指出，由於生產社會化發展的客觀需要，私人企業向股份公司發生轉化，為生產資料私人所有制轉化為全社會所有制提供了實現的途徑，使得私人資本取得了社會資本的形式，私人企業取得了社會企業的形式。這樣，未來社會的生產資料"不再是互相分離的生產者的私人財產，而是聯合生產的生產者的財產，即直接的社會財產"。[1]但是，馬克思也非常明確地指出，只要資本主義私有制還存在，私人企業向股份公司發生轉化，就只是資本主義企業形式上的轉化而不是實

---

[1] 馬克思：《資本論》，第 3 卷，494 頁，北京，人民出版社，1975。

質上的轉化。"這是作爲私人財產的資本在資本主義生產方式本身範圍內的揚棄"[1]，"它是在資本主義體系本身的基礎上對資本主義的私人企業的揚棄"。[2]所以，股份制在性質上只是一種財產組織形式和一種特殊的產權形式（所有制形式），它既不是純粹的私有制，也不是純粹的公有制，而是具有私有和公有產權二重屬性，是公私兩種產權制度的有機融合，它拋棄了二者自身所存在的消極的東西（對公有產權來說是非效率，對私有產權來說是不平等），保留和發揚了各自積極的東西（對公有產權來說是集體主義和平等，對私有產權來說是效率），體現了重視個人利益基礎之上整體的一致性，使產權走向開放和流動，體現了各種權利之間的分工與制衡。它既是社會主義市場經濟中公有制的主要實現形式，同時也是非公有制的主要實現形式。[3]

那麼，我們應該怎樣認識社會主義市場經濟中股份制企業的性質？或者說，是不是所有的股份制都是公有制？對此，經濟學家厲以甯教授依據公衆持股比例，將新公有制企業分爲國家控股或國家參股的股份制企業，以及沒有國家投資的公衆持股企業兩種類型。但是，本書認爲，對公衆持股的股份制企業性質不能簡單地就全部界定爲公有制。不同的公衆持股股份制企業其所有制的性質並不相同。如果是社會主義國家控股或國有資本佔主體地位，這種股份制企業的性質毫無疑問是公有制的；如果在國家參股甚至沒有國家投資的情況下，由企業勞動者組成投資主體，這也是股份合作制企業，是新型的集體所有制的一種形式；如果由少數人掌握絕大多數股權，並與其他多數人形成資本與僱傭勞動的剝削關係，雖然這種股份制企業也是公衆持股，但卻未能從根本上改變資本與僱傭勞動的對立關係，性質上也是

---

[1] 馬克思：《資本論》，第3卷，493頁，北京，人民出版社，1975。
[2] 馬克思：《資本論》，第3卷，496頁，北京，人民出版社，1975。
[3] 蔡繼明、張克聽：《股份制性質辨析——兼評有關股份制性質的幾種觀點》，載《經濟學動態》，2005(1)。

私有制而不能稱之為公有制企業。[1]實際上，股份制企業的性質，取決於參股的股本的性質。[2]

　　同時，隨著越來越多的企業（特別是公有制企業）採取股份制形式，該如何體現出公有制的主體地位呢？對此，黨的十五大報告指出，"國有經濟起主導作用，主要體現在控制力上"，"……不能籠統地說股份制是公有還是私有，關鍵要看控股權掌握在誰手中。國家和集體控股，具有明顯的公有性，有利於擴大公有資本的支配範圍，增強公有制的主體作用。"[3]這樣，股份制經濟發展以後，並不是要消滅國有企業，在一些關係國計民生和國家安全的特殊行業和領域，國家獨資股份公司或若干國家投資機構持股的股份公司依然會存在，從而體現出公有制的主體地位。因此，股份制既可以看成是非公有制經濟的實現形式，也可以看成是公有制經濟的實現形式，我們既不能出於對私有化的恐懼而抑制股份制的發展，也不能把股份制都說成是公有制，完全否認其私有屬性。至於公有制和私有制所佔的比重誰高誰低，以及在股份制這種混合的所有制形式中，公有成分和私有成分的比重和地位怎樣，都是由生產力發展的客觀要求決定的。

　　(2)股份制是現階段中國公有制的主要實現形式。中共中央十六屆三中全會透過的《中共中央關於完善社會主義市場經濟體制若干問題的決定》進一步明確指出，要適應經濟市場化不斷發展的趨勢，進一步增強公有制經濟的活力，大力發展國有資本、集體資本和非公有資本等參股的混合所有制經濟，除極少數關係國家安全、國家機密、國家重要策略物資、國家核心技術及一些特殊產業的企業必須由國家獨

---

[1] 亓學太、胡鳳飛：《關於所有制的幾個理論問題——兼與厲以寧教授商榷》，載《南京林業大學學報》（人文社會科學版），2005(6)。
[2] 蔣學模：《解讀"使股份製成為公有制的主要形式"——與李連仲商榷》，載《上海行政學院學報》，2004(3)。
[3] 江澤民：《在中國共產黨第十五次全國代表大會上的報告》，24 頁，北京，人民出版社，1997。

資經營外,其他領域的國有企業應積極推行股份制,實現投資主體多元化,逐步使股份製成為公有制的主要實現形式。

　　為什麼現階段中國公有制要以股份制為其主要實現形式呢?股份制作為現代企業的一種資本組織形式,具有產權明晰、權力制衡、有利於資本集中和風險分散、有利於建立有效的公司治理結構、實現科學管理等諸多優點,是企業資產組織形式發展進程中的一次具有革命性意義的重大變革。馬克思指出,股份制"是發展現代社會生產力的強大槓桿",其"對國民經濟的迅速增長的影響,恐怕估計再高也不為過"。股份制作為現代企業的一種資本組織形式,不同社會制度的國家都可以採用。在中國當前的經濟體制改革中,發展以股份制為基礎的混合所有制經濟,對於公有制實現形式的創新具有積極作用。

　　推行股份制能夠放大國有資本功能,增強國有經濟的控制力、影響力和帶動力,提升整個公有制經濟的競爭力。透過發展股份制吸引和組織社會資本和民間資本進入國有企業,可以擴大國有資本的支配範圍,放大國有資本的輻射功能。在股份制企業中,國有資本可以對需要控股的企業實行絕對控股或相對控股,對其他企業實行參股,從而靈活有效地發揮其主導作用。尤其是國有控股的股份制企業,無論是絕對控股,還是相對控股,國家實際上都掌握著公司的主要人事、收益分配和重大決策的控制權,用部分國有資本控制著企業全部資本的運用,產生了以小搏大的作用,從而可以有效地體現國家宏觀政策導向,引導國民經濟沿著良性軌道運行。

　　推行股份制有利於國有資本流動重組,實現國有資產保值增值。股份制是一種歸屬明晰、權責明確、保護嚴格、流轉順暢的財產組織形式。在股份制企業中,國有資本可以透過資本市場,而在不同行業和企業間順暢流動。這樣,國有資本既可以透過股權轉讓而退出市場前景黯淡、資本回報率低的行業和經營管理不善的企業,避免國有資產閒置;也可以透過在資本市場上購買股票,或透過兼併、聯合、資產重組等方式,而進入市場前景看好、利潤豐厚的行業和經營管理較好的企業,從而做大做強國有企業。

推行股份制有利於國有企業轉換經營機制,成為獨立的法人實體和真正的市場主體。實行規範的股份制改造的國有企業,既保證了國有資本所有者權益,又實現了政企分開、政資分開,使企業經營機制在產權主體多元化的基礎上發生了脫胎換骨的變化,從而真正建立起了權責統一、運轉協調、有效制衡的公司法人治理結構,並在激烈的市場競爭中獲得了良好的經濟效益和快速發展。

推行以股份制為基礎的混合所有制,使公有制為主體、多種所有制經濟共同發展的基本經濟制度找到了在企業內部的具體實現形式,從而解決了公有制與市場經濟有效結合的難題。長期以來,公有制能不能與市場經濟相結合的問題一直困擾著中國經濟理論界。國外不少人斷言,市場經濟只能建立在私有制基礎之上,中國要搞市場經濟,就只能全面實行私有制。然而,改革開放 20 多年的實踐證明,公有制經濟與非公有制經濟一樣,都可以與市場經濟緊密結合,這個結合點就是股份制。在股份制下,多種所有制經濟透過共同出資有機地結合在一起,形成企業法人財產權,這既能發揮各自的優勢,又能發揮整體作用,並順利地解決了公有制與市場經濟相結合的難題。實踐證明,國有企業按照股份制進行產權調整和改革,能夠迅速擺脫"大鍋飯"和平均主義的弊端,顯示出巨大的活力;集體企業按照混合所有股份制進行改制,能夠有效擺脫地方政權的不當干預,迅速做大做強;私營企業引入股份制,經營管理能夠很快跳出家族式束縛,迅速提升到現代企業制度的水平。股份制企業可以而且應該作為當前中國公有制的主要實現形式。

當然,使股份制成為公有制的主要實現形式,並不否認和排除公有制的其他實現形式,也沒有否定其他公有制實現形式存在的合理性、可行性和科學性。為此,我們還需要:①大力發展國有資本、集體資本和非公有資本等參股的混合所有制經濟,實現投資主體多元化。在市場經濟條件下,國有獨資企業、集體獨資企業只能是極少數比較具有特殊功能的企業,股份制應該成為中國國有企業和集體企業所普遍採取的資本組織形式。更為重要的是,在公有制企業實行股份制實踐中,要努力實現投資主體多元化。針對中國國有企業改制中出現內部人控制現狀,應透過多種途徑減持國有股,廣泛吸引社會資本、境外資本參股國有企業,改變國有股過於集中的狀況,真正實現投資主體多元化,促進經營機制轉換。②靈活運用股份制的運作機制,實現公有資本的合理進退、高效流動、保值增值。公有資本可以透過有限責任公司、股份有限公司等多種企業組織形式,藉由控股、參股、合股等多種資本組織形式,進行股份制運作。要透過股份制運作實現公有資本的有進有退、高效流動、合理重組,進一步推動國有資本更多地投向關係國家安全和國民經濟命脈的重要行業和關鍵領域,進一步吸引民間資本、國際資本,發展具有國際競爭力的大公司、大企業集團,進一步放開搞活國有中小企業。③大力鼓勵和支援非公有資本積極參與國有中小企業和集體企業的改革、改制和改造,積極參與國家或集體的一些建設專案。採取多種形式繼續放開搞活國有中小企業,以明晰產權為重點,深化集體企業改革,發展多種形式的集體經濟,在不少情況下,都需要非公有資本的積極投入和運作。同時,一些大型的國家建設項目、城市基礎設施建設專案、農村集體建設專案,也都需要非公有資本的參與。要透過股份制、股份合作制等多種形式,大力發展混合所有制經濟,調動各方面的積極性,推進改革,加快發展。

(3)大力發展股份合作制經濟。在社會主義市場經濟發展及所有制改革過程中,城鄉出現了大量多種多樣的股份合作制經濟,是兼有股份制和合作制特點的一種公有制實現形式。它是以勞動者的勞動聯合和勞動者的資本聯合為主的集體經濟。它既不同於股份制,又與合作制相區別。股份合作制是勞動合作和資本合作的有機結合。其中，勞動合作是基礎，職工既是勞動者，又是出資人，共同勞動、共同佔有和使用生產資料，利益共享、風險共擔，實行民主管理。

從股份合作制的產權關係和治理結構看，它體現了共有產權的基本特徵，類似於"巴斯克企業"，即巴斯克・蒙德拉貢合作制制度。1956年，在西班牙巴斯克地區的蒙德拉貢鎮成立了第一個合作社，現已發展到100多個。這些合作組織的產權特徵是：透過內部資本帳戶制度實現共有財產所有權；公共財產權由個人財產權和集體財產權兩部分構成；個人擁有自己個人資本帳戶上財產的所有權。在企業治理結構上，企業成員經由自己的勞動分享企業剩餘；企業是一個平等的勞動者的聯合體，最高的權力機構是社員大會；企業內部實行風險分擔的激勵機制。

十五大報告對改革中出現的股份合作制經濟予以了肯定，說："目前城鄉大量出現的多種多樣的股份合作制經濟，是改革中的新事物，要支援和引導，不斷總結經驗，使之逐步完善。""勞動者的勞動聯合和勞動者的資本聯合為主的集體經濟，尤其要提倡和鼓勵。"這樣科學地界定股份合作制經濟，對於深化改革，特別是推動國有小型企業和鄉鎮企業的改革，將有巨大作用。近年來，許多地方大力發展國有小型企業所採取的一個最重要形式，就是轉為由企業職工勞動聯合和資本聯合的股份合作制，不少鄉鎮企業也轉為股份合作制。如果我們從政策上提倡和鼓勵大量的股份合作制企業實行勞動者的勞動聯合和勞動者的資本聯合為主，就意味著大量的國有小企業和鄉鎮企業轉為由企業職工直接所有和管理的有活力的集體經濟。這樣，公有制不但沒有被削弱，而且能使國家甩掉一些虧損的包袱（許多國有小企業是虧損的，轉為股份合作制以後財政將不再補貼）。許多小企業成為職工利益共同體後，起死回生、枯木逢春，有利於恢復公有經濟的生機和活力。

建設社會主義新農村，我們需要尋找農村土地集體所有制的有效率的實現形式，實行全員股份合作制形式的集體化是一條可行的道路。全員股份合作制形式的集體化的含義，首先是實現村民民主自治基礎上的耕地集體所有制，國家以這種形式把耕地所有權交給農民，實現村民耕地所有權的平等，農民民主自治村在按耕地畝數完成國家庫糧派購的基礎上，自主使用耕地。禁止耕地所有權的買賣。其次是大力發展村民全員股份合作制企業和公共事業，最後逐步實現村民生活公共化。農村的集體化還在於在村民民主自治的條件下，發展具有規模經濟的現代化的集體工業，或以集體的力量吸引外資，興辦合資企業，用這種方法來就地吸納農村剩餘勞動力，增加農民收入。村民民主自治制度確立之後，集體所有制基礎上的全員股份合作制將是社會主義新農村的主要的所有制形式。

四、社會主義市場經濟的產權基礎：再論"主體產權"思想[1]

1.市場經濟與主體產權[2]：一個規範分析

主體產權是指獨立從事生產、交換和消費的自然人，和各種組織所享有的對生產或消費的具有排他性的支配權，包括財產所有權和實際支配權。它是任何一種社會形態和所有制條件下有效地進行生產與其他經濟活動的最基本的條件。

更為重要的是，主體產權是市場體制下微觀單位採取合理經濟行為和促進效率提高的制度基礎，它是市場經濟體制下的普遍範疇。因此，在某種程度上，市場經濟就是主體產權經濟，即從事獨立經濟活

---

[1] 劉燦：《社會主義市場經濟與財產權制度的構建》，載《福建論壇》，2004(11)。
[2] 劉詩白：《主體產權論》，110～115頁、243頁，北京，經濟科學出版社，1998。

動的多種多樣的交易主體都是產權主體，並擁有明晰的和法定的財產權。

(1)主體產權是市場主體確立的先決條件。在市場經濟中，作為勞動者的個人，透過提供勞動而獲得報酬，這是因為他擁有自身勞動力的產權。作為消費者的個人，他能夠去消費品市場購買自己所需要的各種消費品，這是因為他擁有支配貨幣的權利。作為投資者的個人，透過投資於實業、證券和其他金融資產獲取收益，也是以他擁有支配相應貨幣的權利為條件的。作為市場主體的企業，藉由註冊資本金而建立企業是從事市場活動的最為基本的條件。擁有註冊資本說明了企業有獨立承擔民事責任的財力以及自負盈虧、自擔風險的能力。總之，任何一個企業作為市場主體進入市場，與其他市場主體建立平等合作、互惠互利的經濟關係，都是以其擁有獨立的產權為先決條件的。

為什麼市場主體必須首先是產權主體呢？這是因為，市場主體之間發生的經濟關係，即市場關係是一種平等的契約關係，它強調締約雙方地位平等，不存在強制和被迫服從；各市場主體的平等地位又只能基於各自擁有的獨立的產權，即他們各自都是產權主體。因此，主體沒有產權，不可能成為真正的市場主體。

(2)主體產權是市場交易的前提條件。市場經濟是發達的商品經濟，以其高度的商品化和市場化為特徵。換句話說，高度商品化和市場化，就是市場交易的高度發達。從表面上看，市場交易是交易雙方互相交換各自擁有的物（有形的或無形的），但實質上是雙方各自擁有的權利的交易。因此，交換得以發生的前提條件就是交換雙方對於自己用於交換的商品擁有明確的產權。

馬克思曾經十分精要地論述了市場交換的產權基礎。他指出："從法律上來看，這種交換的惟一前提是任何人對自己產品的所有權和自由支配權。"[1]

(3)主體產權是市場經濟運行的基石。市場經濟的運行必須依託於主體產權的確立，離開了主體產權的確立，市場經濟是不可能真正存在的。這是因為：①市場經濟作為高度發達的商品經濟，以交易的充分發展為顯著特徵。如前所述，交易的實質是權利的互換，並需要首先明確財產權利。而只有首先成為產權主體，才能成為真正的市場主體並嚴格界定其權利。②市場機制對資源配置起基礎性作用，必須以主體產權的確立為必要條件。這是因為，只有當產權明晰後人們之間受益受損的邊界得以明確劃定時，人們才會對自己所從事的經濟活動形成合理預期，才會去追求經濟利益的最大化。由此可見，主體對利益最大化的追求，成為在市場機制形成中的基本動力。而市場經濟內在的利益驅動，又離不開主體產權的確立。③市場經濟運行必須形成和確立起自身有序的秩序，並形成有效的激勵和約束機制。而有效的激勵和約束機制，依存於有效的產權制度。一個有效的產權制度可以確立主體產權。只有這樣，才能建立正常的經濟關係，激發人們追求自身經濟利益最大化的動機，並在經濟活動中進行自我約束，使自己的經濟行為合法、規範。[2]

2.私人財產權制度的確立與市場經濟的發展：演變與　示

在一個社會確立的基本財產制度框架內，財產權制度作為規範和協調主體在財產佔有行為及利益關係方面的規則、準則，是形成人們經濟行為合理性和經濟生活有序化的重要的法權基礎。資本主義所要求的財產自由是它的個人主義的哲學觀和經濟倫理觀的集中體現，其基本含義是：①私人財產權利是建立在人的自然權利基礎上的（大自然賦予每一個人自然的、不可剝奪的權利）；②財產所有權是一種社

---

[1] 《馬克思恩格斯全集》，第 46 卷（I），454 頁，北京，人民出版社，1959。

[2] 程民選：《市場經濟即主體產權經濟析》，載《學術月刊》，1998(12)。

會契約，得到法律的認可和國家的保護；③任何人不得侵犯其他個人的私人財產，政府在以稅收或其他方式徵用私人的財產時，必須依法進行並要給予公平的補償。這種適應市場經濟和資本主義發展需要的財產主張，是對中世紀專制政權壓抑個人精神的解放。當私人權利得到保障、個人積極性得到調動時，必將激勵人們去從事生產性活動，創造財富，促進社會經濟的發展，這正是資本主義發展的動力之所在。斯密所提倡的市場經濟的自由主義法則，也是在這種承認充分保護私人財產權利的基礎之上實現的。

從封建社會發展出來的資本主義社會，一開始就建立了確認和保護私人財產的所有權制度。從經濟史的角度，許多學者都認為西方市場經濟和資本主義的起源和發展，與資本主義私人財產權利體系的確立有密切的關係。厲以寧教授在他的《資本主義的起源》一書中這樣認為："由於西歐封建社會中的私人產權是不明確的，所以在西歐封建社會中城市經濟興起並且經濟有了一定程度的發展之後，明確私人產權便成為急需解決的一個問題。《羅馬法》的復興在這裡起了不可忽視的作用。西歐的城市從《羅馬法》中得到了啟示，把明確私人產權作為進一步發展經濟的重要措施。可以說，《羅馬法》復興以及《羅馬法》的意義被人們逐漸認識，對於西歐資本主義的產生和發展具有不可忽視的意義。"[1] 學者趙文洪在他的著作《私人財產權利體系的發展》中認為，近代（1600～1900 年）西方確立了一個以私人財產權利為核心的觀念和制度，即私人財產權利體系。它是絕對私人所有權、私人財產神聖不可侵犯原則和行使私人財產權利的自由或經濟自由的三位一體。這一體系的發展，是西方市場經濟和資本主義起源這一歷史事件的重要組成部分和重要原因。[2]

---

[1] 厲以寧：《資本主義的起源：比較經濟史研究》，18～19 頁，北京，商務印書館，2003。

[2] 趙文洪：《私人財產權利體系的發展：西方市場經濟和資本主義的起源問

馬克思在《資本論》中深刻地論述過，勞動力成爲商品，形成資本與勞動交換關係，是資本主義生產方式的基礎；而勞動者把勞動力看成是自己的財產，能夠自由地行使其財產權利，是勞動力成爲商品的重要條件。"勞動力所有者要把勞動力當成商品出賣，他就必須能夠支配它，從而必須是自己勞動能力、自己人身自由的所有者。"[1]亞當·斯密也高度重視勞動所有權。他說："勞動所有權是一切其他所有權的主要基礎，所以，這種所有權是最神聖不可侵犯的。一個窮人所有的世襲財產，就是他的體力和技巧。不讓他以他認爲正當的方式，在不侵犯他人的條件下，使用他的體力與技巧，那明顯是侵犯這個最神聖的財產。"[2]在西方經濟學說中，許多學者都把財產權與人身自由、經濟自由聯繫在一起。布坎南在《財產與自由》一書中論證了"財產所有權是自由的保證"這一重要命題。他說，"私人財產透過提供一種可行的從潛在的剝削性經濟關係中退出或者避免進入的權利，保證了個人的自由。"[3]"個人自由與私人財產之間錯綜複雜的關係，從分析的、經驗的、歷史的以及法律的角度上講，都確實值得給予極大的關注。"[4]

在資本主義市場經濟發展的過程中，各國都透過憲法對財產權進行了絕對保護。例如：英國 1215 年《自由大憲章》與 1295 年《無承諾不課稅法》規定，禁止政府未經權利人同意而課稅及徵用或攤派其他物資。1689 年《權利法案》進一步明確規定，"凡未經國會准許，

題研究》，31 頁，北京，中國社會科學出版社，1998。
[1] 馬克思：《資本論》，第 1 卷，190 頁，北京，人民出版社，1975。
[2] 亞當·斯密著，郭大力、王亞南譯：《國富論》（上），134 頁，北京，商務印書館，1972。
[3] 詹姆斯·布坎南著，韓旭譯：《財產與自由》，32 頁，北京，中國社會科學出版社，2002。
[4] 詹姆斯·布坎南著，韓旭譯：《財產與自由》，62 頁，北京，中國社會科學出版社，2002。

藉口國王特權,為國王而徵收,或供國王使用而徵收金錢,超出國會准許之時限或方式者,皆為非法。"1789 年法國《人權宣言》將財產權的地位提升到最高點。其中第 2 條規定:"任何政治結合的目的都在於保護人的自然的和不可動搖的權利。這些權利就是自由、財產、安全和反抗壓迫的權利。"第 17 條進一步明確規定,"財產是神聖不可侵犯的權利。除非為合法認定的公共需要所必需時,且在公平而預先賠償的條件下,任何人的財產不得受到剝奪。"1791 年《美國憲法》第 5 修正案規定,"任何人…… 不經正當法定程序,不得被剝奪生命、自由或財產;不給予公平賠償,私有財產不得充做公用。"[1]

3.社會主義市場經濟中私人財產權及其法律保護

社會主義財產權制度的建立與對馬克思所有制理論的理解有關。社會主義是建立在公有制基礎之上的,公有制財產關係是社會主義制度的基礎性生產關係,這種財產制度源於馬克思對資本主義私有制的批判,和關於未來社會所有制的構想。馬克思認為私有制導致勞動異化和財產的不公平分配,是資本主義社會內在矛盾產生的根源,因此,社會主義制度的根本任務就是消滅私有制,後來建立了社會主義制度的國家都將馬克思的這一思想付諸了實踐。傳統社會主義的財產權制度的確立,還與社會主義追求的價值目標有關。中國傳統物權法中公有財產所有權制度,側重於以公平、正義為目標在社會成員之間確定財產權利的歸屬,其結果必然是公有制。在實踐中,透過生產資料的社會主義改造,形成了以公有制為主體的"一大二公"的財產權集中的結構。

傳統體制中社會主義社會的財產權結構具有以下特徵:①財產關係較為簡單,社會成員個人除了在消費資料較小的範圍內有得到承認的財產所有權外,基本上沒有對其他社會財富特別是經濟資源的任何

---

[1] 程潔:《憲法財產權保護的層次》,載《中評網・每日評論》,2003(67)。

佔有權。②公有制財產關係的主導性,即"公有制至上"。法律基本上只保護公有財產,私人佔有和私人財產保護一直沒有在國家憲法的最高層次上得到確認。1954 年《憲法》的表述是:國家法律保護公有制的財產,任何個人不能獨自侵佔公有財產。公民的私產被限制在合法收入、儲蓄、房屋以及各種生活資料的範圍內,其所有權受法律保護,但地位是低於公有財產的。[1]③公有制虛設問題突出。傳統公有制的實現形式是全民所有制和集體所有制,在這兩種公有制經濟組織中的產權主體模糊,公有成員的財產權利是虛擬的;同時,公有組織的產權代理人的權利也沒有被清楚地界定,實際上並不能完全代表全體公有成員或集體內公有成員的利益,從而給代理人留下了攫取公有利益的較大空間。周其仁教授對這種現象有一段精彩的論述:"當個人合法擁有生產性資源的權利被法律否定之後,個人不可能選擇經濟組織,也不可能承擔相應的財務責任。在此條件下,公有制企業成為不能分解為任何具體個人的抽象,再也不能向組織的成員個人做進一步的追溯。在公有制企業龐大的體系裡,實際上活動著的全部是形形色色的'代理人',而並沒有可以追溯的最後委託人。"[2]

中國的市場化改革過程,是一場涉及社會成員之間利益結構調整和財產權利重新配置的深刻的社會變遷。改革 20 多年後,社會財產權結構發生了一系列新的變化:①產權主體的多元化。產權主體的多元化是市場經濟的特徵,也是中國市場化改革不斷推進的結果。隨著

---

[1] 社會主義國家在憲法上限制或禁止私有財產權源自俄國 1918 年的《被剝奪勞動人民權利宣言》,其中規定:"廢除土地私有制。全部土地以及一切建築物、農具和其他農業生產用具均為勞動人民的財產。" 1949 年後,新中國陸續透過土地改革、徵購、徵用、收歸國有等方式將私有經濟國有化。1954 年《憲法》還包含有承認私有財產權的條款,到 1975 年,經歷"文化大革命"之後,憲法上雖然仍然承認"法律許可範圍內的個體勞動",但是已經不再使用私有財產權概念。

[2] 周其仁:《中國農村改革:國家和所有權關係的變化》,載《社會科學季刊》,1994 年夏季卷,總第 8 期。

國有產權在競爭性領域的退出、城鄉非公有經濟的快速發展，以及外資的進入，形成了社會主義市場經濟的多元所有制結構，個人、企業及其他經濟組織，都成為市場經濟活動的主體和擁有獨立財產權利的主體。②社會成員收入來源的多樣性。收入分配制度改革後，個人收入結構中既有在企業和其他經濟組織獲得的工資收入，也有基於個人儲蓄或投資所獲得的利息、股息收入和資本利潤收入，而且這一部分收入的比例呈擴大趨勢。③個人或家庭財產形式的多樣性，財富積累量急劇增長。從財產形式看，個人擁有的財產包括動產（各種金融資產），也包括不動產（房產和汽車等）；既包括有形財產，也包括像知識產權、人力資本這樣的無形財產。另從資本結構和金融資產兩項指標分析，私人財產已成為中國財富結構的主要組成部分。截至 2000 年底，中國資產性財富總量已達到 38 萬億元，其中個體私營企業佔 38%。

在資本所有權結構比例中，國內居民個人擁有 57%的資本額，國有資產只佔 26%。從政府、企業、居民戶三個部門所擁有的手持現金、儲蓄存款、有價證券來看，持有量增長幅度分別是 1980 年的 82 倍、236 倍、130 倍，佔國內金融資產的比重分別為 18.6%、31.7%、49.7%，居民已佔有大部分金融資產。[1]社會財產結構的變化證明，原來集中於國家的財產權利向民間分散的趨勢已不可逆轉。當居民個人的私有財產已成為社會財產結構的重要組成部分的時候，建立起一種以保護私人財產利益為基礎的財產權制度，就成為發展社會主義市場經濟之必需了。

社會主義社會財產權制度的設立，首先要考慮社會公平、正義，收入分配不公和過大的差距不是社會主義市場經濟的目標。但是，在資源稀缺的約束下，如何更有效地利用現有資源，保證資源能流動到

---

[1] 資料來自《中國新聞網》（www.chinanews.com），《學者稱私有財產已成為中國財富結構的主要組成部分》，2003.1.16。

利用效率更高的人手中,從而實現社會財富的最大化,這無疑是財產所有權制度(物權制度)的一個重要的價值追求。如果產權制度安排不能保證有效地利用資源,造成的是效率損失或社會總福利的淨損失,這種制度並不能保證社會公正的實現。"法律絕不僅僅是有關正義與公平的倫理呼喚,而且還是經濟增長的制度動因。"[1]

保護財產所有權主體的多樣性,鼓勵多種不同的市場利益主體的存在,是維護市場經濟運行和發展的必要前提。構建與社會主義市場經濟發展相適應的財產權制度,其內涵包括:

(1)建立維護公有財產權的法律制度。在社會主義市場經濟中,公有產權主體與私有產權主體都具有平等的法律地位,其權益都應受到保護。公有財產包括國家所有的生產資料、自然資源、金融資源、社會公共物品,以及在集體共有的範圍內歸集體成員所有的生產資料,如土地和其他公共物品。社會主義社會最重要的公有財產是國有資產,它是國民經濟的重要基礎和國家宏觀調控、保證公共目標實現的手段。公有財產屬於全體公民或集體所有,保護公有財產,實質上就是保護全體公民和集體的利益。在中國,"保護公產入憲"是一個早已解決了的問題,如1954年《憲法》就明確提出"中華人民共和國的公共財產神聖不可侵犯,愛護和保衛公共財產是每一個公民的義務"。在多種所有制結構形成和財產權利多元化的今天,提出保護公產有了新的含義。維護公有財產權,就是要從發展社會主義市場經濟出發,確保公有財產歸屬與流轉關係的公平與效率。一是確立公有產權行使的目標,即公共利益;二是明確公有產權行使機構(主體)及其委託—代理關係;三是防止私權對公產的侵害或佔有;四是建立公有產權利益的實現和利益保護機制。

(2)構建保護私人財產的法律體系。在法律上確立居民私人財產權

---

[1] 波斯納著,蘇力譯:《法理學問題》,44頁,北京,中國政法大學出版社,1994。

利的法律保護原則,是現代公民社會的制度基礎,同時也是市場經濟有效運行的前提。運用國家強制力來保障個人的財產,這種保障有利於市場交易,並使交易成本及損害降到最低程度,這種保障為每個人提供了擴大收益的激勵,刺激人們為增加財富而做出更多的生產性努力,從而促進整個社會經濟的增長。

秘魯經濟學家德·索托在《資本的秘密》一書中提供了一種解釋:資本市場失靈是因為大部分人缺乏正式的、有法律證明的產權,雖然大部分發展中國家的居民擁有財產,但是對這些財產的所有權的保護是非正式的。由於缺乏正式的法律文書保護,土地就無法抵押,資產就被"僵化"。如果有正式的產權保護制度,市場交易就可以實現,主體之間的契約關係和信用關係就可以建立起來。[1]

在中國,在法律上承認公民私人財產的合法性,有一個制度變遷的歷史過程。1954年《憲法》規定:國家保護公民的合法收入、儲蓄、房屋以及各種生活資料的所有權(第11條);依法保護公民私有財產的繼承權(第12條)。在生產資料的社會主義改造完成後,由於在所有制上追求"一大二公"、"一平二調",逐步形成了重點保護公有財產的立法傾向。到了"文革"時期,在"左"傾思想的控制下,私人財產成了要被消滅的物件,在1975年《憲法》中明確規定生產資料的所有制,主要是全民所有制和集體所有制這兩種形式,刪除了1954年《憲法》中規定的法律面前人人平等的原則。改革開放以後,情況發生了變化。1982年《憲法》確認了城鄉勞動者的個體經濟是公有制的補充,國家保護個體經濟的合法權利和利益(第11條)。隨著所有制改革的深入和多種所有制形式的發展,在1988年透過的第一個《憲法修正案》增加了"國家允許私營經濟在法律規定的範圍內存在和發展。私營經濟是社會主義公有制經濟的補充。國家

---

[1] 克里斯托弗·伍爵夫著,黃毅譯:《德·索托〈資本的秘密〉的評論》,載《經濟社會體制比較》,2003(1)。

保護私營經濟的合法權利和利益,對私營經濟實行引導、監督和管理",承認"土地使用權可以依照法律的規定轉讓"。1999年透過的第三個《憲法修正案》規定:"在法律範圍內的個體經濟、私營經濟等非公有制經濟,是社會主義市場經濟的重要組成部分。"2004年透過的第四個《憲法修正案》,第一次明確提出了"公民的合法的私有財產不受侵犯";"國家依照法律規定保護公民的私有財產權和繼承權。"[1] "保護私產入憲"是中國社會文明進步的重要體現,對於推進中國市場化進程和建立法治社會有著不可忽視的作用。在現代社會和文明國家,私有財產都是憲法和憲政要保護的重點對象,政府的功能就是保護公民的合法權利,包括公民的生命權、自由權、財產權,而沒有財產權,其他的權利都將落空。

(3)確立現代企業的法人財產權制度。"產權是一個不斷變動著的概念,隨著社會技術的發展,組織結構、制度創新,社會就會賦予產權以新的內涵。"[2] 法人財產權來自於現代公司委託—代理下企業所有權(剩餘索取權和剩餘控制權)的分配的制度安排。法人財產權是現代市場經濟中的一種新型財產形式,在產權經濟學文獻中,一般都以"企業產權"和"公司產權"來表述它,其含義是:在現代公司兩權分離的情況下,投資者即股東把自己的財產委託給他人(代理人)來經營,代理人實際上取得企業的控制權。

法人財產權是企業產權交易契約的結果,是公司治理結構的產權基礎。從法理上看,法人財產權是物權體系中的他物權,具有排他性、獨立支配性、可交易性的特徵。現代產權制度所要求的"歸屬明晰、權責明確、保護嚴格、流轉流暢",從企業這個層面來看,首先要從法律上確認法人財產權的性質。十四屆三中全會《關於建立社會

---

[1] 張帆:《私產保護路線圖》,見《中國經濟時報》,2004.3.17。
[2] 德姆塞茨:《關於產權理論》,見科斯等著,劉守英等譯:《財產權利與制度變遷》,上海,上海三聯書店,1994。

主義市場經濟體制若干問題的決定》第一次明確提出了"法人財產權"的概念，並指出，"企業中的國有資產所有權屬於國家，企業擁有包括國家在內的出資者投資形成的全部法人財產權"。1993 年的《公司法》採用了同樣的表述。[1]因此，法人財產權完全是市場經濟中一項獨立的財產權，它應該受到與其他財產權一樣的保護。公司法人雖然是一個虛擬人格化的組織，但它應該和其他市場主體一樣，擁有相同的平等法律地位和發展權利。

確立公司法人財產權制度，有利於理清企業與政府、企業經營者與投資者的關係，有利於建立起規範的公司股東會、董事會、監事會和經營者之間的契約關係和權、責、利關係。

4.產權、市場與政府：政府權力的依法限制

在現代市場經濟中，財產權制度的構造必須充分考慮到國家權力的存在和影響。國家權力是一種公權，而傳統民法認為所有權（物權的核心）是私權，是個人權利。個人權利最為核心的內容就是個人自由支配其財產的權利，即所謂"任所欲為"的權利。所有權是一種排他性的權利，它能否有效發揮作用，取決於所有權排他性的實施成本的高低，依靠一己的力量實現排他性的交易成本和機會成本會很高。

國家作為在暴力方面具有比較優勢的組織，在實現所有權排他性上能有效地降低其實施成本。一方面，國家是有強制性權力的壟斷組織，並具有巨大的規模經濟優勢，國家權力是保護個人權利的最有效的工具；另一方面，國家權力又是個人權利最大和最危險的侵害者，國家權力介入產權安排和產權交易往往會導致公權侵犯私權，這就是所謂的"諾斯悖論"。諾斯 1995 年在中國的一次演講中說："我自

---

[1] 1993 年頒佈的《公司法》第 4 條規定，公司股東作為出資者按投入公司的資本額，享有所有者的資產受益、重大決策和選擇管理者等權利。公司享有由股東投資所形成的全部法人財產權，依法享有民事權利，承擔民事責任。

己都不知道有一個'諾斯悖論'。這個問題三言兩語說不清楚。總的說來是這樣一種觀點：沒有國家辦不成事，有了國家又有很多麻煩。也就是說，如果給國家權力，讓它強制執行合約或規章，它就會用自己的權力強制性施加影響，造成經濟效率不高的現象。"[1] 諾斯強調，"私有產權制度的強化在很大程度上取決於依法限制政府的權力。"[2]

建立與社會主義市場經濟相適應的財產權制度，保護各類產權主體的財產權，要依法限制政府的權利，特別是要防止政府權力以不合法或不正當的方式介入和干預產權交易。在市場化改革和轉型過程中，一個有效的產權制度安排，一定要理清產權、市場與政府的關係。在實踐中，主要應解決以下兩個問題：

一是要防止政府權力進入市場，即權力尋租。在現代社會，產權與行政權是配置資源的兩種手段或機制。產權配置是市場機制，它既是市場交易的規則，又是產權主體市場交易的結果。行政權是由於政府職能的存在而產生的一種權力，主要由行政權配置資源是計畫經濟的特徵。在計畫經濟體制下，行政權幾乎控制了所有的社會資源。體制改革以後，行政權力由於政府經濟管理職能的存在而並沒有在經濟領域消失，而且有相當一部分權力還在向市場擴張，"公共權力進入市場"成為市場化改革和轉型期的一個重要特徵。公共權力市場化的結果是公共權力的腐敗和權力尋租，雖然從表面上看它並沒有妨礙經濟增長，實際上它卻是市場經濟的"腐蝕劑"，它會破壞社會的財產秩序，侵害社會公共利益，造成社會福利的損失。公共權力尋租與產權有著密切關係。按照西方產權理論和尋租理論，任何一項權利都不是完全界定的，沒有界定的權利把一部分有價值的資源留在了公共領

---

[1] 《諾斯 1995 年 3 月 9 日在北京的演講》，摘自《經濟學消息報》，1995.4.8，第 4 版。
[2] 諾斯著，陳郁等譯：《經濟史中的結構與變遷》，212 頁，上海，上海人民出版社、上海三聯書店，1994。

域，這些資源的價值就是"租金"[1]。在市場經濟中，政府過大的權力和過多的管制，必然會增大公共決策的領域，公共領域的"租金"就會成為政府權力競相追逐的對象。因此，抑制或防止尋租現象，一方面，要加快市場化改革，減少政府公共決策的領域，讓產權即市場機制在資源配置中產生更多的作用；另一方面，要透過法律來規範政府行政權力，政府應為產權的市場運作提供遊戲規則，而不是直接介入或干預產權交易。

　　二是要防止國家公權對私人財產權的侵害。財產所有權是絕對權利，但並不等於完全不受控制，因為任何權利都是有邊界的。在各國的財產權保護制度的實踐中，早期的立法傾向於對財產所有權的絕對保護，任何他人包括政府不得干預私人財產權的行使。進入 20 世紀後，市場經濟國家的政府職能由消極轉向積極，在規定私人財產權行使的權利和義務時，開始規定其應該承擔的社會義務，即實行"公權優於私權"的原則。政府為了社會公共利益，可以透過公法限制私人財產權利，這就給政府利用公權侵犯私人財產提供了可能。國家公法對財產所有權的限制，是指經濟法、行政法上限制所有權人權利的規定，其典型的表現形式就是徵用和管制。從各國工業化、現代化發展的歷史進程考察，國家權力對私人或集體財產的不正當徵收和徵用，是損害私人或集體財產權的主要形式。例如中國目前城鄉大量存在的對農村集體所有的耕地、農民自留地與宅基地的強制征用，對城市居民住房的強制拆遷，對農村居民徵收的賦稅過重或不合理的稅費，這些問題的產生，都是因為對國家權力約束不力或沒有明確的法律依據而造成的權力濫用。在社會主義市場經濟中，要正確處理國家或政府權力與私人財產權的關係，就應該進一步規範公權行使的範圍和原則。在處理徵用問題上的產權矛盾時，要透過立法來規範行政徵用行

---

[1] 盧現祥：《西方新制度經濟學》，174～175 頁，北京，中國發展出版社，2003。

為，其立法的意義在於對徵用權力的限制，和對私人或集體財產權的保護。國家徵用權力的行使有兩個條件：一是為了公共利益的需要，二是所有者必須得到公平的補償。這是各國政府行使行政徵用權力的基本原則。

參考文獻

1. 馬克思：《資本論》，第 1 卷、第 3 卷，北京，人民出版社，1975。
2. 林崗、張宇主編：《馬克思主義與制度分析》，北京，經濟科學出版社，2001。
3. 張宇、孟捷、盧荻主編：《高級政治經濟學》，北京，經濟科學出版社，2002。
4. 吳宣恭著：《產權理論比較：馬克思主義與西方現代產權學派》，北京，經濟科學出版社，2000。
5. 劉詩白著：《主體產權論》，北京，經濟科學出版社，1998。
6. 周林彬著：《物權法新論：一種法律經濟分析的觀點》，北京，北京大學出版社，2002。

7. 趙文洪著：《私人財產權利體系的發展》，北京，中國社會科學出版社，1998。
8. 布坎南著，韓旭譯：《財產與自由》，北京，中國社會科學出版社，2002。
9. 科斯、哈特、斯蒂格利茨等著，李風聖主譯：《契約經濟學》，北京，經濟科學出版社，1999。
10. 平喬維奇（配傑威齊）著，蔣琳琦譯：《產權經濟學：一種關於比較體制的理論》，北京，經濟科學出版社，1999。
11. 巴澤爾著，費方域、段毅才譯：《產權的經濟分析》，上海，上海三聯書店，1997。
12. 黃少安主編：《制度經濟學研究》（第二輯），北京，經濟科學出版社，2004。
13. 黃少安：《產權經濟學導論》，北京，經濟科學出版社，2004。
14. 諾斯著，陳郁等譯：《經濟史中的結構與變遷》，上海，上海三聯書店、上海人民出版社，1994。
15. 德姆塞茨著，段毅才等譯：《所有權、控制與企業》，北京，經濟科學出版社，1999。
16. 陳郁編：《所有權、控制權與激勵——代理經濟學文選》，上海，上海人民出版社，1998。
17. 陳郁編：《企業制度與市場組織——交易費用經濟學文選》，上海，上海人民出版社，1997。
18. 哈特著，費方域譯：《企業、合同與財務結構》，上海，上海三聯書店、上海人民出版社，1998。
19. 費方域：《企業的產權分析》，上海，上海三聯書店、上海人民出版社，2006。
20. 斯科特·R. 鮑曼：《現代公司與美國的組織思想》，重慶，重慶出版社，2001。
21. 陳釗：《中國轉型中的所有制結構調整：一個動態類比》，載

《世界經濟文彙》，2002(1)。

22. 平新喬：《論國有經濟比重的內生決定》，載《經濟研究》，2000(7)。

23. 張維迎、栗樹和：《地區間競爭與中國國有企業的民營化》，載《經濟研究》，1998(12)。

24. 劉小玄：《中國轉軌過程中的產權和市場：關於市場、產權、行為和績效的分析》，上海，上海三聯書店，2003。

25. 大可：《不同要素所有者在企業剩餘權力安排中的關係分析》，載《產業經濟評論》，2002(1)。

26. 孫永祥著：《公司治理結構：理論與實證研究》，上海，上海人民出版社、上海三聯書店，2002。

27. 盛洪主編：《中國的過渡經濟學》，上海，上海人民出版社、上海三聯書店，2006。

28. 張軍：《現代經濟學工作室：轉軌與增長》，上海，遠東出版社，2002。

29. 陳劍波：《制度變遷與鄉村非正規制度：中國鄉鎮企業的財產形成與控制》，載《經濟研究》，2000(1)。

30. 張軍、馮曲：《集體所有制鄉鎮企業改制的一個分析框架》，載《經濟研究》，2000(8)。

31. 盛洪：《尋求改革的穩定形式》，上海，上海財經大學出版社，2002。

32. 斯蒂格利茨著，周立群譯：《社會主義向何處去》，長春，吉林人民出版社，1998。

33. 劉偉著：《經濟改革與發展的產權制度解釋》，北京，首都經貿大學出版社，2000。

34. 許新主編：《轉型經濟的產權改革》，北京，社會科學文獻出版社，2003。

35. 肖國興：《論中國資源環境產權制度的架構》，載《環境保護》，2000(11)。

36. 王萬山：《中國自然資源產權混合市場建設的制度路徑》，載《經濟地理》，2003(5)。
37. 孟昌：《對自然資源產權制度改革的思考》，載《改革》，2003(5)。
38. 李勝蘭、曹志興：《構建有中國特色的自然資源產權制度》，載《資源科學》，2000(5)。
39. 藍虹：《環境產權經濟學》，北京，中國人民大學出版社，2005。
40. 朱迪・麗絲：《自然資源分配經濟學與政策》，北京，商務印書館，2002。
41. H. Petter Osmundsen: Regulation of Common Property Resources Under Private Information About Resource Exteralities, *Resource and Energy Economics*, 2002 (24), pp349～366.
42. C. Dahlman: The Open Field System and Beyond: A Property Rights Analysis of An Economic Institution, Cambridge, Cambridge University Press, 1980.
43. C. J. N. Gibbs and D. W. Bromley: Institutional Arrangements for Management of Rural Resources: Common Property Regimes, In F. Berkes (ed.): Common Property Resources: Ecology and Community-based Sustainble Development, London, Belhaven Press, 1989.
44. Y. Barzel: An Economic Analysis of Property Rights, Cambridge, Cambridge University Press, 1989.
45. Ruth Meinzen-Dick, Anna Knox, Frank Place, and Brent Swallow (Eds.): Innovation in Natural Resource Management: the Role of Property Rights and Collective Action in Developing Countries, The Johns Hopkins University Press, 2002.

後 記

　　本書是西南財經大學"十五""211工程"學科建設研究專案的最終成果之一，在此要特別感謝學校"211工程"的專案資助。

　　中國的經濟改革已走過了20多年的時間，來自改革實踐的許多新問題、新現象，需要我們在馬克思主義政治經濟學的理論指導下給予經濟學的解釋，需要我們推進和拓展馬克思主義所有制理論的研究領域和研究視角。我們在承擔這項研究課題時，就是要透過研究中國市場化改革和轉型過程中所有制、產權改革的理論與實踐問題，力圖提供一個關於社會主義市場經濟的產權制度創新的理論分析框架，從而把產權與改革績效這一問題放入這一框架中來進行解釋。本書的基礎，主要是劉燦教授近年來承擔政治經濟學專業博士生課程"現代產權理論研究"所積累的研究資料和論文，其中有一些是參與課程研討的博士生們的共同成果。

所有制和產權問題是中國市場化過程中的一道難題。改革之路雖然很曲折，但基本方向不能動搖。從立足於中國實踐進行理論創新來看，本書雖然還沒有完全達到預期，但我們已經付出了很大的努力。中國經濟改革與產權制度創新作為一個前沿性課題，其中的許多問題都是富有探索性的，本書所涉及的內容必然有一個逐步完善、創新的過程。本書在寫作過程中也難免有疏漏與不妥之處。在將本書呈獻給讀者時，希望大家不吝賜教，以便我們修正。

本書是集體合作的成果。劉燦是該課題的主持人並負責全書的框架設計，劉燦、張樹民負責全書統稿。具體分工如下：第一章（劉燦），第二章（劉燦），第三章（武建奇），第四章（劉燦），第五章（劉燦、張樹民），第六章（高輝、劉燦），第七章（劉燦、張樹民），第八章（楊紹政、劉燦），第九章（王越子、劉燦）。李萍教授、程民選教授、吳開超副教授、李毅講師以及博士生白華英、王海全、張敬惠、趙吉林、邢祖禮、李燕、田軍華等參加了課題研究和本書的寫作討論。

本書在寫作和出版過程中，得到了西南財經大學經濟學院、"211工程"辦公室、科研處、出版社的大力支持和資助，我們在此一併表示誠摯的感謝。

作者
於光華園

國家圖書館出版品預行編目(CIP)資料

中國的經濟改革與產權制度創新研究 / 劉燦等著. -- 初版. -- 臺北市 : 崧燁文化, 2018.04

面 ; 公分

978-957-9339-88-9(平裝)

1.經濟改革 2.經濟制度 3.中國

552.2　　　　107006718

作者：劉燦

發行人：黃振庭

出版者 ：崧燁出版事業有限公司

發行者 ：崧燁文化事業有限公司

E-mail：sonbookservice@gmail.com

粉絲頁　　　　　　網址：http://sonbook.net

地址：台北市中正區重慶南路一段六十一號八樓815室

8F.-815, No.61, Sec. 1, Chongqing S. Rd., Zhongzheng Dist., Taipei City 100, Taiwan (R.O.C.)

電　話：(02)2370-3310 傳　真：(02) 2370-3210

總經銷：紅螞蟻圖書有限公司

地址：台北市內湖區舊宗路二段121巷19號

電話：02-2795-3656　　傳真：02-2795-4100　　網址：

印　刷：京峯彩色印刷有限公司（京峰數位）

定價：400 元

發行日期：2018 年 4 月第一版

★版權所有 侵權必究★